HISTOIRE DE LA LANGUE FRANÇAISE

MIREILLE HUCHON

HISTOIRE
DE LA LANGUE FRANÇAISE

LE LIVRE DE POCHE

AVANT-PROPOS

Dans cet ouvrage, l'histoire externe du français (événements politiques et culturels, mutations sociales, institutions officielles) et son histoire interne (évolution du système linguistique qui relève de la prononciation, de la graphie, de la morphologie, de la syntaxe, du vocabulaire) ont été traitées conjointement. Des synthèses en fin de développement permettent au lecteur qui ne souhaite pas entrer dans le détail de certaines parties d'en connaître l'essentiel nécessaire à la compréhension des faits ultérieurs.

La lecture de ce livre ne suppose pas de connaissances linguistiques préliminaires. Les quelques mots spécialisés sont expliqués dans le glossaire, p. 291. L'alphabet phonétique international a été utilisé pour la partie phonétique, voir la transcription p. 9.

ALPHABET PHONÉTIQUE

(A.P.I. : alphabet phonétique international)

Voyelles

[a]	patte	[o]	mot
[ɑ]	pâte	[u]	mou
[ɛ]	père	[y]	mur
[e]	blé	[i]	mi
[œ]	peur	[ã]	an
[ø]	peu	[ɛ̃]	lin
[ə]	me	[ɔ̃]	on
[ɔ]	mol	[œ̃]	un

Semi-voyelles

[j]	yeux
[w]	ouate
[ɥ]	nuit

Consonnes

[p]	pas	[z]	zèle
[b]	bas	[ʃ]	chant
[t]	tu	[ʒ]	gent
[d]	du	[l]	lire
[k]	car	[r]	rire
[g]	gare	[m]	mi
[f]	file	[n]	ni
[v]	vil	[ɲ]	ligne
[s]	sel	[ŋ]	parking

INTRODUCTION

Le français est la première des langues romanes (groupe qui comprend aussi l'italien, l'espagnol, le portugais, le roumain, le catalan, l'occitan, le sarde, le rhéto-roman) à être reconnue au IXe siècle comme langue distincte de leur langue mère, le latin, vraisemblablement parce qu'il s'en est le plus éloigné, contrairement à l'italien ou à l'espagnol qui ont connu des modifications beaucoup plus limitées. Comme les autres langues romanes, le français est issu du latin parlé, mais d'un latin parlé confronté à deux influences spécifiques : le gaulois et le francique (langue de la famille du germanique occidental, parlée par les Francs).

Le latin, tout comme le gaulois et le francique, appartient au groupe des langues indo-européennes, vaste ensemble qui regroupe le sanskrit, le grec, l'albanais, l'arménien, les langues germaniques, les langues baltiques, les langues slaves, les langues celtiques et le persan, langues auxquelles on reconnaît depuis le XVIIIe siècle une origine commune. Les tribus indo-européennes auraient essaimé au IVe ou IIIe millénaire av. J.-C. à partir de l'Europe danubienne et des steppes de la Russie, vers l'est (Turkestan chinois), vers le sud (Inde, Iran) et vers l'ouest (Anatolie, Balkans, Europe). Les linguistes ont reconstitué un certain nombre des caractéristiques de cet indo-européen qui connaissait la déclinaison des noms ; trois nombres : le singulier, le duel (pour la désignation de deux personnes ou de deux choses), le pluriel ; la différence entre l'animé (masculin, féminin) et l'inanimé (neutre) ; trois modes : l'indicatif, le subjonctif et l'optatif (pour exprimer le souhait).

L'histoire du français, dont les *Serments de Stras-bourg* (842) constituent traditionnellement l'acte de naissance, s'écrit, jusqu'à la découverte du Nouveau Monde, dans une partie de l'Europe latinisée par les Romains. Cette langue, dénommée *romana lingua* au IXe siècle, *langue d'oïl* au XIIe siècle, se caractérise au Moyen Âge par la diversité dialectale ; un usage commun émerge toutefois à partir de la fin du XIIe siècle et tend à s'imposer face au latin et aux dialectes. Après l'époque des grandes découvertes, avec la colonisation qui, à partir de l'Europe, touche l'ensemble des continents par vagues successives du XVIIe siècle au XIXe siècle, le français est appelé à un destin mondial. Il s'implante dans les pays colonisés avec des fortunes diverses, souvent influencé par les langues autochtones ou les langues avec lesquelles il entre en contact, donnant naissance à des français aux particularismes marqués, aux créoles, à des sabirs. Il est soumis aux aléas politiques et a des statuts très différents selon les époques et les pays. Ainsi, tandis que, au XVIIIe siècle, il a prétention à être en Europe la langue universelle, il perd de son influence au profit de l'anglais durant les guerres coloniales franco-anglaises. Après la seconde vague de colonisation (qui touche principalement le continent africain), il est la langue officielle de nombreux pays au XIXe siècle et dans la première partie du XXe siècle, alors même qu'il est, souvent, d'une utilisation restreinte dans la communication courante. L'indépendance acquise par la plupart de ces pays au cours de la seconde partie du XXe siècle les amène à définir leur politique linguistique et à réévaluer la place à accorder au français (langue officielle, parfois en concurrence avec d'autres ; langue d'enseignement ; langue véhiculaire ; seconde langue), tandis que s'institutionnalise la francophonie pour les pays qui ont le français « en partage ». La grande variété des situations linguistiques ainsi créées ouvre des perspectives difficilement prévisibles. Le français continue à se diversifier et c'est l'histoire des parlers français qui s'écrira dans ce nouveau millénaire, le français des siècles antérieurs semblant acquérir en quelque sorte un statut de langue mère.

Statuts divers du français

Les francophones actuels vivent souvent dans une situation de colinguisme, soit qu'ils appartiennent à un pays où est officialisé le bilinguisme (Belgique, Suisse, Luxembourg, Canada...), soit que leur langue maternelle ne coïncide pas avec la langue officielle. Ainsi l'habitant d'Abidjan a pour langue officielle et langue véhiculaire le français, mais généralement pour langue maternelle l'une des cinquante langues parlées dans le pays (dont huit sont dotées d'un statut national) et pour langue des échanges courants une variété de français parlé. Les Français d'outre-mer possèdent fréquemment une langue officielle et une langue de culture différentes de leur langue maternelle : par exemple, l'habitant de Tahiti peut avoir pour langue maternelle le tahitien ; celui de Nouvelle-Calédonie, l'une des nombreuses langues mélanésiennes en usage sur ce territoire ; l'Antillais ou le Réunionnais, un créole.

L'habitant de la France métropolitaine du XXIe siècle, avec, le plus souvent, une langue maternelle, qui est aussi la langue officielle de son pays (langue de l'administration, de l'enseignement) et sa langue de culture, se trouve dans une situation linguistique exceptionnelle dans l'histoire de la France. De fait, en France, le français a été longtemps en concurrence, d'une part, avec le latin comme langue de l'enseignement et langue de culture et, d'autre part, avec les dialectes comme langue maternelle. En effet, le latin a prédominé dans l'enseignement jusqu'à la fin du XVIIIe siècle, comme en atteste encore l'appellation de *Quartier latin* pour le quartier des écoles parisiennes ; les ouvrages des sciences et techniques adoptent cette langue et ce n'est que peu à peu à partir de la Renaissance que la langue vernaculaire prend le pas sur le latin, sans pouvoir l'emporter avant la fin du XVIIIe siècle. Même si la prédication populaire s'est faite en langue vernaculaire dès le Moyen Âge, le latin est resté la langue universelle de l'église catholique jusqu'au concile Vatican II (1962-1965). La scolarisation dans la première moitié du XXe siècle a tendu à évincer les dialectes, alors qu'au début du XXe siècle, près de la moitié de la population avait pour langue maternelle un patois. Le français coexiste toutefois en France dans les régions situées aux limites de l'Hexagone avec des langues autochtones : le basque, langue pré-indo-européenne ; le breton, d'origine celtique ; l'alsacien, le mosellan, le flamand, langues germaniques ; le catalan et le corse, langues romanes.

Multiplicité des registres

Le français n'est pas une langue homogène, contrairement à l'illusion que peuvent donner en France l'école ou les médias qui transmettent une sorte de bon français standard et normé avec des règles fixées à l'écrit, institutionnalisé par l'Académie, les grammaires, les dictionnaires et correspondant au français parisien écrit. Il se caractérise par l'extrême diversité de ses registres. Entre la langue soignée et le français populaire, il y a une infinité de niveaux. Le partage entre domaine public et domaine privé de la communication et l'adaptation des registres de discours en fonction de la situation sont remarquables. Il existe pour un même individu des différences qui relèvent non seulement du lexique, mais aussi de la syntaxe ou de la prononciation entre, d'une part, le registre le plus élevé, qui correspond à une langue parlée élaborée, véritable écrit oralisé (utilisé dans les cas où il surveille et « châtie » son langage, par exemple avec un supérieur hiérarchique ou dans la transmission des savoirs), et, d'autre part, le langage familier de la conversation ordinaire ou encore le registre très relâché d'une langue de connivence qui peut s'établir entre membres d'un groupe. Ces registres de langue ne sont pas imperméables : ainsi l'argot ancien passé dans la langue populaire est de plus en plus annexé par la langue commune et le vocabulaire actuel des lycéennes n'a parfois rien à envier à la soldatesque. Le français offre aussi ses variétés techniques et ses variétés stylistiques : langue administrative, langue poétique, langue scientifique... La langue de la publicité actuelle, par exemple, se caractérise par l'économie des ligatures (conjonctions, adverbes), les ellipses, l'adjectivation du substantif. De nombreux francophones utilisent des variétés régionales du français, influencées par les dialectes, par les langues voisines, et où se maintiennent des archaïsmes, mais où fleurissent aussi les créations lexicales. La prononciation, le vocabulaire usités par les habitants du nord ou par ceux du midi de la France ne sont pas identiques, sans que cela gêne pour autant la compréhension mutuelle. Il y a donc une grande diversité des parlers pour un même individu qui doit être à même de pouvoir choisir la variété convenant le mieux à telle ou telle situation et, ainsi, de passer harmonieusement d'un idiolecte (langage particulier) à l'autre. La production écrite de chacun est généralement minime par rapport à la multitude des productions orales journalières, la part faite à la lecture de l'écrit étant très différente selon les individus et les situations.

En perpétuel changement

La variabilité est une des constantes de l'histoire des langues. Comme l'écrivait Montaigne (*Essais*, III, 9) : « J'escris mon livre à peu d'hommes et à peu d'années. Si ç'eust esté une matiere de durée, il l'eust fallu commettre à un langage plus ferme. Selon la variation continuelle qui a suivy le nostre jusques à ceste heure, qui peut esperer que sa forme presente soit en usage, d'icy à cinquante ans ? Il escoule tous les jours de nos mains et depuis que je vis s'est alteré de moitié. Nous disons qu'il est asture [à cette heure] parfaict. Autant en dict du sien chaque siecle ». Le changement est la caractéristique première de toute langue et le statut du changement un des problèmes fondamentaux, et non résolu, de la grammaire et de la linguistique. Changement aléatoire ? Seul besoin d'expressivité ou nécessité de la communication ? Séries de changements indépendants ou soumis à une même cause ? Existe-t-il un ordre fondamental auquel obéirait chaque langue ?

L'habitude de présenter aux lecteurs modernes les textes écrits à partir du XVIIe siècle en orthographe modernisée, avec souvent adaptation des formes morphologiques anciennes, afin de faciliter la lecture, ne permet pas d'apprécier le changement et donne l'illusion fallacieuse d'une fixité de l'écrit pendant les quatre derniers siècles. Or, même si, à partir du XVIIe siècle, il y a eu une institutionnalisation et une normalisation du français qui tendent à retarder l'évolution de l'écrit par rapport à l'oral, le français n'a cessé de changer. Indépendamment des transformations formelles, les mêmes mots peuvent renvoyer à des réalités différentes et les évolutions sémantiques sont particulièrement riches. Ainsi, au XVIIᵉ siècle, les termes de *lettres* et de *sciences* désignent sans spécificité toutes sortes de sciences, mais, à la fin du XVIIᵉ siècle, *science* se spécialise pour ce qui relève de l'observation et, au siècle suivant, *lettres* est utilisé au sens de belles-lettres. À l'époque médiévale, le *valet* est soit un jeune noble au service d'un seigneur, soit un jeune homme, le *garçon,* un homme de basse condition, le *soudard*, un soldat, la *garce,* une jeune fille, la *demoiselle,* une jeune fille noble ou une femme mariée de la petite noblesse ou de la bourgeoisie. La création verbale est incessante, qu'elle prenne les voies de l'emprunt aux langues anciennes, aux langues étrangères, aux langues régionales, aux lexiques spécialisés, aux argots, ou celles de la composition ou de la dérivation (certains suffixes étant plus productifs que d'autres selon les époques). Le besoin d'expressivité, les réalités nouvelles entraînent à chaque instant des créations éphémères ou appelées à persister.

Règles et irrégularités

Écrire l'histoire d'une langue, c'est rendre compte de ses changements, qui relèvent de l'histoire externe (volontés politiques, mutations sociales, institutions comme l'Académie française et l'école, rôle des organismes officiels, de la diplomatie) et de l'histoire interne (évolution des systèmes), causes externes et causes internes étant en relation de complémentarité. Cette histoire s'écrit en diachronie, évolution des faits linguistiques dans le temps (terme introduit au XXᵉ siècle par le linguiste Ferdinand de Saussure), mais elle peut aussi se lire en synchronie, comme autant de moments particuliers où les éléments s'inscrivent dans des systèmes.

L'histoire du français est celle d'une langue vulgaire soumise à partir du XVIᵉ siècle aux règles. Comme l'écrit Dante au XIVᵉ siècle dans son *De vulgari eloquentia* à propos du vulgaire italien : « j'entends par langue vulgaire, la langue parlée sans aucune règle, en imitant notre nourrice. Nous avons aussi une langue seconde que les Romains ont appelée grammaire » (latin soumis à la grammaticalité). La réflexion sur la langue passe en effet par la grammaire qui rend compte de l'ensemble des propriétés d'une langue et peut osciller entre description et prescription.

La langue ne cesse d'évoluer et ses usagers d'opérer des choix entre des usages concurrents, une innovation devenant fréquemment un usage commun appelé à supplanter un usage antérieur. Ce choix, souvent inconscient, peut faire ultérieurement l'objet de normes. La normalisation entraîne usuellement soit la suppression de la possibilité de variations (la standardisation consistant en une sélection des variantes), soit sa motivation par une différence sémantique (ainsi une *certaine chose* s'oppose par le sens à une *chose certaine* depuis le XVIIᵉ siècle, alors qu'auparavant la place de l'adjectif était indifférente) ou par une différence de registres ou de niveaux de langue (emplois marqués par exemple comme familiers, populaires, régionaux). Cette codification s'institutionnalise à partir du XVIIᵉ siècle avec la création de l'Académie française. Régulièrement refondu, le *Dictionnaire de l'Académie,* publié pour la première fois en 1694, est un dictionnaire d'usage dont la 9ᵉ édition est au XXIᵉ siècle en cours d'élaboration. L'Académie se veut la gardienne de l'usage. C'est elle qui entérine les modifications souhaitables et la comparaison des différentes éditions de son dictionnaire permet de juger de l'évolution de la norme.

Les irrégularités actuelles sont souvent des survivances de systèmes antérieurs. Ainsi l'alternance de radical dans un verbe comme *pouvoir*, avec les formes *peux, pouvons*, renvoie au phénomène très fréquent dans la morphologie verbale médiévale d'une alternance vocalique (la voyelle du radical latin ayant subi une évolution phonétique différente selon qu'elle était accentuée ou non) qui permet, en l'absence du pronom personnel, de distinguer les personnes. *Grand-mère* conserve le souvenir du temps où la forme du féminin de cet adjectif était dépourvue de -*e*. De nombreuses caractéristiques de l'oral actuel témoignent d'usages anciens : telles l'absence du pronom personnel complément (*je lui ai donné* pour *je le lui ai donné*), l'absence du pronom sujet (*faut faire ça*), la prononciation *i* pour *il* (*i vient, vient-ti*). L'habitude populaire de marquer la possession par la préposition *à* (*la voiture à Georges*) remonte à un emploi courant du Moyen Âge. La considération des créoles et des français d'outre-mer est importante pour la restitution du français ordinaire des XVIIe et XVIIIe siècles. Ainsi, des particularités qui semblent avoir disparu très tôt de la langue écrite se retrouvent en acadien, ce qui prouve qu'elles persistaient dans la langue orale du XVIIe siècle importée alors par les colons.

Système du français

Le français est, comme le latin et les langues romanes, une langue flexionnelle, c'est-à-dire avec des modifications morphologiques des mots selon leur fonction. Les langues romanes s'opposent au latin par un certain nombre d'innovations. L'ordre des mots dans ces langues diffère de celui du latin classique aussi bien dans l'organisation du groupe nominal que par la position du verbe dans la phrase. En latin classique, il y a un usage restreint des prépositions, la tendance à mettre devant le nom le complé-

ment du nom ou l'adjectif épithète et l'ordre le plus
fréquemment usité, complément suivi du verbe, fait
placer le verbe en fin de phrase. L'ordre verbe suivi
du complément toutefois était déjà développé en latin
parlé et fut adopté dans toute la *Romania*. On admet
actuellement que le passage d'un type de langue
caractérisé par l'ordre complément + verbe à un type
de langue avec l'ordre verbe + complément s'accompagne précisément du développement des prépositions, de la postposition des relatives au nom, du
complément du nom au nom et ultérieurement de
l'épithète au nom, de l'adverbe au verbe. L'évolution
de la négation passée d'un groupe latin *non amo* au
français *je n'aime pas* (construction présente seulement en français et en italien) constitue un bon exemple de la postposition de l'adverbe au verbe et de
la place médiane du verbe dans la phrase, place qui
s'imposera, en français, au cours du Moyen Âge.

   Du latin, langue synthétique, au français, langue
analytique, il y a donc passage d'une structure régres-
sive (désinence en fin de mots, verbe en fin de proposition) à une structure progressive (développement
des prépositions devant le complément, utilisation
d'un démonstratif latin devant le substantif [à l'origine de l'article français], antéposition des déterminants dans le groupe nominal, développement d'un
pronom sujet devant le verbe). Les grandes innovations des langues romanes concernent l'invention de
l'article totalement inconnu du latin, la création d'un
pronom personnel de troisième personne et le développement des déterminants. En français, il se constitue une double série (provenant de formes qui étaient
accentuées ou non) de pronoms personnels (*le/lui*),
de démonstratifs (*cest/cestuy*) et de possessifs (*mon/
mien*). Le français au cours de son évolution fera une
distinction formelle entre le déterminant et le pronom,
entre l'adverbe et la préposition, souvent confondus
jusqu'au XVIIᵉ siècle.

La déclinaison, caractéristique du latin classique (six cas au singulier et au pluriel pour exprimer des fonctions différentes), n'existe plus à l'époque moderne pour les langues romanes qu'en roumain (déclinaison à deux cas). Mais, le français et l'occitan ont conservé jusqu'au XIVᵉ siècle une déclinaison à deux cas (le cas du sujet et le cas du complément). En l'absence de déclinaison, le genre, le nombre et la fonction ne sont donc plus inclus dans la finale du nom ou de l'adjectif, mais marqués par les déterminants, les prépositions ou la place du mot dans la phrase. La déclinaison s'est toutefois maintenue pour certains mots-outils, comme les pronoms personnels (*je, me, moi*), les relatifs et les interrogatifs (*qui, que, quoi*). Pour la morphologie verbale, de nombreux changements sont intervenus, telles l'invention du passé composé, la création d'un futur périphrastique à partir de la périphrase *cantare habeo* (« j'ai à chanter ») qui prend la place du futur latin synthétique (*cantabo*), avant de se grammaticaliser sous forme synthétique (*chanterai*), et d'entrer en concurrence avec une nouvelle périphrase créée au XVIᵉ siècle (*je vais chanter*). Le caractère analytique du français se manifeste aussi dans la faveur pour les conjonctions analytiques : quatre conjonctions, seulement, proviennent directement du latin (*si, quand, comme, que*), alors qu'une centaine ont été formées à partir de *que* (*alors que, tandis que, parce que...*)

Le système phonologique français est très différent de celui du latin. Il offre un nombre important de sons (phonèmes) totalement inconnus du latin. Pour les voyelles, il y a eu création du [ə], dit actuellement *e* muet, *rose*, des voyelles nasales et d'une série de voyelles labialisées [y], *plus*, [œ], *peur*, [ø], *peu*. L'ancien français connaît aussi l'existence de diphtongues et de triphtongues (voyelles dont le timbre se modifie au cours de l'émission). La grande diversité vocalique du français est remarquable et l'importance du nombre des voyelles l'oppose à d'autres langues. Pour les consonnes, les différences sont aussi très significatives, puisqu'en latin, il n'existe ni les consonnes [z], [v], [ʃ], [ʒ], ni les deux consonnes palatales, *n* mouillé [ɲ] et *l* mouillé [λ]. L'ancien français possède aussi des consonnes dites affriquées : [ts], [dz], [tʃ], [dʒ]. Par la disparition de presque toutes les voyelles finales du latin, par les nasalisations des voyelles, par les nombreuses palatalisations, le français se différencie des autres langues romanes, ainsi que par le changement d'accent. En effet, actuellement, l'accent d'intensité (syllabe accentuée prononcée de manière plus énergique que les autres syllabes) est un accent de groupe, portant seulement sur la dernière syllabe articulée d'un groupe de mots, contrairement aux autres langues romanes ou à l'anglais qui possèdent encore un accent de mot. Avant le passage de l'accent de mot à l'accent de groupe de mots, le français offrait essentiellement des mots qui étaient accentués sur la dernière syllabe (oxytons, *múr*) ou l'avant-dernière syllabe (paroxytons, *róse*). La chute du [ə] en finale ([rozə] prononcé [roz], avait eu pour conséquence de multiplier les mots à structuration oxytonique (caractéristique différenciant nettement le français de l'italien et de l'espagnol).

  C'est à partir du XIXe siècle qu'ont été explicitées les évolutions de prononciation des mots du latin au français et que l'on a dégagé les règles auxquelles obéissent ces changements. Ainsi, par exemple, pour expliquer comment le mot de bas latin **capu*[1] a abouti au mot *chef* (*chief* en ancien français), différentes étapes ont été rétrospectivement identifiées, comme la sonorisation du [p] en [v] entre deux

---

1. L'astérisque devant un mot latin indique par convention qu'il s'agit d'une forme conjecturale, non attestée par des documents d'époque.

voyelles au IVe siècle, le passage de [k] devant [a] à [tʃ] au Ve siècle, la chute de la voyelle finale au VIIe siècle entraînant l'assourdissement du [v] en [f]. L'évolution phonétique a conduit usuellement à un raccourcissement du mot français par rapport à son étymon latin. Mais la phonétique historique ne saurait toutefois expliquer toutes les transformations du latin au français. Tout au long de l'histoire, il y a tendance à unifier et à simplifier les formes et à les organiser en systèmes.

L'écriture du français et ses rapports avec la prononciation sont source de débats et de difficultés depuis des siècles. La prononciation a beaucoup changé depuis le latin où la graphie était proche de la prononciation. Or l'orthographe du français est d'origine latine, l'alphabet latin provenant, lui-même, de l'alphabet consonantique phénicien enrichi par l'alphabet grec. L'inadéquation de l'alphabet latin (23 lettres héritées du latin classique auxquelles s'ajoutent au XIe siècle un *w*, puis au XVIe siècle le *j* et le *v*) pour un ensemble de 50 phonèmes au Moyen Âge et de 37 phonèmes en français moderne, est flagrante, alors même que le français a acquis des phonèmes ignorés du latin et que l'évolution phonétique entraîne des prononciations diverses pour plusieurs lettres. La langue actuelle conserve de multiples graphies de l'époque médiévale où elles correspondaient alors à la prononciation. La graphie des diphtongues et des triphtongues de l'ancien français, notées au XIIe siècle par des ensembles de deux ou de trois lettres, tels *roi* ou *eau*, persiste, tandis que ces diphtongues et ces triphtongues se sont simplifiées dans la prononciation. Les changements phonétiques intervenus après l'époque médiévale n'ont généralement pas eu d'incidence sur la forme des mots. Aux XIVe et XVe siècles, se multiplient les emplois de lettres chargées d'autres fonctions que de marquer la prononciation : lettres étymologiques indiquant la filiation par rapport au latin (*heure* du latin *hora* pour *eure*), lettres diacritiques servant à lever l'ambiguïté de certains graphèmes (doublement de la consonne pour marquer la prononciation en [ɛ] du *e* en l'absence d'accent, *appelle*), lettres analogiques (*grant* écrit *grand* par rapprochement avec *grande*). Au XVIe siècle, l'adoption des signes auxiliaires (accents, apostrophe, tréma, cédille) vient compléter un matériel graphique qui ne changera pas, toute tentative de création de signes nouveaux ayant été vouée à l'échec. Les emprunts actuels aux langues étrangères, dans la mesure où leur prononciation et leur graphie ne sont plus adaptées au système français, contrairement aux usages des siècles antérieurs, multiplient les graphèmes nouveaux (*ea* = [i] dans *speaker*, mais [ɛ] dans *break* ; *zz* = [dz] dans *pizza, j* = [dʒ] dans *jazz*, le français retrouvant pour ces deux derniers mots les consonnes affriquées qu'il connaissait au Moyen Âge).

La nécessité d'une codification de l'orthographe indépendante des variations personnelles s'est manifestée avec le développement de l'imprimerie. Malgré des désirs affichés de réformes qui ont donné lieu à de virulents débats au XVIe siècle aussi bien qu'à la fin des XIXe et XXe siècles, et même si l'orthographe n'a cessé d'évoluer et dans une certaine mesure de se simplifier, les caractéristiques du système graphique français restent assez constantes. Il s'agit de l'ambivalence des graphèmes (une graphie correspondant à plusieurs sons, comme *c* ou *s*) et de la synonymie des graphèmes (plusieurs graphies correspondant à un seul son, comme *an* et *en*). Cette situation explique en français, d'une part, l'importance des phénomènes de distribution, un graphème prenant sa valeur de la place qu'il occupe (par exemple *c* devant *a* ou devant *e* ne représente pas le même son) et, d'autre part, la pluralité de graphies admise pour certains mots ; plus de 5 % des mots français offrent une orthographe fluctuante (*lys* et *lis*, *clef* et *clé*). Si les procédés phonographiques (une lettre renvoyant à un son) dominent, ils ne sauraient masquer les autres fonctions de la graphie : morphologique (par exemple le *-s* marque du pluriel), étymologique ou distinctive (*champ* distingué de *chant*), fonctions qui font que les lettres dans certains de leurs emplois s'apparentent à de véritables idéogrammes (*doigt*, du latin *digitum*). Le français présente un système graphique complexe, qui, toutefois, si l'on néglige les cas apparemment aberrants mais qui ont en fait une justification historique et que la raison voudrait que l'on régularise, n'est pas dénué de cohérence.

On ne saurait par ailleurs couper l'histoire de la langue française d'une réflexion plus générale sur le langage, conduite depuis plus de 2 500 ans en Occident, avec de remarquables constantes. Le fameux dialogue de Platon, le *Cratyle*, pose déjà le problème du rapport des mots et des choses : le langage est-il pure convention ou correspond-il à la nature des choses ? La mise en grammaire des langues du monde s'est faite à partir de la tradition gréco-latine, les catégories du discours s'imposant selon les modèles anciens. Depuis Aristote, la rhétorique, art de bien dire et de persuader, met en avant des normes universelles de la parole.

CHAPITRE I

Le protofrançais ou l'émergence de la *romana lingua* : le latin vulgaire en Gaule à l'épreuve des Celtes et des Francs

I. Premières attestations écrites du français

A- Les *Serments de Strasbourg* et les glossaires

Le texte des *Serments de Strasbourg* (842) marque traditionnellement la naissance du français, émergence d'une *romana lingua* différente du latin. Le serment d'assistance mutuelle que s'étaient prêté solennellement devant leurs suites et leurs troupes respectives les petits-fils de Charlemagne, Charles le Chauve et Louis le Germanique, contre leur frère Lothaire, a été en effet prononcé en *teudisca lingua* (langue francique rhénane) pour le premier et en *romana lingua* pour le second qui s'est ainsi exprimé :

« *Pro deo amur et pro christian poblo et nostro commun saluament, dist di in auant, in quant deus sauir et podir me dunat, si saluarai eo cist meon fradre Karlo, et in adiudha, et in cadhuna cosa, si cum om per dreit son fradra saluar dift. In o quid il mi altresi fazet. Et ab Ludher nul* »

*plaid nunquam prindrai qui meon vol, cist meon
fradre Karle in damno sit.* »

Texte correspondant en latin classique : « *Per
Dei amorem et per christiani populi et nostram
communem salutem, ab hac die, quantum Deus
scire et posse mihi dat, seruabo hunc meum fratrem Carolum, et ope mea et in quamcumque
re, ut quilibet fratrem suum seruare iure debet,
dummodo mihi idem faciat, et cum Clotario nul-
lam unquam pactionem faciam, quae mea uolun-
tate huic meo fratri Carolo, damno sit.* »

« Pour l'amour de Dieu et pour le salut commun
du peuple chrétien et le nôtre, dorénavant, pour
autant que Dieu m'en donne le savoir et le pouvoir, j'apporterai mon soutien à mon frère Charles
ici présent et par aide et en toute chose, comme on
doit justement soutenir son frère. À la condition
qu'il m'en fasse autant. Et je ne prendrai jamais
aucun arrangement avec Lothaire, qui, par ma
volonté, soit préjudiciable à mon frère Charles ici
présent. »

Puis les deux armées prêtèrent serment chacune en sa
langue.

Ce texte a été recueilli dans l'ouvrage que Nithard,
homme politique, petit-fils de Charlemagne, a consacré
à rapporter l'histoire des fils de Louis le Pieux, ses cou-
sins, et le partage de l'empire de Charlemagne entre eux
(Charles le Chauve régnant sur une partie de la France
actuelle, Louis le Germanique sur l'Allemagne et
Lothaire sur une région centrale, la Lotharingie,
comprenant la Lorraine, la Bourgogne, la Provence, la
Lombardie). Il nous est parvenu dans une copie qui date
du Xe siècle.

13

unū quēq; urm absoluo. Cūq; karolus
haec cade uerba. romana linguaporassec
Lodhuuic cm maior noxuerat. prior
haec deinde seseruacuru restacus e.
Pro do amur & pxpian poblo & nro comun
saluamento. dist di en auant. inquantds
sauir & podir medunat. sisaluaraieo.
ast meon fradre karlo. & in ad iudha.
& in cad huna cosa. sicu om p dret son
fradra saluar dist. Ino quid il mialtro
si faret. Et ab ludher nul plaid nuqua
prindrai qui meon uol cist/meon fradre
karle in damno sit. | Quod cu lodhuuic
explesset. karolus teudisca lingua sicec
eade uerba testacus est.

Les *Serments de Strasbourg* (842).
Photothèque Hachette-L.G.F.

Quelques témoignages antérieurs à ce texte politique officiel prouvent l'existence de cette *romana lingua*. Une parodie de la loi salique (vers 770) fournit la forme *botticula* pour *butticula*, « bouteille », et l'emploi de *lo* et *la* (issus du démonstratif latin *ille*) comme articles. Les *Laudes royales* de Soissons (vers 790) offrent des acclamations en l'honneur des fils de Charlemagne, *Tu lo iuua, tu los iuua* (« Toi, aide-le, toi, aide-les » avec *lo* et *los* formes de pronom personnel provenant du démonstratif latin *ille*). Les *Gloses* de l'abbaye de Reicheneau (VIIIᵉ siècle) contiennent quelque 1 300 mots romans latinisés servant à traduire les termes de la Vulgate (*bella* pour le latin classique *pulchra*, *infantes* pour *pueros*, *servientes* pour *milites, plus sano* pour *saniore* ; termes à l'origine, respectivement, des formes modernes *belle, enfant, sergent, plus sain*). Dans les délibérations du synode de Tours (813), les évêques invitaient à *transferre* les homélies en *rustica romana lingua* ou en *thiostica* (germain) afin d'être compris par les fidèles (la question de la langue fut débattue dans les autres synodes convoqués la même année ; à Mayence, la langue allemande fut autorisée et, à Reims, il fut permis de prêcher *secundum proprietatem linguae* [« selon la propriété de la langue »]). Les *Gloses* de Cassel (VIIIᵉ ou IXᵉ siècle) fournissent l'équivalent germain de 300 mots romans. Mais ces textes sont des glossaires et c'est dans les *Serments de Strasbourg*, texte politique, que cette langue apparaît avec ses particularités morphologiques et sa syntaxe propre.

Il n'est pas possible pour autant de conclure que cette nouvelle langue était ainsi parlée. Ce texte protocolaire est marqué par des tournures juridiques vraisemblablement stéréotypées. Ces précieuses lignes attestent toutefois la chute des voyelles finales (*amur* pour *amore, christian* pour *christiano*), à l'exception du *a* (*cosa* pour *causa*) et des finales nécessitant une voyelle de soutien (*fradre* ou *fradra* pour *fratrem*) ; elles indiquent la sonorisation des consonnes sourdes à l'intervocalique (*podir* pour *potere*, du latin classique *posse,* montre le passage de [t] à [d]). La déclinaison latine qui comportait six cas se réduit à une opposition de deux cas : le sujet (*deus*) et le complément (*deo*). Des formations périphrastiques sont remarquables : *dist di in auant* (« de ce jour en avant »), le futur *saluarai* (correspondant à l'infinitif *saluare* et à la première personne du présent de *habeo*, c'est-à-dire « j'ai à sauver »). Pour le démonstratif (*is, iste* ou *ille* en latin classique), est employée la forme *cist* provenant d'un renforcement de *iste* par la particule *ecce,* « voici » ; sont à souligner aussi l'emploi de *om* issu de *homo* (à l'origine de l'indéfini *on*) et celui de *fazet* (du latin *facere,* « faire ») comme verbe suppléant du verbe *saluar*. Une des tournures fréquentes de l'ancien français est déjà représentée : la postposition du sujet au verbe avec adverbe en tête comme le montre l'emploi de *si saluarai eo* (*si*, issu de l'adverbe latin *sic*, « ainsi » et *eo,* du pronom personnel latin *ego*, « je ») ; le verbe n'est plus en position finale, mais en position médiane.

B- Un texte littéraire : la *Séquence de sainte Eulalie*

La *Séquence de sainte Eulalie* (29 vers composés vers 880, présents dans un recueil de discours de saint Grégoire en latin, accompagnés de trois poèmes en latin et d'un en langue germanique) offre, elle, une première attestation littéraire, plus proche vraisemblablement de la langue courante de cette époque que le texte des *Serments de Strasbourg*.

« *Buona pulcella fut eulalia. Bel auret corps bellezour anima.*

La *Séquence de sainte Eulalie*.
Manuscrit 150, fol. 141, v°. Bibliothèque municipale de Valenciennes.

Voldrent la veintre li deo inimi. Voldrent li faire diaule seruir... »

« Eulalie était une jeune fille vertueuse. Elle avait un beau corps et une âme plus belle.

Les ennemis de Dieu voulurent la vaincre. Ils voulurent lui faire servir le diable... »

Ce texte, qui raconte le martyre de la sainte et qui offre les caractéristiques de la poésie latine rythmique, vraisemblablement pièce paraliturgique chantée, possède des marques de diphtongues (*buona, bellezour*). Le [ə] final est rendu par *e* ou par *a*. L'article, inconnu de la langue latine, est employé. On trouve aussi dans ces vers la première attestation du conditionnel (*sostendreit*).

> De toutes les langues romanes, le français est attesté le premier (IXᵉ siècle – *Serments de Strasbourg, Séquence de sainte Eulalie*) comme langue distincte du latin, langue mère. Les premiers textes, même s'ils ne sauraient rendre compte de la langue alors parlée, montrent quelques-unes des caractéristiques majeures de cette *romana lingua* : profonds changements phonétiques, simplification des déclinaisons, formations périphrastiques, invention de l'article, du pronom personnel de troisième personne, de l'indéfini *on,* du conditionnel, verbe en position médiane.
>
> Ces textes fondateurs manifestent aussi le colinguisme de l'époque, puisqu'ils sont en relation étroite avec des textes en langue germanique ou en latin.

II. Les parlers antérieurs au gaulois et le substrat gaulois

Les particularités de cette *romana lingua,* issue du latin vulgaire et attestée plusieurs siècles après la conquête de la Gaule par les Romains, s'expliquent par des influences diverses qui mettent en cause un substrat gaulois et un superstrat francique. Les Gaulois sont un peuple indo-européen venu d'Europe centrale vers 500 av. J.-C. D'un peuplement antérieur à l'arrivée de ces Celtes, donc pré-indo-européen, il reste pour témoignage en Europe occidentale le basque, parlé par les Aquitains dans le Sud-Ouest. L'origine de cette langue a donné matière à diverses hypothèses : parenté avec les langues chamitiques (berbère, copte), parenté avec l'ibère (langue non indo-européenne) ou plus probablement origine caucasienne. Parlée encore par 800 000 personnes en France et en Espagne et comportant huit dialectes, elle n'a fourni qu'un nombre limité de mots au français, empruntés le plus souvent par des intermédiaires, comme l'*orignal*, « élan du Canada », importé par les émigrés basques au Canada, la *bagarre* venue, par l'intermédiaire de l'occitan, de *batzarre*, « rassemblement », ou le lexique de la pelote basque.

Les Ligures, qui avant l'arrivée des Celtes occupaient le Sud-Est, le bassin du Rhône et la Franche-Comté et qui parlaient une langue indo-européenne, ont laissé quelques vestiges en provençal, en savoyard (suffixe *-anque*, dans *calanque, avalanche*). Il faut aussi faire état de l'installation vers 600 av. J.-C. de colonies grecques sur le rivage méditerranéen. Il en reste quelques traces en toponymie. *Marseille* provient de *Massalia, Antibes* d'*Antipolis*, « la ville d'en face », *Nice* de *Nikaia*, « déesse de la Victoire ».

Le gaulois, langue de la Gaule cisalpine (plaine du Pô) et de la Gaule transalpine (France, Belgique, Suisse), est une langue celtique. Il s'agit d'une langue à déclinaisons et conjugaisons, caractérisée pour son lexique par la richesse de la dérivation et de la composition (*Vercingétorix* est ainsi composé du préfixe *ver-* et de *-rix* correspondant à « roi »). Cette langue orale a été transcrite au IIIe siècle av. J.-C. en alphabet grec au sud de la Gaule (sous l'influence de la colonie grecque de Massalia), ce qui a laissé penser à César que les druides (qui tenaient à la transmission orale de leurs traditions) parlaient grec. Après la conquête de la Gaule, certaines transcriptions ont été faites en alphabet latin. De ces transcriptions, il subsiste quelques inscriptions sur des monnaies, stèles funéraires, objets quotidiens, dédicaces ; la plus longue (plomb du Larzac, découvert en 1983, texte magique mettant en scène des sorcières) ne comporte que 170 mots.

Les envahisseurs romains, qui colonisent tout d'abord au IIe siècle av. J.-C. la Provence (du latin *provincia*), puis, au siècle suivant, l'ensemble de la Gaule, imposent leur propre langue à la grande masse des autochtones (population homogène et nombreuse, évaluée à environ une dizaine de millions). Cette assimilation est lente ; elle se réalise sur quatre siècles. Le latin fonctionne comme langue de l'écrit et de l'administration, le gaulois conservant une fonction de langue d'échanges. Les Romains latinisent généralement les mots gaulois qu'ils empruntent, comme *braca* (qui donnera *braie*), *leuca* (*lieue*) ou *tonna* (*tonne*, « tonneau ») ; ces mots appartiennent à la réalité rurale, *brucus* (*bruyère*), *alauda* (à l'origine d'*aloe*, d'où *alouette*) ou aux techniques dans lesquelles excellent les Gaulois comme la charronnerie, *carrus* (*char*), *carruca* (*charrue*). Dans le français actuel, il ne reste de cette langue gauloise, qui ne semble plus avoir été parlée après le VIe siècle, que cent cinquante mots courants (*bouleau, chêne, if, ruche, bief, suie, arpent, mouton, bouc, cervoise, brasser, soc, charançon, charpente, jante, vandoise, charger, bercer, boue, chemin, crème, dru, gosier, trogne, truand, vassal*), mais quelques milliers de noms de lieux (ainsi *Autun, Châteaudun, Laon, Verdun*, formés à partir de *dunum*, « montagne, forteresse », tout comme *Lyon* de *Lugdunum*, « forteresse du dieu Lug »), ou des mots à suffixe *-acus*, devenu *-y* ou *-ay* selon les régions, à l'origine de *Cambray, Aubigny*, ou encore *Marne, Seine, Oise, Cévennes, Vosges, Bordeaux, Carpentras, Melun, Paris* (de *Parisii*, peuple gaulois), *Bourges* (de *Bituriges*). C'est aussi aux Gaulois que le français est redevable de la numération par *vingt* (*quatre-vingts*). Dans la syntaxe gauloise, le verbe est fréquemment en seconde position et l'ordre sujet-verbe bien représenté. L'on a émis l'hypothèse que la mise en relief d'un élément antéposé au verbe par une copule pourrait expliquer une construction française du type *c'est... que*. Le gaulois connaît l'affriquée [ts], *tau gallicum*, « *t* gaulois », transcrit par un *d* barré, qui pour les Romains serait doté d'un pouvoir magique.

Le breton actuel n'est pas l'héritier direct de cette langue gauloise, puisqu'il provient d'une langue celtique insulaire, le brittonique, importée au cours des Ve et VIe siècles de Grande-Bretagne en Armorique par une population chassée par les Saxons. Le brittonique dut d'autant mieux s'implanter sur le continent que le gaulois, langue celtique, était resté vivant. Le vannetais est, des quatre dialectes qui constituent le breton (avec le cornouaillais, le léonois, le trégorrois), celui qui a été le plus influencé par le substrat gaulois.

Des langues parlées sur le territoire français antérieurement à l'invasion gauloise, il reste le basque et quelques traces de ligure et du grec usité dans les colonies grecques installées sur le rivage méditerranéen.

Le gaulois, langue celtique, de tradition surtout orale, parlée pourtant par une population nombreuse, est lentement supplanté par la langue des envahisseurs romains. Il lègue à l'histoire du français environ cent cinquante mots courants, un très important fonds de toponymie, la numération par *vingt*.

Le breton actuel, langue également celtique, a été importé au ve siècle de Grande-Bretagne en Armorique.

III. Le latin de l'Antiquité tardive

A- Société gallo-romaine et variétés du latin

La société gallo-romaine utilise donc le latin, mais un latin non homogène. Le latin plus soutenu de l'administration et des écoles correspond au latin écrit qui, à Rome, de la période du latin archaïque à celle du latin tardif, se caractérise par une relative stabilité. Il coexiste avec un latin parlé (que l'on appelle aussi latin vulgaire depuis le xixe siècle [de *vulgus*, « le peuple », sans connotation péjorative] ou latin populaire) dont souvent les formes n'ont aucune attestation écrite (sinon sporadiquement dans des inscriptions, des traités techniques, des ouvrages chrétiens ou des œuvres de grammairiens fustigeant les fautes) et sont reconstruites par les lois de la phonétique historique. C'est, en effet, le *sermo cotidianus* qu'ont apporté avec eux les soldats et les commerçants. Il s'agit d'une langue souvent métapho-

rique, où l'on dit *manducare* (« jouer des mâchoires »)
au lieu du classique *edere* (« manger »), *testa* (« vase de
terre cuite ») au lieu du classique *caput* (« tête »), où
l'on privilégie les diminutifs, tels *auricula, geniculum,
apicula* (autant de termes qui ont donné respectivement
en français *manger, tête, oreille, genou, abeille*). Il
devait exister dans ce latin parlé, comme dans le français
parlé actuel, de multiples variations (prosodiques,
lexicales, syntaxiques) selon les groupes sociaux, les
individus et les régions et pour un même individu selon
les situations d'énonciation. Par ailleurs, dans la mesure
où ce latin fonctionne comme une langue véhiculaire
dans l'immense Empire romain, il y a de nombreuses
simplifications. Ce latin vulgaire est soumis alors à
d'importants changements phonétiques et syntaxiques.

À partir du IVe siècle, le latin devient la langue de la
liturgie chrétienne en Occident, facteur du maintien
d'une permanence de l'influence latine, alors même
que disparaîtra le pouvoir politique unificateur. En
312, Constantin reconnaît le christianisme comme religion officielle. Ce latin chrétien est fortement marqué
par l'adoption de particularités du latin parlé, par la
création de nombreux mots nouveaux empruntés souvent au grec (*baptizare, ecclesia, diabolus, propheta,
episcopus, parabola*) ou par des sens nouveaux donnés
à des mots existants (*fides, conversio, confirmatio,
confusio*). Les prédicateurs adaptent le latin au public
à évangéliser, illettré, et utilisent un style simple. Le
rôle du christianisme dans le devenir de la latinité et
dans les rapports ensuite entre les langues vulgaires et
le latin est primordial et ne doit pas être sous-estimé.
De nombreux ouvrages religieux attestent la vitalité de
cette culture. Des Pères de l'Église comme saint
Augustin ou saint Jérôme qui traduit en latin la Bible
(Vulgate) donnent au latin chrétien ses lettres de
noblesse. Cette langue paléochrétienne est aussi celle
de la grande poésie religieuse hymnique. Les *Vitae*

sanctorum (Vies de saints) se multiplient. L'adoption et l'adaptation de la rhétorique gréco-latine pour la diffusion et l'interprétation de l'Écriture sainte, comme en témoigne le *De doctrina christiana* de saint Augustin, ont pris une part importante au succès exceptionnel de l'Église chrétienne.

Alors que l'époque classique n'avait donné naissance qu'à un petit nombre d'ouvrages grammaticaux, l'époque tardive fournit en latin les principaux ouvrages techniques, promis à une prospérité remarquable dans la tradition occidentale où ils s'imposeront comme les modèles des premières grammaires des langues vernaculaires. La grammaire de Donat (IVe siècle) se compose de deux parties : la première pour débutants, *Ars minor*, présente les catégories de mots sous forme de questions et de réponses ; la seconde, *Ars maior*, s'intéresse aux lettres, à la prononciation, aux huit catégories (nom, pronom, verbe, adverbe, participe, conjonction, préposition, interjection), aux défauts (barbarismes, solécismes) et aux qualités (figures, tropes). La grammaire de Diomède (IVe siècle) destinée à un public hellénophone traite également de stylistique et de poétique. L'ouvrage de Priscien (VIe siècle), dont a subsisté un millier de manuscrits, est aussi une grammaire pour public hellénophone. Il met l'accent sur la syntaxe et évoque l'article (absent du latin) en fonction du grec. Par ailleurs, il existe un certain nombre de remarques de grammairiens ou de listes fustigeant barbarismes et solécismes ou prononciations vicieuses, comme l'*Appendix Probi*. Le grammairien Marius Victorinus Palaemon, dans son *Ars de metrica institutione* (Ve siècle), définit le vers syllabique, qui s'est substitué à la métrique classique latine fondée sur la quantité (alternance de voyelles longues et brèves).

Une innovation dont les conséquences ont pu être comparées à celles de l'invention de l'imprimerie a

lieu au IVe siècle : le *codex*, livre en cahiers, se substitue au *volumen*, livre en rouleau, entraînant d'autres
habitudes de lecture, par exemple la possibilité de
retrouver facilement une référence. Par ailleurs, il
faut souligner que, jusqu'au VIIe siècle, les livres latins
ne comportaient pas de ponctuation, ni de séparation
de mots ; il s'agissait donc d'une sorte de transcription phonétique, prise souvent sous la dictée. Selon
les historiens du livre, l'adoption de la séparation des
mots, donnant un caractère plus idéographique à la
graphie, permettra ultérieurement le développement
de la lecture silencieuse, alors que l'Antiquité
romaine pratiquait la lecture orale.

> Le latin de l'Antiquité tardive est, avec sa diver-
> sité, introduit en Gaule : langue de l'écrit usitée
> par l'administration et les écoles, langue parlée
> souvent métaphorique (importée par les soldats et
> les commerçants), latin de la chrétienté appelée à
> jouer un rôle exceptionnel dans l'histoire ulté-
> rieure de la latinité.
> À cette époque, se multiplient les grammaires
> latines (Donat, Priscien) qui auront une grande
> influence sur la tradition occidentale, alors même
> que les méthodes de la rhétorique gréco-latine
> sont adoptées par le prosélytisme chrétien et que
> les Pères de l'Église créent une littérature reli-
> gieuse d'expression latine.

B- Particularités linguistiques du latin tardif

1. Prononciation

En latin classique, les voyelles se différencient par
leur quantité (brève ou longue) et l'on distingue ainsi
dix voyelles, $\bar{a}$, $\breve{a}$, $\bar{e}$, $\breve{e}$, $\bar{\imath}$, $\breve{\imath}$, $\bar{o}$, $\breve{o}$, $\bar{u}$, $\breve{u}$; aussi pouvait-on

opposer *pŏpŭlus* (« peuple ») et *pōpŭlus* (« peuplier »),
mălus (« mauvais ») et *mālus* (« pommier »), *vēnit*
(« il vient ») et *vĕnit* (« il vint »). La quantité est importante pour la détermination de la place de l'accent qui,
fortement marqué, est un accent mélodique (correspondant à une élévation de la hauteur d'émission de la
voyelle). L'accent porte soit sur la pénultième, c'est-à-
dire l'avant-dernière syllabe (*mots paroxytons*), soit
sur l'antépénultième, c'est-à-dire la syllabe précédant
l'avant-dernière syllabe (*mots proparoxytons*). Pour
les mots de deux syllabes, l'accent porte toujours sur la
première syllabe : *rŏsa, mŭrus* [1]. Pour les mots de plus
de deux syllabes, il porte soit sur la syllabe pénultième,
si la voyelle de cette syllabe est longue : *cantāre*, ou si
elle est entravée (c'est-à-dire dans une syllabe fermée
par une consonne) : *argéntum,* soit sur la syllabe antépénultième si la voyelle de la pénultième est brève :
fémĭna.

Pour l'évolution phonétique, du latin au français, la
place de l'accent latin est déterminante. La voyelle
sous l'accent (voyelle tonique) survit toujours sous une
forme ou une autre (*mŭrum* › *mur*), alors qu'il y a souvent effacement des voyelles atones ; ainsi en est-il des
voyelles prétoniques internes (à l'intérieur du mot
avant l'accent), *libĕrāre* › *livrer, sĭmŭlāre* › *sembler,*
et des pénultièmes atones, *tăbŭla* › *table, débĭta* ›
dette. La syllabe initiale, par ailleurs, jouit d'une fer-
meté articulatoire qui a empêché l'effacement, *mărītu*
› *mari.*

Dès l'Empire, un accent d'intensité (syllabe accentuée prononcée de manière plus énergique que les
autres syllabes) se substitue à l'accent mélodique, ce
qui entraîne un bouleversement quantitatif et un changement de système vocalique. En effet, à cause du

---

1. L'accent aigu sur un mot latin marque par convention la
place de l'accent tonique.

renforcement d'intensité de l'accent, les voyelles accentuées libres brèves s'allongent et les voyelles longues non accentuées s'abrègent ; en raison de cet allongement, la voyelle libre sous l'accent sera dans certaines conditions en mesure de se segmenter (phénomène de diphtongaison). Ce bouleversement du système vocalique s'accompagne d'une différenciation de timbre entre voyelles brèves et longues : les voyelles ne sont plus distinguées par leur longueur, mais par leur timbre : *ĕ* bref devient *e* ouvert ; *ē* long, *e* fermé ; *ĭ* bref (qui se confond avec *ē* long), *e* fermé ; *ī* long, *i* fermé ; *ŏ* bref, *o* ouvert ; *ō* long, *o* fermé ; *ŭ* bref (qui se confond avec *ō* long), *o* fermé ; *ū* long, *u*.

latin classique	*ă ā*	*ĕ*	*ē ĭ*	*ī*	*ŏ*	*ō ŭ*	*ū*
	↓	↓	↓	↓	↓	↓	↓
latin vulgaire	a	ɛ	e	i	ɔ	o	u

Le système vocalique offre ainsi des voyelles ouvertes ou fermées. Les voyelles se différencient donc en fonction de leur aperture (distance qui sépare du palais la langue soulevée lors de l'articulation de ces phonèmes).

Par ailleurs, les anciennes diphtongues latines se sont simplifiées : *æ* en [ɛ] (*caelum › celum*), *œ* en [e] (*poena › pena*) ; *au* en [ɔ] (*aurum › orum*). En syllabe finale, il y a aussi confusion des timbres : *e* pour *ē* long, *ĕ* bref et *ĭ* bref ; *o* pour *u* et *o*. Le *e* et le *i* en hiatus (c'est-à-dire devant voyelle) passent à yod, semi-consonne palatale, présente dans un mot comme *yeux*. Devant le groupe [s]+ consonne, apparaît une voyelle prothétique (*ischola* pour *schola*, à l'origine de *école*). Avant le IVe siècle, les voyelles ouvertes libres, devenues plus longues sous l'accent, se diphtonguent : le [ɛ] en [ie] et le [ɔ] en [uo] : *pĕde › piede* ; *cŏr › cuor*. La plupart des voyelles atones (prétoniques internes ou pénultièmes atones) s'effacent : *mātūtĭnum › matínum* ; *călĭdus › cáldus*.

En ce qui concerne les consonnes, le [m] en position finale disparaît très tôt, *rósam › rosa, múrum › muru*. Les consonnes sourdes intervocaliques se sonorisent : [t] passe à [d] (*víta › vída*) qui disparaîtra (*vida › vie*) ; [s] passe à [z] (*rosa* sera prononcé *roza*) ; [p] passe à [b], puis [v] (*ripa* qui aboutira à *rive*). Le son [v] étranger au latin classique, qui prononçait *uiuere* [wiwere], apparaît. Les groupes de consonnes tendent à s'affaiblir (prononciation *cosul* pour *consul*). Il y a une influence croissante de l'entourage phonétique. Le [k] devant [e] ou [i] par exemple se palatalise (avancée du point d'articulation vers la partie antérieure du palais) et passe à [ts] ; [k] devant [a] à l'initiale ou après consonne aboutit à [tʃ]. Il y a création d'une série de consonnes dites affriquées, [ts], *Francia › *[Frantsya], [dz], *placere › *[plajdzere], [tʃ], *carru › *[tʃaro], [dʒ], *gente › *[dʒente], qui disparaîtront du français, mais que l'anglais connaît encore. Le *n* et le *l* devant yod se palatalisent, donnant naissance à deux nouveaux phonèmes, *l* mouillé [λ] et *n* mouillé [ɲ], *palea › *[paλja] à l'origine de *paille*, *montanea › *[montaɲa] à l'origine de *montagne*.

2. Morphosyntaxe

Une simplification des systèmes formels est en œuvre. Les verbes à formes aberrantes sont plus ou moins éliminés ; ainsi certains temps de *ire* (« aller ») auxquels on substitue des paradigmes de *vadere* (à l'origine des formes françaises du type *vais*) et de *ambulare* (à l'origine des formes françaises du type *aller*). Le nombre de cas (six en latin classique : nominatif pour le sujet, vocatif pour l'apostrophe, accusatif pour le complément d'objet direct, génitif pour le complément du nom, datif pour le complément d'objet indirect, ablatif pour le complément circonstanciel) a tendance à se réduire aux seuls nominatif et accusatif, d'autant que le -*m* final (qui permettait d'opposer le nominatif *rosa* et l'accusatif *rosam*) disparaît et qu'il y a confusion des timbres des voyelles finales (*dominu* issu de *dominum* se confond avec *domino*). Cette réduction des cas s'accompagne d'une tendance à la fixation de l'ordre des mots. Les prépositions se développent et les emplois prépositionnels se substituent fréquemment au génitif ou au datif (ainsi la préposition *de* + ablatif est en concurrence avec le génitif, *ad* + accusatif avec le datif). Les trois genres du latin classique (masculin, féminin, neutre) se réduisent à deux (masculin et féminin) ; des pluriels neutres sont pris pour des féminins singuliers (*folia*, pluriel de *folium,* à l'origine de *feuille*) ; les neutres du type *templum* (2ᵉ déclinaison) ou *cornu* (4ᵉ déclinaison) sont ramenés à une déclinaison du type *dominus* (2ᵉ déclinaison). Les cinq déclinaisons se simplifient. La quatrième déclinaison est absorbée par la seconde (*manus* est décliné comme *murus*), la cinquième refaite sur la première (*facia* pour *facies*). De nombreux imparisyllabiques (c'est-à-dire mots n'ayant pas le même nombre de syllabes au nominatif et aux autres cas comme *civitas*, *civitatem*) unifient leurs formes. Le système des conjonctions se modifie. L'usage de certaines conjonctions s'étend comme celui de *si* ou de *quomodo* (à l'origine du *comme* actuel), souvent au détriment d'autres : *quod* (face à *ut, cum, si*) et, à partir du ivᵉ siècle, *quia* (à l'origine du *que* actuel) qui supplante *quod*.

Les structures analytiques se développent à basse époque. La périphrase formée de l'infinitif et des formes réduites du présent du verbe *habere* (du type *amare *áyyo*, « j'ai à aimer ») se substitue aux futurs classiques et est à l'origine des futurs en -*r*- (alors que la même périphrase avec les désinences de l'im-

parfait du verbe *habere* donnera naissance au conditionnel, temps inconnu du latin et dont la première
attestation connue se trouve dans la *Séquence de
sainte Eulalie*). Les formes classiques de passif synthétique (*amor*, « je suis aimé ») disparaissent au profit de formes analytiques (*amatus sum*) à valeur de
présent, alors qu'au parfait classique *amatus sum*,
« j'ai été aimé », est substitué *amatus fui*. Il se constitue une périphrase avec le présent du verbe *habere* et
le participe qui se rapporte à l'objet (*habeo urbem
captam*, « j'ai la ville prise ») ; cette origine du passé
composé explique la règle d'accord du participe passé
avec le complément employé avec le verbe *avoir*. Les
tournures périphrastiques du futur et du passé formées avec le présent du verbe *habere* correspon-
draient pour certains linguistes à une nouvelle
manière de considérer le passé et le futur à partir du
présent. La voix pronominale est créée par l'emploi
du pronom réfléchi devant les verbes actifs et entre
en concurrence avec le verbe déponent (verbe à forme
passive, mais de sens actif, *irascor*, « se mettre en
colère », appelé à disparaître ultérieurement). Les
changements qui interviennent dans les mots-outils
manifestent un renforcement des formes adverbiales
ou prépositionnelles par des éléments analytiques :
abante (pour *ante*, à l'origine d'*avant*), *de foris* (pour
foris, à l'origine de *dehors*), par des périphrases
(*in hac hora* pour *hora*, à l'origine de *encore*).
Des conjonctions périphrastiques se développent (*pro
eo quod, in eo quod, ex eo quod*). Une tournure
périphrastique (déjà utilisée en latin classique, puis
développée à l'époque impériale sous l'influence du
grec qui connaissait une formation identique) sera
promue à un brillant avenir pour la formation des
adverbes de manière : substantif féminin *mente* (à
l'ablatif) désignant l'esprit, la manière et adjectif au
féminin ; *bonamente* (*bonnement* en français) signi-

fiait donc initialement « d'une bonne manière ». Cette création se retrouve dans toutes les langues romanes à l'exclusion du roumain.

Il y a réduction des modes du verbe. Le système des modes nominaux du verbe s'appauvrit. Il perd le supin (*amatum*), le participe futur (*amaturus*), l'infinitif futur (*amaturum esse*), l'infinitif parfait (*amauisse*), trois des quatre cas du gérondif. Seuls survivent l'infinitif (*amare*), le participe passé (*amatus*), le participe présent (*amans, amantem*) et le gérondif à l'ablatif (*amando*). L'évolution phonétique confondra *amantem, amandus* et *amando*, si bien que la forme en *-ant* du français moderne est ambiguë, correspondant aussi bien à un participe qu'à un adjectif verbal ou à un gérondif latins. Dans de nombreux emplois, le plus-que-parfait du subjonctif se substitue à l'imparfait du subjonctif (*amauissem* au lieu de *amarem*), si bien que les formes françaises de l'imparfait du subjonctif (*amasse*) proviennent des formes latines du plus-que-parfait du subjonctif et non de l'imparfait du subjonctif. Après un verbe de déclaration ou de perception, les complétives (introduites par *quod, quia, quoniam*) sont préférées aux propositions infinitives du latin classique.

En ce qui concerne l'ordre des mots, la cohésion du groupe nominal tend à se renforcer : substantif suivi de l'épithète ; substantif suivi du génitif. Le verbe, en position finale usuellement en latin classique, mais vraisemblablement déjà en position médiane en latin parlé à l'époque classique, tend à occuper une place médiane, ordre adopté dans toute la *Romania*.

Le latin parlé subit de profondes modifications tant dans la prononciation (bouleversement quantitatif, changement de système vocalique, diphtongaison des voyelles brèves accentuées, sonorisation des consonnes sourdes intervocaliques, apparition du son [v], palatalisation, création de *l* mouillé [λ] et de *n* mouillé [ɲ], des consonnes affriquées) que dans la morphologie et la syntaxe (simplification des déclinaisons, du nombre de cas, développement de structures analytiques dans les formes verbales [futur, passé composé, voix pronominale] et les mots-outils [prépositions, conjonctions, adverbes en *-ment*], appauvrissement des modes nominaux du verbe, tendance à utiliser le verbe en position médiane).

IV. Le superstrat francique

Certains mots d'origine franque sont entrés dans la langue antérieurement aux temps des grandes invasions. En effet, il y avait de nombreux contacts entre les Germains rhénans et les Romains particulièrement dans la *Gallia belgica*. Par ailleurs, les Francs (mot francique signifiant « libre ») ont été présents comme fédérés et mercenaires dans l'armée romaine où certains furent même appelés à de hautes fonctions. Des colons et des lètes (soldats des troupes territoriales) ont aussi occupé certaines terres désertées par les Gallo-Romains pour des raisons d'insécurité ; cette implantation fut importante comme le montre l'existence sur le territoire de la Gaule de préfets qui exerçaient une autorité civile et militaire sur les lètes. Avant les grandes invasions, les rapports entre Germains et Gallo-Romains sont donc manifestes. L'interdiction des mariages mixtes par le Code théodosien (370) ou l'interdiction du port du costume barbare en ville (manteaux de fourrure, cheveux longs, pantalons) par les édits d'Honorius (fin du IVe - début du Ve siècle) montrent les relations qui unissaient alors ces populations. Il était aussi de mode de doter ses enfants de prénoms germaniques, mode qui se perpétua, puisque, au IXe siècle, les neuf dixièmes des prénoms étaient francs. De ces parlers, il resterait en français quelque 300 mots. Ainsi *Francia* est une latinisation de *Franko* qui date du IIIe siècle, *ricius* de *riki*, « puissant », de même époque. *Heaume, baron, épieu, blason, sénéchal, fief, félon, orgueil, blanc, blé* pourraient, selon certains linguistes, avoir été empruntés dès cette période.

La chute de l'Empire romain (476), les invasions barbares au Ve siècle sont traditionnellement considérées comme les facteurs de la perte d'unité du latin et de sa dialectalisation, mais il importe aussi de remarquer l'absence d'uniformité du latin parlé en Gaule, la colonisation s'étant faite sur plusieurs décennies par des émigrants d'origines diverses. La sociolinguistique explique également cette fragmentation par la différence des rythmes de changement et de leur diffusion, proportionnels au niveau de communication entre les groupes. Certains facteurs géographiques créant l'isolement ou certains facteurs sociaux (comme les structures sociales stables à forte cohésion) ralentissent le rythme du changement linguistique et sa diffusion et entraînent la fragmentation de l'ensemble.

La chute de l'Empire romain marque la fin des évolutions phonétiques communes à l'ensemble de la *Romania*. Les diphtongaisons qui, au VIe siècle, affectent le [e], le [o] et le [a] libres sous l'accent sont propres au domaine gallo-roman. Le [e] se diphtongue ainsi en [ei] (*téla = teile*) et le [o] en [ou] (*flŏre = flour*) ; [a] vraisemblablement en [ae] qui se monophtongue rapidement en [e] (*mắre = mer*). Par ailleurs, tout [a] accentué en fin de syllabe et précédé d'une consonne palatalisée subit une évolution qui le conduit à [ie] (*cắru = chier*), après le passage de [k] à [tʃ], phénomène connu des phonéticiens sous le nom de loi de Bartsch.

Les envahisseurs francs du Vᵉ siècle (qui occupent le nord de la Gaule, alors que les Wisigoths occupent le Sud et les Burgondes l'Est) n'arrivent pas, contrairement aux Romains lors de l'invasion de la Gaule, à imposer leur langue et assimilent un certain nombre de valeurs de la culture gallo-romaine (le baptême du Barbare Clovis, roi des Francs, en 496, par saint Rémi est à cet égard symbolique). La langue gallo-romane et le germanique coexistent du Vᵉ siècle au Xᵉ siècle ; les Mérovingiens, puis les Carolingiens sont bilingues et Hugues Capet, de langue maternelle romane, semble avoir été le premier de ces souverains à avoir eu besoin d'un interprète pour comprendre le germanique.

Même s'il n'a pu prévaloir, le francique influe sur le latin parlé alors. La prononciation francique a ainsi entraîné la résurgence de l'aspiration du *h* (disparue du latin) et les emprunts au francique sont munis de cette aspiration (*heaume, honte*) qui a pu toucher certains mots du vieux fonds latin (ainsi *haut*, pourtant venu de *altus*). La semi-consonne [w] (devenue [v] en latin vulgaire) à l'initiale est réintroduite et articulée en [gw] (**wardôn* prononcé [gwardare] [*garder* en français moderne]*, *werra,* [gwera] [*guerre* en français moderne]). Le renforcement de l'accent d'intensité a pour corollaire la chute des voyelles finales sauf le [a] passé à [ə] (ainsi au VIIIᵉ siècle *rosa* devient *rose* et *muro mur*) ; il semblerait que la chute de la voyelle finale devant le [s] (*murus › murs*) date de la fin du VIᵉ siècle ou du début du VIIᵉ siècle, selon les

indications fournies par les monnaies contemporaines. Ce phénomène de chute de la voyelle finale a
pour conséquence de multiplier les mots oxytons
(c'est-à-dire accentués sur la finale). Les consonnes
sonores devenues finales à la suite de la chute de la
voyelle finale s'assourdissent (*grande* devient *grant*).
Par ailleurs, au VIIIᵉ siècle, le [u] vélaire devient [y],
d'articulation palatale, phonème qui, dans les langues
néo-latines, n'appartient qu'au français, au rhéto-
roman (Engadine) et au gallo-italien (plaine du Pô),
mais qui se retrouve en allemand et en breton et qui
était aussi un phonème gaulois.

Certains linguistes attribuent également au francique les modalités de l'inversion du sujet après un
mot accentué en tête de phrase ainsi que la fréquence
de l'antéposition de l'adjectif (voir des noms de lieux
comme *Francheville*). Le francique a aussi légué au
lexique de l'ancien français un millier de mots,
concernant aussi bien le vocabulaire guerrier (*bou-
clier*), les institutions féodales (*adouber*), que les sen-
timents (*hardi*), la vie rurale (*houx*), les couleurs
(*bleu, brun, gris, blond*). Le suffixe *-ard* est d'origine
francique ; deuxième élément dans la composition de
noms propres (*Bernard, Gérard, Richard*) avec la
signification de « dur, fort », il a été utilisé ensuite
dans les noms communs. Le suffixe *-aud* a une histoire parallèle ; *wald* provenant de *walden*, « gouver-
ner », a été usité dans les noms propres comme
Grinwald, Renaud, puis dans les noms communs.
Dans *anglais, François, français,* se retrouve le suffixe germanique *-isk* qui a donné *-ois*, puis *-ais*,
employé pour des noms d'habitants. Le préfixe *mé-,
més-* (voir *méconnaître, mégarde*) proviendrait de la
particule francique *missi*.

Près du Rhin, il n'y a pas eu de phénomène d'assimilation des parlers germaniques par le gallo-roman ;
les Alamans au Vᵉ siècle imposèrent leur langue (qui

est à l'origine de l'alsacien actuel) et, à côté du lorrain roman, il existe un lorrain germanique d'origine francique (le mosellan). De même, le flamand parlé actuellement à l'extrême nord de la France, mais qui au Moyen Âge s'étendait en Artois, est un parler francique. En Angleterre (habitée avant la conquête romaine par des populations celtes qui parlaient le brittonique), au ve siècle, les Saxons, les Angles et les Jutes implantèrent leurs langues, le dialecte saxon prévalant ultérieurement. Au contraire, les Burgondes, qui avaient conquis la région entre Lyon et Genève, s'assimilèrent, donnant toutefois son nom à la Bourgogne, de *Burgundia*.

L'importance du superstrat francique distingue fortement le français des autres langues romanes. L'influence germanique a commencé avant les grandes invasions, en raison des contacts entre Germains et Gallo-Romains. La langue des envahisseurs, malgré une période de bilinguisme (v^e-xe siècle), ne prévaut pas sur la langue gallo-romane, mais influence la prononciation du parler roman (prononciation du *h* aspiré, réintroduction de [w], passage de [u] à [y], renforcement de l'accent d'intensité entraînant la chute de la voyelle finale), l'ordre des mots et le lexique avec l'apport de plus d'un millier de mots, des suffixes *-ard, -aud, -ais* et de nombreux prénoms.

Dans les régions limitrophes, les parlers germaniques n'ont pas été assimilés par le gallo-roman et sont à l'origine de l'alsacien, du lorrain germanique et du flamand. En Angleterre, les envahisseurs germaniques imposent leur langue, le vieil anglais.

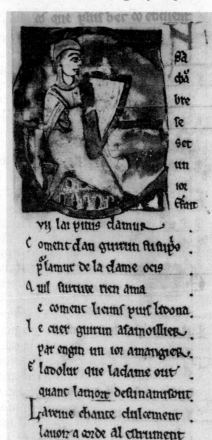

vij lai pitus clamus
C oment elan guirun fu fupo
p̃ lamur de la clame ocis
A uil furtute rien ama
e coment lienns puis ltona
l e cuer guirun afamoillies
par engin un tot amangiers
E lavolur que ladame out
quant lamon̄ deftinamifout
L avesne chante dulcement
lauoir a corde al eftrument

Thomas : *Tristan et Iseut*. Oxford, Bodleian Library,
French d. 16, fol. 10, r°. Photothèque Hachette-L.G.F.

CHAPITRE II

La période médiévale

La dénomination d'*ancien français* englobe souvent l'état de la langue du IXe siècle au XVIe siècle. On préférera toutefois parler pour le XIVe siècle et le XVe siècle de *moyen français*, conservant le terme d'*ancien français* pour l'époque où le français est une langue à déclinaisons à deux cas (un cas sujet et un cas régime). Il reste que, même compte tenu de cette restriction, cinq siècles sont à prendre en considération. La langue d'*oc* parlée au sud de la France s'oppose à la langue d'*oïl* parlée au nord. Ces dénominations, attestées dès la fin du XIIe siècle, proviennent de la manière de dire *oui* à partir du latin *hoc* et sont reprises par Dante dans le *De vulgari eloquentia* (XIVe siècle). Comme le montrent ces deux aboutissements du même mot latin *hoc*, le sud de la France, à l'abri de certaines invasions, n'a pas connu le développement phonétique de la langue d'oïl et, moins éloigné du latin, reste beaucoup plus proche des autres langues romanes.

Contrairement aux siècles précédents, pendant la période médiévale, la langue parlée n'est plus soumise à des influences extérieures. Les derniers envahisseurs, les Vikings (IXe siècle), à qui fut concédé au Xe siècle le territoire correspondant à la Normandie,

s'intégrèrent à la population autochtone, adoptèrent
le dialecte normand et n'ont laissé, du vieux norrois,
à la langue commune que quelques termes maritimes
comme *cingler, hauban, hune, turbot, vague,
homard, crabe*, et quelques toponymes, formés avec
-*fleur*, « crique » (*Honfleur, Harfleur, Barfleur*) ou
avec -*toft*, « ferme » (*Lintot, Yvetot*). Ces mêmes
Vikings qui envahissaient la Grande-Bretagne au
IXe siècle influencèrent le vieil anglais dans son
lexique et dans sa syntaxe. Ce sont les descendants
des Vikings, installés en Normandie au début du
Xe siècle et qui avaient abandonné leur langue au profit du roman, qui conquirent l'Angleterre (bataille de
Hastings, 1066) et y importèrent le dialecte normand
à l'origine de l'anglo-normand.

L'enrichissement du vocabulaire au Moyen Âge se
fait par emprunts au latin ou moins massivement aux
autres langues contemporaines. Les mots arabes,
empruntés au cours du Moyen Âge, l'ont été souvent
par l'intermédiaire de l'italien (*jupe, girafe, materas,*
devenu *matelas* au XVe siècle, *coton*) ou du latin
médiéval (*azur*). La création de dérivés par suffixation ou préfixation est particulièrement bien
représentée. Les dérivés concurrents sont fréquents :
ainsi, à partir de *fol,* sont formés *folie, folage, foleté,
foloiement, folor, folison, folece, foliete, foline,
foloiance, foloison.*

I. Le latin au Moyen Âge

Au IXe siècle, la conscience de parler une langue
différente du latin est renforcée par la réforme carolingienne qui, après la période d'instabilité des invasions, restitue les écoles et permet la restauration du
latin, alors que, depuis les invasions, le latin était peu
écrit et très corrompu, les quelques textes religieux

ou juridiques conservés de cette période offrant de nombreuses erreurs. La restauration de la prononciation du latin (très variable jusque-là, car soumise aux habitudes phonologiques de chacun) *litteraliter* (c'est-à-dire en articulant toutes les lettres écrites) consomme le divorce entre les deux langues. Alcuin, clerc anglo-saxon, directeur de l'école cathédrale d'York en Angleterre (pays où le latin avait été le mieux conservé), devenu conseiller de Charlemagne, eut un rôle de premier plan, fondant ou réformant la plupart des écoles, dont l'école palatine d'Aix-la-Chapelle, dirigeant l'école de Saint-Martin-de-Tours, rédigeant, entre autres ouvrages, une grammaire latine élémentaire. L'Académie du palais, qui réunit des savants et des proches de Charlemagne, débat de questions scientifiques, de grammaire, de dialectique, de poésie. Les ateliers de copistes, les *scriptoria*, se multiplient dans les abbayes. Les scribes calligraphient leurs textes avec une écriture particulièrement lisible, la minuscule caroline.

Le latin médiéval, langue de la religion et du droit et qui aura pour vocation de devenir la langue internationale de la culture, n'est pas pour autant un latin strictement classique, la langue de Cicéron. Le latin s'est enrichi pendant toute l'époque impériale et le latin ecclésiastique possède de nombreux mots ou acceptions inconnus antérieurement. Beaucoup de néologismes sont le fait du latin chrétien qui fonctionne comme une véritable koinè depuis le IVe siècle. Le développement des universités au XIIIe siècle s'accompagne de la constitution d'un véritable latin scolastique où la création lexicale va de pair avec un souci d'abstraction (acceptions nouvelles, par exemple, pour *materies, materialis, forma*). Le latin philosophique emprunte à l'ancien français son article défini *li* pour les emplois autonymes du substantif et pour les substantivations d'adjectifs (*les multos*, par exemple). Des emprunts à des langues contemporaines sont latinisés : *azurium* est fait sur l'arabe *lazaward*, *almanachus* sur l'arabe *al-manakh*, *algebra* sur l'arabe *al-gabr*, *algorithmus* à partir du nom du mathématicien *Al-Khawarizmi*, *ambar* sur l'arabe *anbar*. Le latin reste toutefois une langue uniquement savante alors que le grec et l'hébreu, à côté de leur statut de langues savantes, ont aussi celui de langues vernaculaires.

On ne saurait par ailleurs expliquer l'importance du latin sur le développement ultérieur du français si on sous-estime l'influence du bilinguisme de ceux qui accèdent au savoir : les clercs, en situation de diglossie, utilisent, dans les échanges courants, la langue vulgaire, langue maternelle acquise par mimétisme, mais, pour les échanges intellectuels, ils parlent le latin acquis par la connaissance de la grammaire. Dans les facultés des arts, la grammaire, qui est un des trois arts du *trivium* (avec la logique et la rhétorique), est étudiée à partir des grammaires de Donat et de Priscien et des nombreux commentaires auxquels ont donné lieu ces ouvrages depuis le IXᵉ siècle. On met l'accent sur l'orthographe, la prosodie, l'étymologie, la syntaxe et l'on y adjoint éventuellement l'art épistolaire. Le latin offre aussi matière à formalisation de la réflexion linguistique, avec la grammaire spéculative au XIIIᵉ siècle : la découverte de certains ouvrages de logique d'Aristote au XIIᵉ siècle entraîne une nouvelle distribution entre grammaire et logique et une confrontation des définitions grammaticales avec les catégories aristotéliciennes. La grammaire modiste, grammaire logique et abstraite, repose sur les modes de signifier (manières de signifier par rapport à la signification et qui correspondent à des propriétés générales, par exemple le substantif consignifiant des propriétés de singularité, de permanence).

Le latin est la seule langue de l'enseignement (langue dont les premiers rudiments sont assimilés toutefois en langue maternelle ; le grammairien Alexandre de Villedieu, dans son célèbre *Doctrinale* [XIIIᵉ siècle], qui résume sous forme de règles versifiées Donat et Priscien, invite à recourir au français pour faciliter les débuts de l'apprentissage). La *Summa grammaticalis quae vocatur Catholicon* de Jean de Gênes, célèbre glossaire latin du XIIIᵉ siècle, dont on connaît de multiples manuscrits et qui sera édité à la fin du XVᵉ siècle, donne des correspondants vernaculaires aux mots latins.

De nombreux termes sont empruntés aux XIIᵉ et XIIIᵉ siècles au latin : ainsi, à considérer les premiers mots de l'alphabet, tel est le cas pour : *abaque, ablation, abonder, absent, absinthe, abstraction, accéder, acceptation, accepter, accession, accident, accusatif, acerbe, actif, acuité, adapter, addition, adhérer, admettre, administrer, adolescence, adverbe, affection, affinité, affirmation, affirmer, affliger, agiter, agréger, agreste, aliéner, aliment, allégorie, allégation, alléguer, allocution, altercation, alterner, amazone, ambition, ampoule, analogie, ancre, aneth, anguille, animal, anis, annexe, anniversaire, antenne, antidote, antiquaire, antique, anxiété. Absolu, absorber, abstenir* sont attestés dès le XIᵉ siècle. Certains mots sont empruntés au bas latin : *altérité* (d'*alteritas* attesté au IVᵉ siècle), *anomal* (de *anomalus* attesté au IVᵉ siècle) ; d'autres au latin médiéval : *anormal* (de *anormalis*, fait sur *norma*) ; *antule* (ultérieurement *antilope*, de *anthalopus*, lui-même emprunté au grec byzantin), *quintal* (de *quintale*, de l'arabe *qintâr*, « poids de cent ») ; d'autres au latin chrétien : *abbé, ablution, abomination, acolyte, affliction, angélique, annonciation, apparition, archange*. Plus des 4/5 des mots français sont ainsi d'origine latine, qu'il s'agisse de mots directement issus du latin ou d'emprunts au cours des siècles.

Il existe de multiples doublets : une forme provenant par évolution populaire du latin et soumise aux variations phonétiques et l'autre empruntée ultérieurement et conservant la forme originelle du latin classique. Par exemple, au XIIe siècle, *hospitalem,* qui avait donné *ostel,* fournit *hospital* ; *dotare,* à l'origine de *douer,* est repris en *doter* ; au XIIIe siècle, *augustus*, devenu *août* par évolution phonétique, est emprunté sous la forme *auguste*.

Si la réflexion sur le français se fait par rapport au latin, la prise de conscience de certaines spécificités de la langue vulgaire n'est pas rare : ainsi l'article est rapproché de l'usage du grec et un auteur comme Roger Bacon met en valeur sa fonction référentielle, soulignant qu'un énoncé comme *li rois vent* ne peut désigner que le vrai et légitime roi du lieu et ne saurait dénoter à Paris la venue du roi d'Angleterre.

La réforme carolingienne de l'enseignement entraîne une restauration du latin et de sa prononciation. Le latin médiéval, langue de la religion, de la culture, de l'enseignement, s'est enrichi des apports du latin chrétien et du latin scolastique. Langue des échanges intellectuels, elle est aussi celle de la réflexion linguistique. Elle fournit au français, par des emprunts massifs et incessants qui s'ajoutent aux mots directement hérités de la langue mère, la majorité de son lexique.

II. Les dialectes de langue d'oïl

La langue n'est pas homogène sur l'ensemble du territoire français. L'existence de dialectes est parfaitement reconnue par les hommes du Moyen Âge. Comme l'écrit Roger Bacon, *Opus maius*, III : « *Nam et idiomata eiusdem linguae uariantur apud diuersos, sicut patet de lingua Gallicana, quae apud Gallicos et Picardos et Normannos et Burgundos multiplici uariatur idiomate. Et quod proprie dicitur in idiomate Picardorum horrescit apud Burgundos, immo apud Gallicos uicinores...* » (« En effet, les idiomes d'une même langue varient selon les individus, comme il arrive de la langue française qui auprès des Français, des Picards, des Normands et des Bourguignons varie de manière idiomatique. Et les termes corrects dans la langue des Picards font horreur aux Bourguignons, et même aux Français plus voisins... ») Pour lui, la diversité géographique produit la diversité des dialectes.

À la langue d'oïl et à la langue d'oc, distinguées dès l'époque médiévale, la linguistique française du XIXᵉ siècle a ajouté le *franco-provençal* pour désigner un ensemble linguistique qui serait intermédiaire entre ces langues et qui correspond à une aire géographique englobant le Lyonnais, la Savoie, le Dauphiné, une partie du Forez, de la Bourgogne, de la Franche-Comté, le Valais, les cantons de Fribourg, Neuchâtel, Vaud, le Val d'Aoste. Il s'agit en fait d'un groupe de dialectes, à l'origine de langue d'oïl, qui ont eu une évolution beaucoup moins rapide en raison des caractéristiques géographiques (régions montagneuses) et qui ont emprunté aux parlers limitrophes (italien, langue d'oc, parlers germains). De même, il existe une zone de transition entre langue d'oc et langue d'oïl dans le Poitou, appelée « croissant » par les dialectologues.

La langue d'oïl n'est pas unie. Même s'il se trouve dans tous les parlers qui la composent un fonds important de mots communs, ces parlers se distinguent par un certain nombre de traits phonétiques. C'est ainsi qu'il existe des dialectes :

• de l'Ouest : normand, anglo-normand (normand exporté en Grande-Bretagne par Guillaume le Conquérant au XIe siècle), gallo, angevin, maine ;

• du Sud-Ouest : poitevin, saintongeais, angoumois ;

• du Centre : orléanais, berrichon, bourbonnais, champenois ;

• de l'Est : lorrain roman, franc-comtois, bourguignon ;

• du Nord : picard, wallon, haut-normand.

D'un dialecte à l'autre, il n'y a pas toutefois de frontière délimitée, mais bien *continuum*. Les dialectologues, à partir de faisceaux d'isoglosses (lignes qui marquent les limites entre deux traitements d'un même phonème), établissent les aires de diffusion d'un dialecte, tout en admettant l'existence de zones de transition.

Le picard se caractérise par l'absence de palatalisation du [k] et du [g] devant [a] (*canchon* pour *chanson*), le passage de [k] + [e] ou [i] à [ʃ] (*chité* pour *cité*). En wallon et en lorrain, les voyelles entravées se diphtonguent (*fieste*). En anglo-normand, [o] fermé passe à [u] dès le XIe siècle, d'où la nasalisation de ce timbre, ce qui explique les formes actuelles de l'anglais *council, mountain* ; [a] nasalisé tend à se vélariser (*aunte* pour *ante* d'*amita* ; en anglais actuel, *aunt*) ; les diphtongues se réduisent plus tôt que sur le continent (*ben, chevaler*) ; l'effacement de [ə] final est précoce (*sir, fest*).

Les disparités sont toutefois fortement atténuées dans les textes qui nous sont parvenus. Certes, il y a des traits champenois dans les romans de Chrétien de

Troyes ou des caractéristiques picardes dans le *Jeu de la feuillée* d'Adam de la Halle. L'adoption d'une sorte de *scripta* (système d'écriture conventionnel) commune, dans la création littéraire ou dans les textes juridiques, propre à favoriser les échanges, véritable koinè, tend à gommer les différences qui, dans l'écriture, sont plus du niveau du lexique que de la syntaxe, assez unifiée, alors que, dans la langue parlée, les oppositions étaient beaucoup plus fortement marquées. C'est cette *scripta*, commune aux dialectes d'oïl, qui serait à l'origine du français actuel. Elle correspond aux formes interdialectales, formes majoritaires des dialectes parlés en langue d'oïl, plutôt qu'à un dialecte d'Île-de-France, reconstruit et appelé, à la fin du XIXe siècle, *francien,* par les romanistes qui ont voulu en faire l'ancêtre du français. Paris, toutefois, devient, à partir de la fin du XIIe siècle, en raison du développement du pouvoir royal, de la centralisation du pouvoir administratif, de sa situation privilégiée de lieu d'échanges et de centre intellectuel, le creuset où s'élabore la langue commune. Ainsi naît le sentiment d'un usage commun, d'un « françois » qui impose sa norme : déjà Conon de Béthune, au XIIe siècle, se plaint que les Français, à la cour, l'aient blâmé d'avoir employé des mots d'Artois, se justifiant toutefois de pouvoir malgré tout être compris. À la fin du XIIIe siècle, ce français, devenu langue standard, tend à éliminer les formes trop marquées dialectalement et à s'imposer dans les provinces de langue d'oïl, puis dans les territoires de la langue d'oc. Le Florentin Brunetto Latini en 1260 dit avoir choisi d'écrire son *Livres dou tresor* en français, car cette langue est plus « delitable » (« délectable ») et « commune » que les autres.

Les dialectes ont fourni à la langue commune un certain nombre de termes techniques ; le vocabulaire de la marine utilise de nombreux mots issus du normand, comme *harpon, quai, turbot.* Ils ont contribué à l'enrichissement de la langue courante. Ainsi, par exemple, au XIIᵉ siècle, proviennent du normand *falaise, caillou, éclair*, du picard, *galet,* du provençal, *rossignol, jaloux* ; au XIIIᵉ siècle, du breton, *cohue*, du picard, *canevas, écaille, houlette, louche,* du provençal, *cadeau, canne, dague, vignoble.*

> La langue d'oïl regroupe un ensemble de dialectes parlés au nord de la France, qui se distinguent par des traits phonétiques spécifiques.
> Une *scripta*, système d'écriture commun aux dialectes d'oïl et qui correspond aux formes interdialectales, favorise l'émergence d'une variété standard. À partir du XIIᵉ siècle, pour des raisons politiques, c'est à Paris que s'élabore la langue commune.

III. Extension du français et diffusion internationale

La première charte rédigée en français date de 1204, mais l'on a émis l'hypothèse d'une tradition antérieure du discours juridique en français. Le français administratif se développe au XIIIᵉ siècle dans les seigneuries laïques et avec l'institution d'un notariat royal qui entre en concurrence avec les juridictions ecclésiastiques et fait un usage exclusif du français. Au Parlement, les plaidoiries se font en français, mais les arrêts sont donnés en latin. Le latin est la langue du droit romain et de son enseignement dans les universités médiévales où l'on étudie le droit civil (*Code de Justinien, Digeste, Institutes*) et le droit canon (*Décret de Gratien, Décrétales du pape Grégoire IX*). Mais ce droit romain n'est en vigueur que dans le sud de la France ; au nord, soumis au droit coutumier, les pre-

mières mises en écrit se font au XIIIe siècle en vernaculaire (tels le *Grand coutumier de Normandie* ou les
Coutumes de Beauvaisis de Philippe de Beaumanoir).

Dès le XIIe siècle apparaissent en français des adaptations versifiées de certaines parties de la Bible à
partir de la Vulgate, tels le *Cantique des Cantiques*
ou l'*Histoire de Joseph*, ainsi que des histoires saintes
en vers comme le *Roman de Dieu et de sa mère*
d'Herman de Valenciennes qui utilise un certain
nombre de récits tirés des Apocryphes. Le Psautier
est traduit en prose (la plus ancienne version
[XIIe siècle] est anglo-normande) et il existe aussi des
commentaires du Psautier. L'Apocalypse a également
donné naissance à des traductions avec gloses. La
Bible historiale de Guiart des Moulins (fin du
XIIIe siècle) adaptée de l'*Historia scolastica* de Pierre
le Mangeur privilégie les livres historiques, plutôt que
les livres prophétiques ou sapientiaux et met l'accent
sur les récits. L'ouvrage désigné sous le nom de *Bible
du XIIIe siècle* est la première traduction complète de
la Bible. Le tome II de cet ouvrage, qui contient les
livres prophétiques et sapientiaux et le Nouveau Testament, sera joint au début du XIVe siècle à la *Bible
historiale* de Guiart.

Le français a alors une diffusion hors de France. En
Angleterre, du XIe au XIIIe siècle, il se propage et il est la
langue de la classe dirigeante, la langue juridique et la
langue religieuse. Guillaume le Conquérant, duc de
Normandie, avait conquis le royaume en 1066, y intro-
duisant le normand (des mots anglais comme *captain,
castle, catch, cattle* en conservent le souvenir). Au
siècle suivant, Henri II Plantagenêt, qui possède
l'ouest de la France (Anjou, Maine, Touraine, Normandie et, par son mariage avec Aliénor d'Aquitaine,
le Poitou, l'Aquitaine et le Limousin), monte sur le
trône d'Angleterre et les parlers du Sud-Ouest influencent alors le français d'Angleterre. La cour des rois

Plantagenêt est un foyer littéraire de premier ordre, favorisant l'extension du français. Au XIIIe siècle, à la faveur du mariage d'Henri III avec Aliénor de Provence, de nombreux courtisans et des juristes français se trouvent à la cour d'Angleterre. Toutefois la perte définitive de domaines sur le continent comme la Normandie ou l'Anjou a pour conséquence un recul du français de moins en moins parlé. L'anglais a conservé maints termes français (*council, court, justice, parliament, judge, challenge, change, merchant, debt, affair, money, blanket, towel, mustard*). Le français est aussi parlé dans le royaume de Naples sur lequel règne la dynastie angevine à partir de 1265.

Au XIIe siècle, les Croisades installent le français pour un temps en Morée, à Constantinople, en Palestine, en Syrie. Les Assises de Jérusalem et celles d'Antioche en font la langue officielle de ces deux royaumes. La *lingua franca* parlée jusqu'au XIXe siècle comme langue d'échanges dans les ports méditerranéens, langue très mêlée (composée, outre le français, de l'italien, du portugais, de l'espagnol, de l'arabe), conserve le souvenir de cette implantation médiévale.

En pays flamand, le français est utilisé comme langue du commerce international.

Le français s'étend sur le territoire français comme langue administrative. Des livres de la Bible sont traduits, la première traduction intégrale datant du XIIIe siècle.

À la faveur de la conquête de l'Angleterre par Guillaume le Conquérant, le français devient la langue de la classe dirigeante et la langue du droit en Angleterre. Les Croisades l'implantent aussi au Moyen-Orient où se développe la *lingua franca*, langue d'échanges parlée dans les ports méditerranéens.

IV. Une littérature en langue d'oïl

Pour la production littéraire, jusqu'à la fin du XIe siècle, il n'est resté que quelques vies de saints : *Vie de saint Léger* (Xe siècle), *Vie de saint Alexis* (XIe siècle). C'est dire que l'ancien français est surtout apprécié à l'aune des textes des XIIe et XIIIe siècles. Aux XIIe et XIIIe siècles, les écrits se multiplient ; les textes ont souvent été transmis par de multiples manuscrits qui offrent de l'un à l'autre de nombreuses variantes. Les premières grandes œuvres littéraires, comme la *Chanson de Roland* (composée aux alentours de 1100), les chansons de geste (en décasyllabes, en concurrence ensuite avec l'alexandrin) sont en vers et non exemptes de tournures stéréotypées en retard sur la langue parlée : diffusées par les jongleurs, ces chansons se caractérisent par leur style formulaire. Les romans de Chrétien de Troyes (XIIe siècle) sont en octosyllabes, tout comme l'allégorique *Roman de la Rose* de Guillaume de Lorris, continué par Jean de Meun (XIIIe siècle ; 22 000 vers), tout comme les 27 branches (récits d'auteurs multiples) qui constituent le *Roman de Renart*. Le terme de *roman* (issu du latin *romanice*, « à la façon des Romains », *romanus* désignant le Gallo-Romain dans la loi salique par opposition au Franc Salien) s'applique au XIIe siècle d'une part à la langue vernaculaire et d'autre part aux récits en vers français (et non latins) tirés de légendes antiques (romans antiques, comme le *Roman d'Alexandre* [à l'origine, en versification, du terme d'*alexandrin*] ou le *Roman de Thèbes*) ou d'aventures fabuleuses, souvent d'origine celte (romans arthuriens) mettant en scène les amours de héros imaginaires ; ce n'est qu'au XIVe siècle que ce terme sera utilisé pour des ouvrages en prose, la prose littéraire ne se développant qu'à partir du XIIIe siècle, avec des récits concernant la quête du

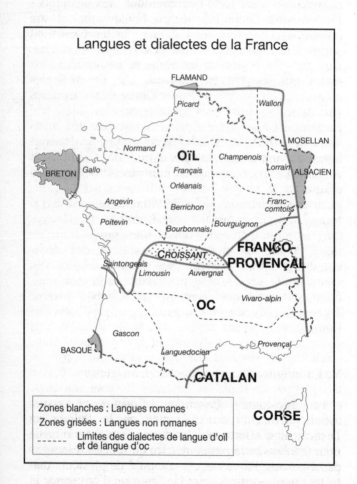

Langues et dialectes de la France

FLAMAND
Picard
Wallon
Normand
OÏL
Champenois
MOSELLAN
Lorrain
ALSACIEN
BRETON
Gallo
Français
Orléanais
Angevin
Berrichon
Franc-comtois
Poitevin
Bourbonnais
Bourguignon
CROISSANT
FRANCO-PROVENÇAL
Saintongeais
Limousin
Auvergnat
OC
Vivaro-alpin
Gascon
BASQUE
Languedocien
Provençal
CATALAN
CORSE

Zones blanches : Langues romanes
Zones grisées : Langues non romanes
- - - - - Limites des dialectes de langue d'oïl
et de langue d'oc

Graal. Les fabliaux sont aussi des contes à rire en vers, écrits en style bas. La littérature médiévale est donc surtout une littérature versifiée faite pour être chantée ou récitée. Contrairement aux habitudes modernes, la lecture se fait à haute voix, ce qui montre une complémentarité entre la représentation scripturale et la parole. Si des ouvrages théoriques sont rédigés en latin, arts poétiques, *artes dictaminis* (arts épistolaires), *artes sermocinandi* (arts de la prédication), le Florentin Brunetto Latini publie en français *Li livres dou tresor*, encyclopédie en prose qui contient un livre de rhétorique ; les auteurs médiévaux n'ignorent pas les ouvrages de rhétorique antique comme le *De inventione* de Cicéron, la *Rhétorique à Herennius,* ni non plus l'*Art poétique* d'Horace.

Le théâtre a dû jouer un rôle important dans la diffusion du français, qu'il s'agisse du théâtre religieux, avec les représentations prestigieuses des mystères ou des passions, ou du théâtre prophane, avec des genres comme la sotie qui joue, dans la dénonciation des vices de la société, du paradoxe et du non-sens, comme la farce qui privilégie le style bas, comme les moralités aux personnages allégoriques à finalité morale.

V. La langue d'oc : les siècles prestigieux

Le gallo-roman occitan ou langue d'oc, souvent appelé provençal (particulièrement par les Italiens qui faisaient ainsi référence à l'ancienne Gaule méridionale nommée *Provincia romana*), bien qu'il ne se restreigne pas à la seule Provence, est composé de plusieurs dialectes : nord-occitan comme le limousin, l'auvergnat et le vivaro-alpin ; occitan méridional comme le languedocien et le provençal (qui regroupe le rhodanien, le maritime et le niçard) ; gascon. Le catalan est une « langue pont » entre l'ibéro-roman et le gallo-roman méridional. Le sud-ouest de la Gaule n'a été que peu soumis aux invasions germaniques. Les Wisigoths ne s'y implantèrent pas durablement ; la destruction du royaume wisigoth de Toulouse par les Francs en 507 n'eut guère d'incidence sur la société, les Francs étant alors peu nombreux à s'y installer et l'Aquitaine jouissant d'une certaine autonomie sous les rois mérovingiens. Il en fut de même en Provence. Ces régions conservèrent leur nom latin : *Aquitania, Provincia, Austrasia.*

La langue d'oc n'a pas été soumise au phonétisme germanique et est très conservatrice par rapport au latin. Elle ne connaît pas la diphtongaison du [o], du [e] long, du [a] libres toniques ; seuls le [ɛ] et le [ɔ] ont pu subir une diphtongue conditionnée par la présence d'un yod (*melius › mielhs*). Le [a] accentué libre se conserve ; *cápra* donne ainsi *cabra* (*chievre* en français). Le [o] se ferme jusqu'au [u], *amore* devenant *amour* qui passera sous cette forme en français. Il faut noter la rareté des voyelles fermées ; la conservation du timbre de la consonne nasale après la voyelle plus faiblement nasalisée. Les voyelles finales ne s'amuïssent pas (*pórta › porta*), ce qui fait que les mots sont surtout des paroxytons (accentués sur l'avant-dernière syllabe), avec maintien de l'accent de mot qui disparaîtra du français. Le *s* devant consonne ne s'affaiblit pas (*festa*) ; les consonnes intervocaliques sourdes sont conservées après sonorisation (*vita › vida ; sapere › saber ; securu › segur*). Un certain nombre de ces particularités phonétiques se retrouvent actuellement dans « l'accent du Midi » avec lequel au sud de la France on prononce le français : tendance à l'ouverture des voyelles, nasalisation partielle de la voyelle avec maintien de l'articulation de la consonne nasale, tendance à prononcer distinctement toutes les voyelles, accent de mot. La langue d'oc a un système de conjugaisons proche du latin et qui permet de ne pas devoir recourir au pronom sujet ; le passé simple, l'imparfait du subjonctif sont bien représentés.

Cette langue est plus homogène que la langue d'oïl : la stabilité des structures sociales n'est pas étrangère à ce conservatisme linguistique. Les synodes convoqués en 813 à Chalon-sur-Saône et à Arles, contrairement aux autres synodes, ne donnent aucune indication sur d'éventuels prêches en langue vulgaire, ce qui laisse supposer un moindre éloignement avec le latin. Dans l'expression écrite, les disparités selon les régions sont peu sensibles. Les premiers témoignages écrits datent du IXe siècle pour les textes juridiques (chartes où des formes occitanes coexistent avec des formes latines) et du Xe siècle pour les textes littéraires. Vers 1000, est traduit le *De philosophiae consolatione* de Boèce (258 vers de 10 syllabes). La *Chanson de sainte Foy* (593 vers de 8 syllabes), composée à la fin du XIe siècle, inaugure la période de gloire de la poésie en langue occitane. Les XIIe et XIIIe siècles voient le triomphe de la lyrique courtoise, ébauchée par Guillaume de Poitiers, et de la langue d'oc comme langue littéraire. Les troubadours, nombreux – quatre cents ont été recensés, comme Arnaut Daniel, Folquet de Marseille ou Bertran de Born qui hanteront la *Commedia* et le *De vulgari eloquentia* de Dante –, se sont attachés à composer (*trobar*) textes et musique et, au XIIIe siècle, les « chansonniers », recueils de chants de troubadours, ont une grande influence sur la littérature des langues vernaculaires fortement marquée par la lyrique courtoise. Après la croisade contre les Albigeois (XIIIe siècle), de nombreux troubadours se réfugient dans les cours d'Espagne et d'Italie et la langue d'oc perd de son prestige culturel. Les troubadours dès le début avaient adopté une sorte de langue commune ; de même la langue administrative et juridique des XIIe et XIIIe siècles se caractérise par une grande unité,

Dès le XIIIe siècle, sont apparus des ouvrages de codification linguistique et poétique à destination des étrangers (Raimon Vidal de Besalù dans *Los Razos de trobar* se propose d'instruire son public dans la « parladura de Lemosi » en illustrant le bon et le mauvais usage à partir des troubadours classiques ; Jofre de Foix a écrit les *Regles de trobar* ; Uc Faidit le *Donatz proensals*) ; au XIVe siècle, les *Leys d'amor* tentent de restaurer les splendeurs de naguère, alors qu'à Toulouse, pour lutter contre la décadence poétique, sont instaurés les Jeux floraux (*Consistori del gay saber*, 1323). Ces *Leys d'amor* sont un art poétique aux analyses très fines où l'on trouve par exemple un traité de l'accent qui oppose le système d'accentuation roman à celui du latin, mais aussi une rhétorique où les termes grecs techniques (comme *anadiplose, zeugme, polyptote, paronomase*) sont acclimatés à la langue d'oc et une véritable grammaire ; l'auteur y évoque les articles sous le nom d'*habitutz* (les habits) puisque, comme les habits, ils permettent de distinguer le masculin du féminin, et il précise les circonstances qui restreignent l'utilisation de l'article (interrogation, sens indéfini, généralité, démonstration, certitude).

> La langue d'oc, constituée de plusieurs dialectes, a un phonétisme et une morphologie beaucoup plus conservateurs que la langue d'oïl en raison de la faible influence germanique. Cette langue, attestée dès le IXe siècle, devient aux XIIe et XIIIe siècles avec les troubadours une langue littéraire particulièrement prestigieuse et offre aux XIIIe et XIVe siècles de remarquables ouvrages de codification linguistique.

VI. Particularités linguistiques de l'ancien français : cinq siècles d'évolution

A- Sons et graphies

1. Richesse du système phonologique

La langue a été profondément modifiée dans le temps, même si les graphies souvent conservatrices ne permettent pas toujours d'en rendre compte. Pendant les cinq siècles de ce qu'il est convenu d'appeler l'ancien français, des modifications phonétiques importantes ont changé la structure sonore des mots, aboutissant à la perte d'une série de consonnes, à l'apparition dans un système vocalique purement oral de voyelles nasalisées et à l'élimination des diphtongues. Le système phonologique du XIIe siècle, avec ses consonnes affriquées, ses diphtongues et ses triphtongues, ne compte pas moins d'une cinquantaine de phonèmes, alors qu'en français moderne, on n'en dénombre plus que 37. Les consonnes affriquées [ts], [tʃ], [dz], [dʒ] se simplifient au XIIIe siècle. Elles survivent dans la prononciation des mots anglais d'origine française, tel *juge* par exemple ; *budget*, emprunté à l'anglais, n'est autre que l'ancien français *bougette*, « petit sac », prononcé avec [dʒ].

Les voyelles et les diphtongues au contact d'une consonne nasale se nasalisent entre le Xe et le XIVe siècle (le latin ne possédait pas de voyelles nasalisées et, en Europe, seules les langues portugaise et polonaise connaissent, comme le français, ce phénomène qui tient à une anticipation de la prononciation de la consonne nasale) ; la voyelle se nasalise, mais la consonne nasale continue à être articulée (*bon*, [bɔ̃n]/ *bone*, [bɔ̃ne]). Avant nasalisation, la voyelle a tendance à se fermer (*banum* › *baen* › *bain*) ; après nasalisation à s'ouvrir : *en* est prononcé [ẽn], puis [ãn].

Au XIᵉ-XIIᵉ siècle, le [e] initial passe à [ə] (*venir*) ; le [o] initial à [u] (*couleur*), le [e] entravé accentué à [ɛ] (*perdre*), le [o] entravé accentué à [u] (*court*). Les diphtongues et les triphtongues se simplifient, soit par réduction à une voyelle simple, soit par réduction à une voyelle précédée d'une semi-consonne : [ie], issu de [ɛ], devient [je] (*pied*) ; [uo], issu de [ɔ], passe à [ue], puis [uø] et [ø] (*cœur*) ; [ou], issu de [o], se transforme en [eu], puis [øu] et [ø] (*fleur*) ; [ei], issu de [e], évolue en [oi], puis [we] (*foi*) ; ce son, passé à [wɛ], s'ouvrira jusqu'à [wa] dans la langue populaire. À la fin du Moyen Âge, le système vocalique médiéval, particulièrement riche, a donc commencé à se simplifier.

2. Consonnes finales et implosives

La chute des consonnes finales intervient dans la langue populaire, alors que la langue savante tend à les conserver à la pause et en liaison (témoigne encore de ce phénomène la prononciation moderne des nombres *six, huit : huit enfants, ils sont huit* s'opposent ainsi *à huit livres*).

Les consonnes implosives (c'est-à-dire en fin de syllabe et devant une autre consonne) disparaissent de la prononciation au XIᵉ-XIIᵉ siècle, entraînant un système de syllabe ouverte (consonne + voyelle). La disparition devant consonne sourde ne saurait être antérieure à la fin du XIᵉ siècle, puisque les termes importés en Angleterre lors de la conquête (1066) le sont avec un [s] prononcé (voir *tempest, castle*). Cette disparition s'accompagne d'un allongement de la voyelle antéposée, marqué dans l'écriture par le maintien de ce *s* (*ostel*) auquel on substituera au XVIIIᵉ siècle un accent circonflexe.

Une de ces consonnes implosives, le [l], ne s'amuït pas, mais se vocalise. La vocalisation du [l] en [u] (aboutissant *à* [ou] après le *o* [au] après le *a* ; [eau] après le [ɛ]), au XIᵉ siècle, explique toutes les séries de pluriels apparemment irréguliers du type *fol/fous, cheval/chevaux, vitrail/vitraux* et les alternances *bel/beau, nouvel/nouveau* devant voyelle ou consonne. La graphie *x* dans certains de ces mots (*chevax*) correspond à l'ancienne abréviation de *-us* qui se confond avec *x* ; un *u* sera ensuite ajouté et *x* fonctionnera comme marque du pluriel, à l'égal du *s*. À partir du XIIᵉ siècle, se développe pour transcrire la diphtongue [ou] issue de la vocalisation du [l], le digramme *ou* qui deviendra la marque du [u], lorsque la diphtongue [ou] se monophtonguera en [u] au XIIᵉ siècle, la langue française retrouvant ainsi un phonème qui avait disparu depuis le VIIIᵉ siècle, quand le [u] latin était devenu [y].

3. L'apparente adéquation de l'écrit et de l'oral et le développement des lettres diacritiques

La langue actuelle comporte de nombreuses graphies qui correspondent à la prononciation médiévale : dans des mots comme *loi, ai, beau,* les voyelles conservent le souvenir des anciennes diphtongues et triphtongues, alors même que celles-ci ont disparu de la prononciation. Les importants changements phonétiques survenus entre le XIIᵉ siècle et le XVIIᵉ siècle ne sont généralement pas pris en compte dans la graphie. Le système graphique médiéval apparaît ainsi plus proche de la prononciation. Et l'on a pu louer cette concordance entre écrit et oral. Mais il existe de multiples cas d'ambiguïtés. Ainsi, en raison de l'absence d'accents qui n'apparaîtront qu'au XVIᵉ siècle, les différences de timbre du *e* ne sont pas notées ; *i* et *j* d'une part, *u* et *v* d'autre part ne sont pas distingués. Le graphème *c* devant *a* et *o* peut équivaloir au son [s] ou au son [k], *g* devant *a* et *o* au son [ʒ] ou [g] ; pour lever

cette ambiguïté, certains textes offrent les graphies
lancza, lancea, mangea. Les consonnes finales non
prononcées à partir du XIIIe siècle sont conservées dans
la graphie. Les voyelles nasalisées ne sont pas toujours
marquées ; lorsqu'elles le sont, c'est par le doublement
de la consonne ou par le tilde au-dessus de la voyelle
(*bonne, bõne*), notations qui subsistent alors même que
la prononciation de la double articulation nasale se
simplifie. Le *z* marquait la prononciation de l'affriquée
[ts] ; lorsque les affriquées cessent de se prononcer, le
-z final (correspondant à [ts] issu de finales en *-tis, -tus*
ou *-tos* après chute de la voyelle finale) survit dans la
graphie. Il se trouve ainsi dans les participes passés
masculins au pluriel (*amatos › amez*), au présent (*ama-
tis › amez*), dans un mot comme *assez* (< **adsatis*). Précédé de *e*, il sert à noter le son [e] en finale et, s'il n'a
pas subsisté pour les participes passés, il reste comme
marque morphologique de deuxième personne du
pluriel.

Dans l'écriture gothique, apparue au XIe siècle et
de déchiffrement difficile, plusieurs graphèmes sont
réduits à des jambages ; *u, n, m* et le *i* non pointé
ne sont pas toujours faciles à distinguer. Certaines
survivances actuelles manifestent les solutions trou-
vées pour une meilleure intelligibilité, comme l'emploi de substituts ou de lettres diacritiques (servant
à distinguer), par exemple l'emploi du *l* après le *u*,
permettant de ne pas confondre *u* et *n* (*vent* et *veult*,
pent et *peult*).

L'orthographe française, aux mains des clercs, tend
à se calquer sur celle du latin. Mais, l'inadéquation
de l'alphabet latin au système phonologique est
patente. De nombreux digrammes se spécialisent pour
la notation des phonèmes inconnus du latin : comme
ch pour [ʃ], *eu* pour [ø] et [œ]. La variation de transcription selon les régions et selon les copistes est
grande et au sein d'un même texte le même mot peut
être doté de graphies différentes.

L'ancien français, au riche système phonologique, possède des phonèmes inconnus du latin : des consonnes affriquées, des diphtongues et des triphtongues qui se simplifient à la fin du Moyen Âge et, à partir du xe siècle, des voyelles nasales. D'importants changements affectent les consonnes implosives. De nombreuses graphies du français moderne héritées de cette période où l'orthographe commence à se fixer conservent le souvenir des prononciations médiévales. Les cas d'ambiguïté dans la reconnaissance des graphèmes entraînent une multiplication des lettres diacritiques.

B- Morphosyntaxe

1. La déclinaison du nom

L'ancien français a pour particularité majeure d'être une langue à déclinaison, simplifiée toutefois par rapport au système latin à six cas, puisqu'elle n'offre plus que deux cas : un cas hérité du nominatif, le cas sujet (utilisé pour le sujet, l'attribut du sujet, l'apposition au sujet et l'apostrophe) et un cas hérité de l'accusatif, le cas régime (utilisé pour tous types de compléments). Des autres cas latins, il n'y a pas de trace, sauf du génitif latin pluriel en *-orum* dans quelques mots en *-or* : *francor,* « des Francs », *paienor,* « des païens », *anciënor,* « des anciens », *chandeleur,* « des chandelles », *vavasseur*, « vassal des vassaux ». Pour la compréhension du système de la déclinaison, il faut rappeler deux faits phonétiques majeurs : la survivance du *-s* final latin et la disparition des voyelles finales, à l'exception de [a] passé à [ə].

Les noms masculins ont un système de déclinaison qui se caractérise par un cas sujet singulier pouvant être ou non doté d'un *-s*, par l'absence de désinence au cas régime singulier et au cas sujet pluriel et par la présence d'un -*s* au cas régime pluriel.

masculin	singulier	pluriel
cas sujet	-*s*/-ø	-ø
cas régime	-ø	-*s*

L'absence de désinence au cas sujet pluriel est due à la généralisation du nominatif pluriel latin en -*i,* au détriment des formes en -*es* qu'offraient certaines déclinaisons.

Trois types de déclinaison au masculin se différencient par la forme du cas sujet. Le premier (singulier : *li murs, le mur* ; pluriel *: li mur, les murs,* formes héritées du latin *múrus, múrum, múri, múros*), majoritaire, se caractérise par la présence d'un -*s*. Il regroupe tous les substantifs issus de la deuxième et de la quatrième déclinaison latine, un certain nombre de substantifs qui, en bas latin, avaient été refaits en -*us* comme les substantifs neutres en -*um* (*castellum* › *castellus*), des mots comme *caput* (devenu **capus)* ou des formations tardives comme **caballarius* (qui donne *chevaliers*). Les infinitifs substantivés adoptent cette déclinaison (*li mangiers, li dormirs*). Le second type (singulier : *li pere, le pere* ; pluriel : *li pere, les pere*s, issu du latin *páter, pátrem, *pátri, pátres*) regroupe des substantifs latins au nominatif singulier en -*er* ou -*or*, donc sans -*s*. Le troisième type (singulier : *li ber, le baron* ; pluriel : *li baron, les barons*, du latin *báro, barónem, *baróni, barónes*) regroupe des mots qui ont une forme de cas sujet singulier à radical différent de celui des autres formes. Cette alternance provient d'une différence d'accentuation entre le nominatif et les autres cas (*ber* de *báro, baron* de *barónem*), sauf dans le cas de *cuens*/-*comte* (*cómes/cómĭtem*), *uem/ome* (*hómo, hómĭnem*) à accent fixe. Il s'agit de termes issus de mots latins en *´-o/-ónem* comme *li garz, le garçon* ; *li fel, le felon* ; *li* *compain, le compagnon* ; *li lerre, le larron* ; de mots latins en ´ *-or/-órem* comme *li pastre, le pastor* ; *li sire, le seigneur* ; *li emperere, l'empereor* ; *li chantre, le chantor* ; *li ancestre, l'ancessor* ; *li traitre, le traitor* ; de mots d'origines diverses comme *li nies, le neveu* ; *li enfes, l'enfant*. Certaines de ces formes donneront naissance à deux substantifs différents (*le pâtre, le pasteur* ; *le chantre, le chanteur*).

Certains substantifs sont invariables, car dotés d'un *-s* en latin à l'accusatif, tel *mois* provenant de *mensem*. Il existe des disparités phonétiques entre les formes avec ou sans *-s* de flexion ; ainsi les sons [b], [p], [m], [f], [k] s'amuïssent devant le *-s,* d'où la déclinaison *li cers, le cerf* (ce qui explique pour certains mots comme *bœuf*, la différence actuelle de prononciation entre le singulier et le pluriel) ; [t], [n] et *n* mouillé [ɲ] donnent une consonne affriquée (*jorn, jorz* ; *vent, venz* ; *poing, poinz*) ; le [l] et le *l* mouillé [ʎ] se vocalisent (*chevals* devient *chevaus* ; *ciels, cieus* ; *oisels, oiseaus* ; *cols, cous*), sauf après *i* (*fils*).

Les noms féminins offrent un système de déclinaison qui se caractérise par l'absence de désinence au cas régime singulier et la présence d'un *-s* pour tous les pluriels. L'absence de désinence est fréquente au cas sujet singulier, si bien que, de fait, la plupart des noms féminins ne distinguent pas, contrairement au masculin, le cas sujet et le cas régime, et n'ont de variation qu'en nombre.

féminin	singulier	pluriel
cas sujet	-ø/-s	-s
cas régime	-ø	-s

La désinence *-s* au cas sujet pluriel est due à la réfection du nominatif pluriel des mots de la première déclinaison du type *rosae* en **rosas*.

Trois types de déclinaison se différencient par la forme du cas sujet. Le premier (*la rose, les roses*, du latin *rósa* et *rósam* pour le singulier, *rósas* pour le pluriel), majoritaire, se signale par l'absence de désinence au cas sujet singulier et offre donc une seule forme en -*e* au singulier et une seule forme en -*es* au pluriel. Il regroupe tous les substantifs issus de la première déclinaison latine en -*a*, des termes de la cinquième déclinaison refaits sur la seconde (*facies › *facia*), des créations du bas latin comme **dominicella*, des termes empruntés au francique, des termes latins neutres pluriel, considérés comme collectifs (*folia*, neutre de *folium*, « feuille »). Le second type (*la fins, la fin, les fins*, du latin *finis, finem* pour le singulier, *fines* pour le pluriel) regroupe les mots qui possèdent un cas sujet singulier en -*s*, car ils sont issus de nominatifs terminés en -*s*. Il s'agit de termes issus de la troisième déclinaison latine. Le troisième type (*la none, la nonain, les nonains*, du latin *nónna, nonnánem, nonnánes*) regroupe des mots qui ont une forme de cas sujet singulier à radical différent de celui des autres formes. Cette alternance provient d'une différence d'accentuation entre le nominatif et les autres cas. Elle affecte un nombre limité de mots : *pute, putain ; ante, antain* (d'une déclinaison en ´-*a*/-*ánem*)*, suer, seror* (*sóror*/*sorórem*) et certains noms propres, tels *Alde, Aldain ; Eve, Evain ; Morgue, Morgain*. Des noms féminins offrent un -*s* au singulier pour des raisons phonétiques (*pais*).

Il y a de nombreuses hésitations dans les déclinaisons. Dans certains types, l'opposition des cas n'est pas marquée formellement. Même pour les types qui opposent formellement le cas sujet et le cas régime, il apparaît de fréquentes irrégularités. De fait, dès le début du XIIIe siècle en anglo-normand, le cas régime se généralise au détriment du cas sujet. À la fin du XIIIe siècle, la déclinaison disparaît. Les formes qui subsistent dans la langue moderne sont usuellement celles du cas régime, à l'exception de certains noms qui désignent des personnes, termes alors plus fréquemment utilisés comme sujet ou apostrophe. Ainsi en est-il de mots de la troisième déclinaison comme *ancêtre, prêtre, sœur, traître* et, pour les mots de la première déclinaison, de *fils*. Les deux formes ont pu rester et donner lieu à deux noms différents : *sire, seigneur ; compain, compagnon*. De nombreux noms propres conservent en français moderne le *-s* du cas sujet : *Charles, Jacques, Georges*.

L'ancien français connaît une construction directe du complément du nom sans préposition, appelée cas régime absolu. Des contraintes en limitent l'emploi : le nom déterminant, singulier, généralement animé, doit être individualisé, lié au nom déterminé par une relation de dépendance (*li pere le roi ; li braz saint Lazare ; li palefrois la dame*) ; il suit généralement le nom déterminé sauf dans *la Dieu merci, l'autrui joie*, qui fournissent l'ordre déterminant + déterminé, bien représenté dans les *Serments de Strasbourg* (*pro Deo amur*, « pour l'amour de Dieu »). Ce cas régime absolu est à l'origine de *l'hôtel-Dieu*, d'un certain nombre de toponymes comme *La Chaise-Dieu, Bourg-la-Reine* ou de jurons comme *corbleu* (correspondant au *corps de Dieu*, avec altération de *Dieu* en *bleu* pour éviter le blasphème), *morbleu* (*la mort de Dieu*). Le plus usuellement, toutefois, le complément du nom est marqué par la préposition *de* (*la maison de mon pere*) ou la préposition *à* qui n'a pas alors les connotations populaires actuelles (*la maison à mon pere*).

L'ancien français est une langue à déclinaison à deux cas : le cas sujet et le cas régime. Pour le masculin, au pluriel, les cas sont bien différenciés par l'absence ou la présence d'un -*s*, mais, au singulier, cette opposition n'est pas systématique. Au féminin, il n'y a jamais d'opposition de cas au pluriel, toujours marqué par -*s*, ni au singulier, dans la déclinaison majoritaire. Avec la disparition de la déclinaison, les noms subsistent généralement sous leur forme de cas régime, à l'exception des noms de personnes appartenant aux déclinaisons avec radical variable et qui ont pu être conservés sous la forme du cas sujet (*traître*) ou comme deux mots distincts (*sire/seigneur*).

2. La déclinaison de l'adjectif

Les adjectifs offrent des déclinaisons parallèles à celles des noms. Elles se différencient par la présence ou l'absence de -*e* au féminin et peuvent se ramener comme en latin à deux classes : du type *bónus* (masculin), *bóna* (féminin), *bónum* (neutre), avec opposition morphologique entre masculin et féminin ; du type *grándis* (masculin), *grándis* (féminin), *gránde* (neutre), sans opposition entre masculin et féminin. Les adjectifs qui n'offrent pas d'opposition entre masculin et féminin sont appelés adjectifs épicènes.

La première classe, issue de la première classe des adjectifs latins en -*us, -a, -um*, se caractérise par la présence d'un -*e* au féminin, issu du -*a* latin, seule voyelle finale à subsister après le VIIIe siècle. Comme dans le cas des noms, le nominatif pluriel féminin a été refait en *-as.

	masculin		féminin		neutre
	singulier	pluriel	singulier	pluriel	singulier
cas sujet	-s, -ø	-ø	-e	-es	-ø
cas régime	-ø	-s	-e	-es	-ø

Le paradigme majoritaire (*bons, bon, bon, bons ; bone, bones ; bon*) offre un *-s* au cas sujet masculin singulier. Cette classe est la plus fréquente. Dès le bas latin, des adjectifs en *-is* ont été refaits en *-us* (*communus, *dolentus, *dulcius). Les emprunts ultérieurs ont été versés à cette classe, ainsi *blanc*, *blanche*, d'origine francique. Cette classe comporte également les participes passés. Sont invariables au masculin les adjectifs dont le radical se termine en *-s*, comme *bas*, ou les adjectifs avec suffixe *-eus* ou *-ois*. Il existe, comme pour les substantifs, des disparités phonétiques devant le *-s* de flexion (*vis, vif ; saus, sauf ; vieilz, vieil ; beaus, bel*). Dans la mesure où, en ancien français, toutes les consonnes finales sont sourdes, il y a des divergences entre le masculin où la consonne est en finale et le féminin où elle est intervocalique : *brief, brieve ; larc, large ; sec, seche ; chaut, chaude*. Dès l'ancien français, un certain nombre de masculins d'adjectifs monosyllabiques sont refaits sur la forme féminine : *larc* devient ainsi *large* ; *trist, triste* ; *cors, corbe*. Certains adjectifs de la première classe offrent un *-e* au masculin (*sages, sage, sage, sages ; sage, sages ; sage*) pour des raisons phonétiques, la présence d'un *-e* d'appui ayant été rendue nécessaire après certains groupes consonantiques ; tel fut le cas pour les adjectifs en *-able* ou *-age*. Par ailleurs, parallèlement à la déclinaison de *pere*, il existe des adjectifs en *-e* sans *-s* au cas sujet masculin (*tendre, tendre, tendre, tendres ; tendre, tendres ; tendre*), car ils sont issus d'adjectifs avec un nominatif masculin singulier en *-er*, du type *téner, ténera, ténerum*.

La seconde classe des adjectifs (sans variation

selon le genre) se caractérise par l'absence de *-e* au
féminin (*granz, grant, grant, granz ; grant, granz ;
grant*). Elle provient de la seconde classe des adjectifs latins du type *grándis, grándis, gránde*, le latin
utilisant les mêmes formes au masculin qu'au féminin
(nominatif *grandis*/accusatif *grandem*). Comme pour
les noms, le nominatif masculin pluriel en *-es* a été
refait en *-i*, d'où l'absence de *-s* au cas sujet pluriel
masculin. Au cas sujet singulier féminin, par analogie
avec le type *bons, bone*, dans les textes les plus
anciens, se trouve une forme sans *-s*, mais les copistes
au XIIᵉ siècle introduisent une forme avec *-s*.

	masculin		féminin		neutre
	singulier	pluriel	singulier	pluriel	singulier
cas sujet	*-s*	*-ø*	*-ø, -s*	*-s*	*-ø*
cas régime	*-ø*	*-s*	*-ø*	*-s*	*-ø*

Tous les participes présents se déclinent sur ce type,
de même que les adjectifs en *-al, -el, -il*, ainsi que les
adjectifs *fort, vert*. Il se rencontre, comme pour les substantifs, des disparités phonétiques devant le *-s* de
flexion (*gentis, gentil*). Comme la première classe est
majoritaire et que le *-e* est senti comme marque du
féminin, des formes analogiques apparaissent très tôt.
La forme *grande*, en concurrence avec le féminin
grant, est attestée dès les plus anciens textes médiévaux. Des mots comme *grand-mère, grand-route, à
grand-peine, avoir grand-peur, Rochefort, elle se fait
fort de* conservent le souvenir de ces adjectifs épicènes.

Il faut ajouter à ces deux classes d'adjectifs des
comparatifs provenant de comparatifs latins avec
changement d'accentuation (type *graindre, graignor,
graignor, graignors ; graindre, graignor, graignors ;
graignor*, du latin *grándior/grandiórem*). Sur le
même modèle, se déclinent *pire/peior* (neutre *pis*) ;
mieudre/meillor (neutre *mieuz*) ; *meindre, menor*

(neutre *moins*) ; *maire, major*. Ces formes sont en concurrence avec les formes analytiques, du type *plus grand* ou *tres grand*. Quelques formes en *-isme* pour le superlatif, telle *saintisme,* proviennent des formes de superlatif synthétique du latin en *-issimus*.

Les adverbes en *-ment* étant formés avec le féminin de l'adjectif (*bonamente*, « d'un bon esprit », à partir du substantif féminin latin *mente*), l'ancien français connaît donc pour les adverbes ayant pour base des adjectifs épicènes des formes comme *forment, granment, vaillanment* (à partir de *fort, grant, vaillant*).

> Il existe deux classes d'adjectifs qui pour les marques de flexion suivent les déclinaisons des noms. L'une (du type *bons, bone, bon*) est marquée au féminin par la présence d'un *-e*. L'autre (du type *granz, grant, grant*) n'offre pas de *-e* au féminin. Certains comparatifs (du type *graindre, graignor*) issus des comparatifs synthétiques latins ont un radical différent au cas sujet.
>
> L'adverbe en *-ment* de par sa formation avec le féminin de l'adjectif suit la variation des paradigmes de l'adjectif (*bonement* sur le féminin *bone* avec *-e*, mais *forment* sur le féminin *fort* sans *-e*).

3. Les articles, créations romane et médiévale

La création d'articles est une des innovations des langues romanes. Les articles n'existent pas en latin, la marque du nombre et généralement celle du genre apparaissant dans la désinence. Dès les débuts du français, il y a un article défini et un article indéfini. L'invention de l'article partitif date de la période médiévale.

L'article défini provient du démonstratif latin *ille* qui a par ailleurs fourni au français ses formes de pronom personnel de troisième personne et, renforcé par *ecce,* le démonstratif *cil* (*celui*). Il se décline au masculin (singulier : cas sujet : *li* ; cas régime : *le* ; pluriel : cas sujet : *li* ; cas régime : *les*). Au féminin, il n'a qu'une forme au singulier : *la* et au pluriel : *les*. Les formes *le* et *la* s'élident devant voyelle. L'article offre un certain nombre de formes contractées avec les prépositions *à, de, en* (*au = à + le ; as = à + les ; du = de + le ; des = de + les ; el, ou, au = en + le ; es = en + les*). L'article indéfini, du numéral *unus,* se décline au masculin (singulier : cas sujet : *uns* ; cas régime : *un* ; pluriel : cas sujet : *un* ; cas régime : *uns*) et offre au féminin les formes *une* et *unes*. Les formes du pluriel, qui disparaîtront ultérieurement, sont peu fréquentes ; elles sont en usage pour ce qui va par paire (*unes chausses*) ou par série (*uns degrez* = un escalier et ses marches).

Les articles sont utilisés pour marquer l'actualisation. L'article défini est présent en cas de référent spécifique parfaitement identifié, soit qu'il ait déjà paru dans l'énoncé, soit qu'il soit impliqué par le contexte (valeur de notoriété). L'article indéfini s'emploie au singulier pour un élément bien particularisé apparaissant pour la première fois dans l'énoncé. L'article est absent lorsque l'actualisation n'est pas nécessaire, ainsi pour les référents uniques, pour les substantifs pris dans leur acception la plus générale, pour les termes géographiques, pour les mots abstraits, dans les locutions sentencieuses, dans les locutions verbales (*demander merci*) et adverbiales (*par amour*), dans les tours négatifs ou hypothétiques. Toutefois, pour les référents uniques, les termes géographiques, pour les termes abstraits et les locutions sentencieuses, l'usage de l'article se répand.

Au XIIIe siècle, apparaît l'article partitif, issu de l'article défini et de la préposition *de*. Cette préposition usitée dans un tour du type *edere de pano*, « manger du pain », à partir de sa valeur d'éloignement d'une limite, souligne le prélèvement d'une partie d'un tout ; *manger du pain* signifie à l'origine manger une partie d'un pain bien déterminé et *boire du vin*, boire d'un vin bien précis. Le tour est donc utilisé devant un nom de substance continue, concret et singulier, indiquant la fraction indéterminée extraite d'une quantité déterminée. *Des*, inconnu comme article indéfini au XIIe siècle, provient en fait de l'emploi partitif, *des* étant employé devant un pluriel pour marquer la partie d'un ensemble (*manger des pommes*).

> L'article défini et l'article indéfini sont des créations romanes, issues du démonstratif et du numéral. Le premier suppose un référent parfaitement identifié, le second un référent à identifier, mais souvent l'actualisation ne semble pas nécessaire et il y a absence d'article. L'article partitif est une création médiévale ; il est aussi à l'origine des formes actuelles du pluriel de l'article indéfini.

4. Les démonstratifs

Alors que le latin offrait trois démonstratifs *hic, iste, ille,* qui servaient à indiquer une opposition spatiale (du plus proche au plus lointain) ou personnelle (*hic* se rapportant plutôt à la première personne, *iste* à la deuxième et *ille* à la troisième), l'ancien français distingue deux démonstratifs : un démonstratif de la proximité, *cist* (de **ecce iste*, *ecce* signifiant « voici »), et un démonstratif de l'éloignement, *cil* (de **ecce ille*), sans spécialisation grammaticale, puisque les formes peuvent être indifféremment pronom ou déterminant, même s'il y a quelques tendances à spécialiser certaines de ces formes. *Cist* est utilisé comme déictique (servant à désigner un référent dans une situation d'interlocution) ou comme anaphorique (pour renvoyer à un élément précédemment exprimé). *Cil* fonctionne souvent comme anaphorique dans le récit ou pour un référent éloigné.

Les formes de la déclinaison de *cist* dont certaines survivront en français moderne comme adjectifs (*cet, cette, ces*) sont pour le masculin au singulier : *cist* (cas sujet), *cest* (cas régime direct), *cestuy* (cas régime indirect) ; au pluriel : *cist* (cas sujet), *cez* (cas régime) ; pour le féminin au singulier : *ceste* (cas sujet et cas régime direct), *cesti* (cas régime indirect) ; au pluriel : *cestes* ou *cez* (cas sujet et cas régime). Les formes de la déclinaison de *cil* dont certaines resteront en français moderne comme pronoms (*celui, celle, ceux, celles*) sont pour le masculin au singulier : *cil* (cas sujet), *cel* (cas régime direct), *celuy* (cas régime indirect) ; au pluriel : *cil* (cas sujet), *ceus* (cas régime) ; pour le féminin au singulier : *cele* (cas sujet et cas régime direct), *celi* (cas régime indirect) ; au pluriel : *celes* (cas sujet et cas régime).

Toutes ces formes sont susceptibles d'être renforcées par *i-* (*icelui*). À la fin du XIIe siècle, au nord de la Loire, la forme *ces* pour le déterminant est de plus en plus employée à la place de *ceus*, si bien qu'elle devient la forme quasi unique pour le déterminant pluriel. Par analogie, au XIIIe siècle, le déterminant *ce* va être utilisé au cas régime singulier devant consonne. Ces deux formes de déterminant (qui n'offrent plus de distinction spatiale) sont toujours atones.

L'ancien français oppose un démonstratif de la proximité (*cist*) à un démonstratif de l'éloignement (*cil*) sans véritable spécialisation grammaticale. Il se crée à la fin de la période une série de déterminants démonstratifs (*ce, ces*) parallèle au déterminant *le, les*.

5. *Les possessifs*

Le possessif se référant à un possesseur unique présente une double série de formes : des formes atones provenant du possessif latin non accentué (*mes, mon, mi, mes/ma, mes ; tes, ton, ti, tes/ta, tes ; ses, son, si, ses/sa, ses*) et des formes toniques provenant du possessif latin accentué (*miens, mien, mien, miens/moie, moies ; tuens, tuen, tuen, tuens/teue, teues ; suens, suen, suen, suens/seue, seues*). L'une et l'autre série sont issues du latin *meus, mea ; tuus, tua ; suus, sua*. La forme *messire* conserve la marque de l'ancien cas sujet. Dès le Moyen Âge, l'analogie conduit à une simplification de ce système : sur le type *mien,* création de *tien* et de *sien* ; sur *moie,* de *toie* et *soie* qui seront remplacés par *mienne, tienne, sienne.* Le possessif féminin atone s'élide devant un nom à voyelle initiale : *m'amie, m'amour* graphiés *mamie, mamour,* puisque l'apostrophe n'apparaît qu'au XVIᵉ siècle, mais il tend déjà à être remplacé par le possessif masculin (*mon amie, mon amour*), substitution apparue dans l'Est lorrain au XIIᵉ siècle et qui s'imposera définitivement à la fin du XVᵉ siècle (mais avec survivance des substantifs *mamie* et *mamour*). L'on a invoqué pour ce passage de *m'amour* à *mon amour* diverses causes : nécessité de marquer par un mot autonome la possession, indécision du genre de certains mots à initiale vocalique (comme *art*), analogie avec les possesseurs de la pluralité où la distinction des genres n'est pas opérante.

Pour les possessifs de la pluralité, il n'y a pas de distinction formelle entre formes toniques et formes atones (singulier : *nostre, vostre* ; pluriel : cas sujet masculin, *nostre, vostre* ; cas sujet féminin, *nostres, noz, vostres, voz* et cas régime pour les deux genres, *nostres, noz, vostres, voz. Lor*, invariable, commence à la fin du XIIIᵉ siècle à prendre un *-s*.

Les formes atones sont toujours des déterminants. Les formes toniques peuvent être employées comme pronoms, mais aussi comme adjectifs et donc avec d'autres déterminants, du type *le mien ami*, *un mien ami*, *ce mien ami*, emploi conservé dans la langue comme archaïsme.

> L'ancien français oppose pour certains possessifs des formes atones qui fonctionnent comme déterminants et des formes toniques qui fonctionnent comme pronoms, mais aussi comme adjectifs (*un mien ami*). De nombreuses formes sont refaites pendant la période médiévale, permettant une simplification du système.

6. *Les indéfinis*

La classe des indéfinis qui regroupe des mots servant à exprimer une idée générale sans l'appliquer à un objet déterminé est une classe très hétérogène aussi bien dans sa formation que dans ses emplois. Le français n'a pas conservé de survivances des indéfinis latins *nemo, omnis, nihil*. De nombreux indéfinis proviennent de formations composites en bas latin (*aucun* de *aliquis* renforcé par *unus* ; *chacun* de **cascunus* issu d'un croisement d'un composé de *quisque* avec un composé gréco-latin **cataunum* ; *mesme* d'une forme **metipsimus,* de *metipse*, à partir de *egometipse*, « moi-même », et du suffixe du superlatif *-imus*). Certains sont des substantifs comme *on* du latin *homo,* « homme », *rien* du latin *rem*, « chose » (*la riens* désignant « la créature »), *personne* du latin *persona*, « personne ». Ces deux derniers indéfinis ont, conformément à leur origine, une valeur positive, mais ils progressent vers des emplois de plus en plus grammaticaux, marquant l'indétermination et l'indéfinition, avant d'en venir à signifier ultérieurement la nullitude. De même, *nul*, le seul indéfini d'origine négative (*nullus* en latin), a, en ancien français, la valeur positive de « quelque, quelqu'un » et doit être accompagné de la négation pour prendre une valeur négative. Il est alors en concurrence avec *nesun* (formé de *nec* + *ipse* + *unus*) et *aucun*, de valeur positive quand il est employé sans négation.

Des indéfinis sont des créations médiévales. Sur *quel* est formé, au XIIᵉ siècle, *quelque* ; *quelque chose*, *quelqu'un* apparaissent au XIIIᵉ siècle. L'emploi de *chaque* (à partir de *chacun*, indifféremment adjectif ou pronom et pouvant se combiner avec l'article *un*, usage conservé dans *tout un chacun*), attesté au XIIᵉ siècle, ne se répandra qu'au XVIᵉ siècle.

Tout, du latin *totus*, est l'héritier des valeurs de *totus* et de *omnis*. Employé comme adverbe, il peut varier : *toute belle*, *toute entiere*, *tous beaux*. Cet état de fait explique la règle moderne de variation de l'adverbe *tout* devant un adjectif féminin commençant par une consonne ou par un *h* aspiré (*toute belle*, *toutes belles*, mais *tout entière*, *tout entières*), règle du XVIIᵉ siècle qui essaye de faire la part entre la nécessité de l'invariabilité pour l'adverbe et la prononciation.

Pour exprimer la grande quantité, l'ancien français recourt à *moult* (du latin *multum*, « beaucoup »), usité comme adjectif ou comme adverbe, portant aussi bien sur le nom (*moultes dames* ou ensuite, sans accord, *moult dames*), sur l'adjectif (*moult beau*) que sur le verbe (*moult lui agree*) ou l'adverbe (*moult bien*). Alors qu'il est d'emploi très fréquent en ancien français, *moult* va disparaître de l'usage courant. Contrairement aux autres langues romanes qui ont conservé des représentants du latin *multum*, le français substitue à *moult* au XVIᵉ siècle *très* portant sur l'adjectif ou l'adverbe (*très beau*, *très bien*), et *beaucoup* sur le verbe et le nom (*il lui plaît beaucoup*, *beaucoup de dames*). *Assez* (du latin populaire **adsatis*) peut avoir le sens de « beaucoup ». *Trop* (du francique **throp*, « entassement ») a aussi souvent la valeur de « beaucoup » sans marque de l'excès. Ces trois quantificateurs sont fréquemment placés en tête de phrase pour des raisons expressives.

En ce qui concerne les pronoms et les adjectifs qui servent à souligner l'identité ou l'altérité des référents, il faut noter que, pour *mesme*, les oppositions entre la valeur d'ipséité (latin, *ipse* ; français moderne, *la chose même*) et la valeur d'identité (latin, *idem* ; français moderne, *la même chose*) ne sont pas marquées par la place. *Autre* a pour cas régime *autrui*, qui peut être utilisé comme complément du nom antéposé, *l'autrui joie*.

> La classe hétérogène des indéfinis regroupe des formes marquant la quantité comme *aucun* ou *nul* qui ne prennent valeur négative que dans des emplois avec négation et des formes marquant l'identité comme *même* dont les variations sémantiques ne dépendent pas de la place dans la phrase.

7. Les numéraux cardinaux et ordinaux

Pour les numéraux cardinaux (exprimant la quantité ou le nombre d'éléments dans un ensemble), les trois premiers chiffres se déclinent au masculin : *uns, un ; dui, deus ; troi, trois*. Au féminin sont usitées les formes *une, deus, troi* ou *trois*. Jusqu'à *seize*, les formes proviennent du latin. Au-dessus de *seize*, il est fait usage de formes analytiques avec conjonction de coordination, *dis et sept, dis et huit*, pratique conservée en français moderne uniquement avec *un* (*vingt et un, trente et un* jusqu'à *soixante et un*) et avec *onze* (*soixante et onze*). Pour les dizaines, coexistent la numération décimale issue du latin : *vint..., setante, oitante, nonante* et la numération vicésimale venue vraisemblablement du celtique : *deus vinz* jusqu'à *dis neuf vint*. *Quatre-vingts* et l'hôpital des *Quinze-Vingts* (fondé par saint Louis pour trois cents aveugles) sont les témoignages actuels de cette numération.

Pour les numéraux ordinaux (indiquant la position d'un élément dans un ensemble), le français connaît, jusqu'à 10, une série issue du latin : *prins, prin* (cf. *le printemps*), (féminin : *prime*, cf. *de prime face*) ; *seconz, secont* (féminin : *seconde*) ; *tierz* (féminin : *tierce*) ; *quarz, quart* (féminin : *quarte*) ; *quinz, quint* (féminin : *quinte*) ; *sistes, siste* ; *setmes, setme* ; *uitmes, uitme* ; *nuefmes, nuefme* ; *dismes, disme*. *Prime* désignait la première heure du jour (vers 6 h du matin), *tierce* la troisième, *sexte* la sizième, *none* la neuvième. Cette dénomination a été conservée pour les heures canoniales, heures prévues pour la récitation du bréviaire. Parallèlement à cette série, il est fait usage des formes en *-ain* : *premerain, quartain*... conservées comme substantifs : *sizain, septain, huitain, neuvaine, dizain, dizaine, douzaine* ; des formes en *-isme* : *deusisme, troisisme, quatrisme* ; des formes en *-iesme* : *uniesme, deusiesme, troisiesme*... qui l'emporteront à l'exception de *premier* (du latin *primarius*). Les ordinaux sont largement usités pour la datation, pour le rang des souverains, pour la numérotation des chapitres, pour les heures, pour l'accompagnement (*soi quint* = « avec quatre personnes »). Ultérieurement, l'ordinal aura tendance à reculer devant le cardinal.

> Pour les numéraux cardinaux, sont utilisées jusqu'à *seize* des formes issues du latin, avec déclinaison pour les trois premières ; à partir de *dix et sept*, des formes analytiques avec la conjonction *et*. Sont en concurrence pour les dizaines la numération décimale et la numération vicésimale héritée vraisemblablement du gaulois.
>
> En ce qui concerne les numéraux ordinaux, pour les dix premiers chiffres, coexistent des formes héritées du latin (*prins, seconz...*) et des formes créées par dérivation (*-ain, -isme, -iesme* ; cette dernière série devenant dès la fin du Moyen Âge prédominante).

8. *Les pronoms personnels*

La syntaxe médiévale des pronoms personnels (du latin *ego, tu, me, te, se, nos, vos* et, pour les troisièmes personnes, du démonstratif latin *ille*) repose sur une opposition entre formes fortes (toniques) et formes faibles (atones). Les formes fortes sont issues des emplois où le pronom était accentué, les formes faibles des cas où il ne l'était pas.

Le pronom sujet offre des formes qui peuvent être indifféremment toniques ou atones : *je, tu, il, ele, nos, vos, il, eles*. À la première personne, la forme *gié* est toujours tonique. Le masculin pluriel *il* sera doté d'un *-s* en moyen français. Pour le complément, à la première et à la deuxième personne sont opposées des formes atones : *me* et *te* et des formes toniques : *moi, toi*. À la troisième personne du singulier, sont opposées les formes atones de complément d'objet direct : *le* (masculin), *la* (féminin) et de complément d'objet indirect : *li*, aux formes toniques : *lui* (masculin), *li* (féminin), La première personne et la deuxième personne du pluriel ont une seule forme tonique ou atone : *nos* et *vos*. À la troisième personne du pluriel, sont opposées les formes atones de complément d'objet direct : *les* (masculin et féminin) et de complément d'objet indirect : *lor* (masculin et féminin) aux formes toniques : *eus* (masculin), *eles* (féminin).

Le pronom sujet est beaucoup moins fréquent qu'en français moderne. Lorsqu'il est employé, il a statut de mot plein et peut donc être disjoint du verbe (comme dans l'expression aujourd'hui figée *je soussignée*) ; il sert de mise en relief. Après coordination, la non-reprise du pronom sujet est usuelle. Pour les verbes impersonnels, la non-expression est de règle (voir encore les expressions *n'empêche, peut s'en faut* et, dans l'usage parlé, *y a de la joie*). Lorsqu'il y a en tête de phrase un élément qui devrait entraîner la postposition du pronom sujet, celui-ci est généralement omis (*si dit*, « il dit ainsi », *le chevalier voit*, « il voit le chevalier »). Mais, de plus en plus, le pronom sujet va servir à exprimer les marques de personne et de nombre, d'autant que les finales verbales ne permettent plus une opposition systématique des personnes, dans la mesure où les consonnes finales tendent à disparaître dans la prononciation (ainsi, par exemple, les trois premières personnes du présent de l'indicatif de *veoir*, *voi*, *vois* et *voit*, se confondent). En subordonnée, dès le XIIIᵉ siècle, l'emploi du pronom sujet tend à se généraliser. À la fin du Moyen Âge, les formes de sujet perdent leur autonomie et sont obligatoirement jointes au verbe. Les formes toniques de complément (*moi, toi, lui, eux, elles*) peuvent être utilisées en fonction de sujet. Fréquemment, dans les textes, on passe d'un *vous* de politesse (usage inconnu du latin classique, mais qui s'était développé au Vᵉ siècle à la cour de l'empereur Honorius) à un *tu* plus affectif.

Les emplois des pronoms compléments sont régis par leur statut de forme faible, atone, ou de forme forte, tonique. Les formes atones sont conjointes au verbe, généralement antéposées ; elles ne peuvent être en tête de phrase, en raison de l'existence d'un accent en début de groupe de mots (à l'exception des phrases interrogatives), ni se trouver devant un infinitif ou une forme en -*ant* ; l'ancien français dira donc *il le veut veoir, pour lui veoir, soi disant*, faisant passer la forme atone devant le verbe régissant ou utilisant le pronom tonique devant l'infinitif ou la forme en -*ant*. Lorsque deux pronoms atones précèdent le verbe, le complément d'objet direct précède le complément d'objet indirect (*je le te di, je le li di*), ordre qui sera conservé avec le complément d'objet indirect de troisième personne. Pour la troisième personne, il existe le réfléchi *se, soi* que l'usage ne réserve pas, comme après l'époque classique, à un sujet indéterminé. La locution *ses cors* (qui se décline et qui survit dans l'expression *à son corps défendant*) est en concurrence avec le réfléchi ; cet emploi de *corps* en fonction pronominale se trouve aussi dans les créoles français.

Les adverbes pronominaux *en* (du latin *inde*) et *y* (du latin *ibi*) sont des formes faibles. *En* s'est associé avec des verbes de mouvement : *enlever, s'en aller*. *En* et *y* peuvent renvoyer à des animés humains, usage encore bien représenté au XVIIe siècle et même en français moderne : *il en parle*. Le pronom *on*, qu'on ne trouve parmi les langues romanes qu'en français et en provençal, est le cas sujet du substantif *ome* (du latin *homo*). Il apparaît dès les *Serments de Strasbourg*, comme indéfini et il est souvent précédé de l'article : *l'on*.

L'absence du pronom sujet est fréquente. Autonome, le pronom sujet est utilisé pour des raisons expressives. Sa présence sera favorisée par l'évolution qui tend à privilégier l'ordre à sujet thématique en tête.

Pour le pronom personnel complément, les formes faibles sont conjointes au verbe, alors que les formes fortes peuvent prétendre à l'autonomie.

9. Les relatifs et les interrogatifs

Tandis qu'il y avait des formes multiples en latin (qui distinguait pronoms relatifs, pronoms interrogatifs, adjectifs interrogatifs et offrait des formes différentes selon le genre et le nombre), les relatifs et les interrogatifs hérités du latin présentent un seul type de formes : *qui, que* (cas régime direct), *cui, quoi* (cas régime indirect). Au XIIe siècle, apparaît un nouveau pronom *lequel* (à partir de l'article et du pronom interrogatif *quel*) qui permet de marquer genre, nombre et fonctions et dont les emplois se multiplieront considérablement en moyen français ; il sera fréquent en style juridique où il permet de lever l'ambiguïté. Deux formes proviennent d'adverbes (*dont* de *de unde* et *où* de *ubi*).

Pour les pronoms sans antécédent ou en emploi prépositionnel, l'ancien français oppose l'animé avec cas sujet *qui* et cas régime *cui* et l'inanimé avec cas sujet *que,* cas régime direct *que* et cas régime indirect *quoi*. Pour les pronoms avec antécédent, le cas sujet est *qui* et le cas régime direct *que*, la distinction entre animé et inanimé ne se fait qu'au cas régime indirect avec *cui* pour l'animé et *quoi* pour l'inanimé. *Cui,* issu du latin *cui,* se confond avec *qui* au XIIe siècle par suite de l'évolution de [kwi] à [ki].

Il y a tendance à faire de *que* un relatif universel. Par ailleurs, *qui* est fréquemment utilisé comme relatif indéfini sans antécédent, au sens général de « si on », par exemple, *tout vient à point qui sait attendre*. Se créent par ailleurs des relatifs indéfinis : *qui que, quoi que, où que, quel que, quelque que*.

L'interrogatif *qui* est aussi employé pour l'inanimé et le neutre. Des périphrases interrogatives apparaissent au XIIe siècle : *qui est cil qui ; qui est ce que*.

> Un relatif avec un paradigme unifié hérité du latin
> (*qui, que, quoi*) et qui tend à limiter ses formes à
> une sorte de relatif universel *que* entre à partir du
> XIIᵉ siècle en concurrence avec une création
> médiévale *lequel* qui, contrairement à l'autre rela-
> tif, multiplie dans sa forme les indications sur le
> genre, le nombre, la fonction.
> Des marqueurs spécifiques de l'interrogation
> apparaissent, permettant de conserver dans la
> phrase interrogative un ordre sujet-verbe.

10. *Conjonctions, prépositions, adverbes*

Quatre conjonctions seulement sont héritées du
latin classique : *comme (quomodo), quand (quando),
si (si), que* (provenant de la conjonction latine *quia*
réduite à *qui*, devenu *que*, confondu avec les héritiers
du relatif *quem* et de la conjonction *quam*, employée
avec comparatif). *Que* a servi à former de nombreuses locutions conjonctives (*à ce que, afin que,
par ce que, puis que, ainz que, tant que, combien que,
si que*...) ; cette conjonction est plurivalente et est
devenue une sorte de subordonnant universel.

Les prépositions se sont particulièrement dévelop-
pées en français qui, par rapport à la multiplicité des
cas latins, ne connaît plus qu'un cas du complément. À
côté de prépositions héritées du latin, comme *à* venue
de *ad* et *ab, de* de *de, en* de *in, par* de *per*, le français a
multiplié les créations souvent analytiques (*atot* =
« avec », de *à* et de *tot* ; *aval*, de *à* et de *val*). *À, de, en,
par* ont servi à former de nombreuses locutions prépositionnelles : *à l'endroit de, à force de, de par. Oiant* et
veant, durant et *pendant*, à l'origine formes en -*ant*,
sont employées comme véritables prépositions : *oiant
toz, veant toz* = « en présence de tous », *durant le
temps, pendant le temps*. Certaines prépositions ont

pour origine des participes passés : *vu, excepté,* et les
locutions prépositives font un fréquent usage de substantifs : *à cause de.* La distinction entre adverbe et préposition n'est pas stricte. *Dedans, dessus* sont aussi
bien adverbe que préposition (ambivalence conservée
en français moderne pour *avant, après, devant* et, dans
la langue parlée, pour *avec, pour*).

La distinction entre adverbe et conjonction n'est pas
non plus toujours opérante. *Ains (*« avant » ou « plutôt ») ou *mais* (« plus » ou « cependant ») sont aussi
bien adverbe que conjonction et *ains* est également
préposition. *Car* fonctionne comme adverbe avec l'impératif (*car me garde,* « protège-moi »). Il en est de
même pour *donc* (*vien donc*). La formation des
adverbes est disparate. Certains, de forme simple, sont
issus du latin comme *bien* (*bene*), *plus* (*plus*) ; d'autres
sont des formes composées (*bientost, longtemps*). Les
locutions adverbiales sont particulièrement bien représentées (*a present*). Il existe une marque spécifique de
l'adverbe, *-s,* développée à partir d'adverbes qui la
possédaient à l'origine, comme *plus* (latin *plus*), *moins*
(latin *minus*), *certes* (latin **certas*) et étendue à des
adverbes sans étymon en *-s* (*encores,* du latin *hinc ad
horam* ; *onques,* du latin *unquam*). Le suffixe *-ons* permet la création de locutions du type *a genoillons, a
tatons,* mais en nombre limité. Le suffixe adverbial
-ment est, lui, au contraire, très productif. Les adverbes
de temps et de lieu sont diversifiés. Par exemple, au
sens de « aussitôt » coexistent : *ades, eneslepas, ene-
vois, lues, maintenant, sempres, tantost, tempres, tost* ;
pour la concomitance et la durée : *entrues, dementiers,
endementiers, dementres, endementres, entretant.* Si
(du latin *sic*) est souvent utilisé comme adverbe de
phrase, reliant deux énoncés et correspondant à *ainsi*
ou pouvant difficilement être traduit, lorsqu'il marque
l'implication dans l'énoncé de l'énonciateur légitimant
son propos. L'adverbe en tête de phrase, contrairement

à la conjonction, entraîne la postposition du sujet (*si dist li rois*).

> Conjonctions, adverbes et prépositions ne sont pas clairement distingués. Aux quatre conjonctions héritées du latin, se sont ajoutées de multiples conjonctions de formation analytique avec *que*. Pour les prépositions, aux prépositions venues directement du latin, se sont adjointes de nombreuses créations souvent analytiques. Les procédés de formation des adverbes sont très variés.

11. La négation

Pour la négation, *non* tonique s'oppose à *ne* atone, tous deux issus de *non* latin (caractéristique de l'énoncé négatif dans toutes les langues romanes). *Non* s'emploie pour nier aussi bien des syntagmes que des verbes conjugués. Il est souvent utilisé soit avec reprise du verbe de la proposition précédente niée (auxiliaires *estre, avoir* [*non est, non a*] ou, pour les autres verbes, *faire* [*non fait*]), soit avec reprise du sujet (*nenil* [= *non* + *il*], s'opposant à *o* + *il*, à l'origine de *oui*). *Ne*, négation du verbe, est usité seul ou avec des renforcements dont certains à l'origine sont des substantifs à valeur positive comme *pas*, « un pas », *point*, « un point », *mie*, « une miette », *goutte*, « une goutte », mais qui perdent leur valeur sémantique originelle. Ils marquent la virtualité comme l'attestent les emplois sans négation en interrogative faisant attendre une réponse positive : *vient il pas ?* D'autres renforcements sont des adverbes, tels *mais* (de *magis*, « plus ») ou *ja mais* (« jamais plus »). L'ancien français oppose *ne... ja* ou *jamais* pour le présent et le futur et *ne... oncques* pour le passé. Les renforcements sont de plus en plus utilisés avec *ne*.

Cette constitution d'une négation à deux éléments – *ne* précédant le verbe conjugué et l'adverbe postposé au verbe – ne se trouve par ailleurs dans les langues romanes que dans l'italien du Nord. Elle est à rapprocher de la tendance analytique à postposer l'adverbe au verbe.

Nient (provenant de *ne gentem*) est souvent utilisé pour la négation du groupe de mots. La conjonction *ne* (du latin *nec*) est d'emploi plus systématique en contexte négatif que le *ni* du français moderne. Pour marquer l'exception, coexistent les tours *ne... mes*, *ne... que*, *ne... se... non* et *fors*. Au XIIIᵉ siècle, apparaissent le syntagme *se ce n'est* et un certain nombre de tours à partir de constructions participiales ou adjectivales (*hors mis, excepté, sauf*) ; *se* et *non* (à l'origine de *sinon*) sont rapprochés.

> Pour la négation, sont en concurrence la forme *non* héritée du latin et la forme *ne* accompagnée généralement d'un renforcement de la négation (provenant d'adverbes latins ou de substantifs comme *pas* et *point*). Cette négation à deux éléments est une des originalités du français.

12. Le verbe

Pour la morphologie verbale, il importe de distinguer trois classes de verbes. Les deux premières sont les plus nombreuses, susceptibles d'augmentations ; elles comprennent les verbes en *-er*, issus de verbes latins en *-are* (neuf dixièmes des verbes en français moderne) ; les verbes en *-ir*, avec infixe *-iss-*, issus de verbes latins qui avaient développé un infixe *-isc-* marquant le début de l'action (verbes inchoatifs comme *finisco* qui donne *finis*), comprenant en français moderne quelque 300 verbes. La troisième

classe, celle des verbes dits irréguliers, est hétérogène, constituée de verbes en -*ir* (provenant d'infinitifs latins en -*īre*), de verbes en -*oir* (issus d'infinitifs
latins en -*ēre*), de verbes en -*re* (venus d'infinitifs
latins en ´-*ĕre*) ; elle n'accueille aucun néologisme
et a perdu au cours de l'histoire un certain nombre
d'éléments au profit des classes précédentes ; plusieurs de ces verbes sont en français moderne de
conjugaison incomplète, offrant un nombre limité de
formes (comme *falloir*) et la langue populaire leur a
toujours préféré des verbes de formation régulière
(voir ainsi *émouvoir* cédant le pas à *émotionner*,
résoudre à *solutionner*).

La morphologie verbale médiévale est plus irrégulière que celle du français moderne. L'alternance
vocalique y est beaucoup plus fréquente. Elle affecte
le présent de l'indicatif et du subjonctif (le français
moderne en conserve des traces, ainsi *vient/venons/
vienne, venions*), le passé simple (d'où elle a disparu
en français moderne). Elle est due à une différence
de traitement phonétique en raison d'une différence
de place de l'accent latin. Ainsi la forme *dēbeo* est
accentuée sur un *ē* long libre, passé à [e] qui se
diphtongue en *oi* ; elle donne la forme *doi*, mais, pour
la première personne du pluriel, *debémus*, l'accent ne
porte pas sur le premier *e* qui ne se diphtongue pas,
d'où la forme *devons*.

Au présent de l'indicatif, les paradigmes correspondant aux trois groupes de verbes s'opposent par
la présence ou l'absence de -*s* à la première personne
et par la présence d'un -*t* à la troisième personne pour
les verbes des deuxième et troisième groupes : *chant,
chantes, chante, chantons, chantez, chantent ; finis,
finis, finit, finissons, finissez, finissent ; voi, vois, voit,
veons, veez, voient*. En latin, pour les verbes correspondant au premier et au troisième groupe, l'accent
portait sur le radical aux personnes 1, 2, 3, 6 (formes

fortes) et sur la terminaison aux personnes 4, 5 (formes faibles). Ainsi a-t-on pour un certain nombre de verbes des alternances vocaliques, comme *aim, aimes, aime, amons, amez, aiment ; vieng, viens, vient, venons, venez, vienent.* Les alternances sont nombreuses, par exemple en *e/a : je lef/nous lavons ; oi/e : je doi/nous devons ; eu/o : je pleur/nous plorons.* Il a aussi existé pour certains verbes des alternances syllabiques : *je desjun, nous disnons ; je parole, nous parlons ; j'aiu, nous aidons ; je manju, nous manjons ; j'araisone, nous araisnons.* La première personne peut être irrégulière par rapport aux autres formes fortes, ainsi *je puis, tu puez ; je truis, tu trueves.*

En ce qui concerne les désinences du présent de l'indicatif, le divorce entre l'écrit, où des graphèmes subsistent comme marques morphologiques, et l'oral est manifeste dès le Moyen Âge. En latin, la désinence de première personne était en *-o* ; il y a donc originellement absence de désinence, puisque les voyelles finales disparaissent à l'exception du *-a* final. Toutefois, pour les verbes du premier groupe, sous l'influence de verbes qui, dans leur évolution phonétique, avaient eu besoin d'un *-e* de soutien, des formes avec *-e* apparaissent au XIIᵉ siècle : elles se généraliseront au XVᵉ siècle et il n'existera plus au XVIᵉ siècle que quelques formes sans *-e* pour les verbes à radical terminé par une voyelle (comme *pry* ou *supply*). Pour les verbes de la troisième conjugaison, au XIIᵉ siècle, sous l'influence de la deuxième conjugaison, sont employées des formes analogiques en *-s* (*viens* pour *vieng*) dont l'extension sera freinée au XVIᵉ siècle par les grammairiens qui considèrent le *-s* comme marque de deuxième personne. La deuxième personne est toujours en *-s*, issue de formes latines en *-s*. Toutefois, dès la fin du Moyen Âge, par suite de la chute des consonnes finales dans la prononciation, ce -*s* n'est plus que graphique dans l'usage courant. Pour la troisième personne du singulier, les verbes du premier groupe ont toujours un -*e* (*cantat › chante*), provenant de la finale -*at* latine ; pour les autres groupes, où le -*t* est précédé d'une autre voyelle que *a* (*venit › vient*), la voyelle disparaît, mais le -*t* se maintient, purement graphique à la fin de la période. Pour la première personne du pluriel, à l'exception des formes phonétiques *faimes* (de *facimus*), *dimes* (de *dicimus*) et *sommes*, tous les verbes ont une finale en -*ons* dont l'origine est mal éclaircie (vraisemblablement une forme **sons* de *sumus*, « nous sommes »). Pour la deuxième personne du pluriel, à l'exception des formes phonétiques *faites* (de *facitis*), *dites* (de *dicitis*) et *estes*, la finale en -*ez*, issue de la finale -*atis* généralisée à tous les verbes, s'est imposée. À la troisième personne du pluriel, la forme en -*ent*, issue de -*ant*, est commune à tous les verbes.

Pour le présent du subjonctif (*chant, chanz, chant, chantons, chantez, chantent ; finisse, finisses, finisse, finissons, finissez, finissent ; voie, voies, voie, veons, veez, voient*), sont opposés les verbes du premier groupe sans -*e* aux trois personnes du singulier, car venant de formes latines en -*em*, -*es*, -*et*, et les verbes des autres groupes avec -*e*, car provenant de formes latines en -*am*, -*as*, -*at*. Cette opposition morphologique avec le présent de l'indicatif disparaîtra avec l'extension des formes en -*e* pour les verbes du premier groupe, qui ne font plus ainsi de différence entre indicatif et subjonctif. Au pluriel, les finales en -*ons* et -*ez* vont être supplantées par les finales en -*ions*, -*iez* qui permettent, au contraire, la distinction entre indicatif et subjonctif.

À l'impératif, généralement, les formes françaises (*chante, chantons, chantez ; finis, finissons, finissez ; voi, veons, veez*) continuent les formes latines de l'impératif, mais, à plusieurs reprises, a joué l'analogie avec le présent de l'indicatif. Pour *avoir* (*aies, aiiez*), *savoir* (*saches, sachiez*), *vouloir* (*vueilles, voilliez*) et *estre* (*soies, soiez*), les formes remontent à d'anciens subjonctifs. La deuxième personne du singulier est caractérisée par la voyelle -*e* pour les verbes du premier groupe (le latin *canta* donnant *chante*) et par l'absence de désinence pour les verbes du troisième groupe (le latin *vide* donnant *voi*). Le -*s* étant senti comme marque de deuxième personne, et par analogie avec les verbes du deuxième groupe, on trouve des formes avec -*s* pour les verbes du troisième groupe ; mais elles ne supplanteront les formes sans -*s* qu'au XVIIᵉ siècle. Ce -*s* a pu être ajouté aux verbes du premier groupe, emploi restreint en français moderne à l'impératif devant *en* et *i* : *offres-en*. Les deuxièmes personnes du singulier issues des subjonctifs présents ont perdu leur -*s* (*aie, sache, veuille* en français moderne) par analogie avec les impératifs en -*e*, sauf dans le cas du verbe *estre* où *sois* est dû à l'influence de *soit*. Pour la deuxième personne du pluriel, la finale en -*ez* s'est généralisée (alors que le latin avait une finale en -*te*) par analogie avec le présent de l'indicatif. C'est aussi par analogie avec ce temps qu'apparaît une première personne du pluriel de l'impératif, inconnue du latin.

La morphologie du passé simple est très composite. Les parfaits faibles sont toujours accentués sur la finale ; dans les parfaits forts, l'accent touche le radical aux personnes 1, 3, 6 et la désinence aux personnes 2, 4, 5. L'ancien français connaît pour les passés faibles des types : en *a* : *amai, amas, ama, amames, amastes, amerent* ; en *i* : *senti, sentis, senti, sentimes, sentistes, sentirent* ; en *u* : *valui, valus, valu, valumes, valustes, valurent* ; pour les passés forts des types : en *i* : *vi, veïs, vit, veïmes, veïstes, virent* ; en *s* : *dis, desis, dist, desimes, desistes, dis-*

trent ; en *u* : *oi, eüs, ot, eümes, eüstes, orent.* La première personne du singulier, à l'exception des verbes en *-er,* est dotée à la fin du Moyen Âge d'un *-s* analogique qui s'imposera au XVIIe siècle. De même, sauf pour les verbes du premier groupe, un *-t* sera introduit à la troisième personne du singulier des passés simples faibles.

Le subjonctif imparfait est l'héritier du plus-que-parfait du subjonctif latin. Il correspond aux formes faibles du passé simple qui ont les mêmes particularités d'accentuation (*amauísti/amauísses/venísti/venísses*). Il y a trois types d'imparfait du subjonctif : en *a* : *amasse, amasses, amast, amissons, amisseiz, amassent* ; en *i* : *venisse, venisses, venist, venissons, venisseiz, venissent* ; en *u* : *eusses, eusse, eust, eussons, eusseiz, eussent.*

Pour le futur, à l'exception du verbe *estre* qui a conservé un paradigme hérité du latin classique (*ier, iers, iert, iermes, ierent*), tous les autres verbes ont été dotés de formes issues de la périphrase composée de l'infinitif du verbe latin et des formes réduites du verbe *habere* (*amare *áyyo* = « j'ai à aimer »). Pour tous les verbes, les finales sont donc identiques (*-ai, -as, -a, -ons, -ez, -ont*). Pour la base toujours inaccentuée, un certain nombre d'évolutions phonétiques sont à remarquer. Tout d'abord la voyelle de l'infinitif latin, qui, dans cette formation périphrastique, n'est pas accentuée, subit un traitement différent selon qu'il s'agit du [a] des verbes du premier groupe (*amare*) qui en position prétonique interne passe à [ə] (*amare *áyyo* › *amerai*), ou de la voyelle des autres groupes appelée dans cette position à disparaître (*debere *áyyo* › *devrai*). Les verbes du premier groupe sont ainsi caractérisés par la présence du *e* (*amerai*). Pour les autres groupes, il existe des transformations phonétiques particulières lors de l'association du morphème *-r* avec la consonne finale du radical (par exemple la présence d'un *d* d'épenthèse pour *viendrai* de *venire *áyyo* ou *voldrai* de *volere *áyyo*). Pour les verbes du deuxième groupe, du type *finir*, apparaissent très tôt des formes analogiques avec *i* (*finirai*). Pour les verbes du premier groupe, le radical est refait sur les formes accentuées ; ainsi *amerai* devient *aimerai*. Pour les autres, la réfection sera loin d'être totale, puisque l'on a toujours *verra* ; le moyen français offrira un certain nombre de formes analogiques qui n'ont pas survécu (*boirai, voirai*) ; le français moderne a conservé de ces hésitations le doublet *choirai/cherrai*.

Certains temps ont assez tôt un seul paradigme, ainsi en est-il de l'imparfait de l'indicatif. En latin classique, il existait selon les verbes des finales en *-ábam, -ébam, -iébam*. Si, à l'ouest, il se trouve un paradigme en *-out,* issu de *-ábat*, et à l'est en *-eve*, issu de *-ébat*, si, pour le verbe *estre*, a survécu un imparfait issu du latin *éram* (*ere, iere*) qui disparaît au XIIIe siècle, le phénomène remarquable de la morphologie de l'imparfait est la généralisation de la finale en *-ěam*, à l'origine des formes *-oi(e), -oies, -oit, -iiens, -iiez, -oient* (avec diphtongaison de [e] en [oi] et passage du [a] final à [ə]). Le *e* disparaît très tôt à la troisième personne du singulier et à partir du XIIIe siècle pour les première et deuxième personnes du singulier, au XVIe siècle à la troisième personne du pluriel, mais il restera présent dans la graphie *-oient*. *Oi* à la fin du XIIIe siècle est prononcé [wɛ] ; au siècle suivant, se manifeste la tendance populaire à réduire ce son à [ɛ] qui apparaît avec régularité au XVIe siècle pour ce temps. La graphie *ai* ne sera admise par l'Académie qu'en 1835 ; elle avait été proposée au XVIIe siècle par le grammairien Berain, défendue au XVIIIe siècle par Voltaire. Les deux premières personnes du pluriel deviennent monosyllabiques au

XIIe siècle et *-iens* est remplacé par *-ions* au XIVe siècle.

L'infinitif est souvent nominalisé, tel *le chanter*. Il est alors doté des marques du nom, mais peut aussi conserver des compléments (*en l'esgarder l'image* = « en regardant l'image »). Les formes en *-ant* (adjectif verbal, mais aussi participe présent) se déclinent sur les adjectifs épicènes (c'est-à-dire sans *-e* au féminin) ; seul est invariable le gérondif (employé généralement sans préposition). Avec le verbe *avoir*, le participe passé s'accorde usuellement avec le complément d'objet direct, quelle que soit sa position. En effet, *avoir* garde son sens plein ; *il a la ville prise, il a prise la ville* correspondant à « il possède la ville qu'il a prise ». De plus en plus souvent, le participe passé suit directement l'auxiliaire.

Les périphrases verbales se multiplient. Ainsi *aller* + forme en *-ant* marque l'action en train de s'accomplir (*aller marchant, aller disant*) ; il en est de même pour *estre* + forme en *-ant* (*estre combatant*). *Aller* + infinitif souligne le futur proche ; *venir de* + infinitif, le passé récent.

Le passé composé, d'origine romane, est en concurrence avec le passé simple. Il marque le résultat présent d'une action passée, alors que le passé simple est utilisé pour marquer la succession des actions. Le passé composé va tendre à se substituer au passé simple qui se restreindra ultérieurement au temps de la narration écrite. Au Moyen Âge, le passé simple peut aussi être employé pour les descriptions, l'imparfait étant assez rare et se développant en prose au XIIIe siècle. Dans la narration, le présent alterne souvent avec les temps du passé. Les temps composés se multiplient en ancien français qui connaît aussi au XIIIe siècle des formes surcomposées, rares dans la langue écrite.

Le subjonctif, qui fournit une image encore virtuelle du temps, alors que l'indicatif en donne une image actualisée, est utilisé en indépendante (souvent sans le morphème *que*) pour marquer le souhait, le regret, le commandement, l'hypothèse non éventuelle, la concession (emploi limité maintenant à *soit !*). En proposition complétive, les idées de vouloir, de nécessité, de commandement sont virtualisantes (*veuil qu'il vienne ; faut qu'il vienne*) ; celle de crainte peut être actualisante (*crain qu'il viendra*) ; il en est de même pour les verbes de sentiment (*suis marry que n'estes venu*). Les verbes d'opinion et de croyance ne peuvent être actualisants qu'à la première personne ; aux autres personnes, il y a mise en question de la pensée d'autrui (*il cuide qu'il vienne*). La négation, l'interrogation, l'hypothèse entraînent le subjonctif pour certains verbes qui usuellement sont suivis de l'indicatif (*tu sais qu'il vient, sais tu qu'il vienne ?, tu ne sais qu'il vienne*). En proposition circonstancielle, le mode dépend de la conjonction qui par son sémantisme peut être actualisante ou virtualisante ; ainsi les conjonctions marquant le but sont toujours suivies du subjonctif. Pour la proposition relative déterminative, le mode dépend de la pesée qui porte sur l'antécédent ; la négation, la mise sous hypothèse entraînent ainsi le subjonctif (*s'il est om qui li face tort*). Pour la proposition relative explicative, le mode est le même que pour les indépendantes, d'où la possibilité d'avoir un subjonctif de souhait (*li ennemis, cui Dex confonde* = « l'ennemi, que Dieu l'anéantisse »).

Pour marquer l'hypothèse problématique relative au présent ou au futur, il est fait usage soit d'une construction avec imparfait et conditionnel (*s'il le voloit, viendroie*, « s'il le voulait, je viendrais »), tournure d'origine romane qui, par le décalage des temps, souligne que la principale est la conséquence dans le temps de la subordonnée hypothétique, soit du tour avec imparfait du subjonctif (*s'il le vosist, venisse*, « s'il le voulait, je viendrais »), tour imité du latin où l'imparfait du subjonctif servait à marquer le potentiel ou l'irréel du présent.

Pour l'hypothèse relative au passé, est aussi employé l'imparfait du subjonctif (*s'il le vosist, venisse*, « s'il l'avait voulu, je serais venu »), tour directement hérité du latin, puisque l'imparfait du subjonctif français provient du plus-que-parfait du subjonctif latin, temps qui marquait l'irréel du passé. À partir du XIIIe siècle, dans ce type d'hypothèse, est aussi utilisé le plus-que-parfait du subjonctif qui supplante l'emploi de l'imparfait du subjonctif, en moyen français ; seuls quelques verbes, auxiliaires ou dans des tournures figées, conserveront l'imparfait du subjonctif et seront réfractaires à la forme composée (le subjonctif imparfait survivant avec cette valeur jusqu'au XVIIe siècle pour *être*, *avoir* et les auxiliaires modaux comme *devoir*, *pouvoir*). Le tour moderne avec le conditionnel passé et le plus-que-parfait de l'indicatif (*s'il l'avait voulu, je serais venu*) est encore très rare au XVIe siècle.

La morphologie verbale est assez irrégulière et au cours du Moyen Âge les réfections analogiques sont importantes. L'alternance vocalique affecte les radicaux de multiples verbes pour le présent de l'indicatif, du subjonctif, l'impératif, le passé simple. De nombreuses finales disparaissent dans la prononciation et ne subsistent plus à l'écrit que comme marques morphologiques.

Le passé composé, le conditionnel, temps de création romane, les périphrases verbales se développent.

13. Ordre des mots

L'ordre des mots n'offre pas les mêmes contraintes qu'en français moderne en raison d'une part des marques de la déclinaison qui permettent de distinguer sujet et complément et d'autre part d'une morphologie verbale très différenciée avec des oppositions de désinences marquées aussi à l'oral. Ainsi, en un temps où l'on prononce le *e* final et les consonnes finales, les trois premières personnes du présent de *chanter,* indifférenciées dans la prononciation du français moderne, sont bien individualisées (*je chant, tu chantes, il chante*).

Le verbe occupe dans la proposition une place médiane, le français médiéval, comme les autres langues romanes, devenant une langue à ordre V O (verbe + objet). Les ordres les plus fréquents sont S V O (sujet + verbe + objet) et X V (S) O, la première place X étant alors occupée par un élément en tête de phrase qui entraîne l'inversion du sujet et, lorsqu'il s'agit d'un pronom personnel, son omission (*le chevalier voit li rois* = « le roi voit le chevalier », *le chevalier voit* = « il voit le chevalier », *si dist li rois* = « le roi dit », *si dist* = « il dit »). Le premier ordre, S V O, apparaît le plus fréquemment en subordonnées ; le second, dans les principales et les indépendantes. Dans ces deux ordres, la place avant le verbe est donc occupée soit par le sujet, soit par des compléments ou des adverbes ; il s'agit d'élément tonique, la première place ne pouvant être dévolue à un élément atone. L'ordre des mots relève d'une structure de type thème-rhème (ce dont on parle/ce qui en est dit). Au XIIIe siècle, il y a restriction de l'emploi de l'objet nominal comme thème, cet objet se trouvant de plus en plus souvent postposé au verbe. En moyen français, le thème devient plus complexe, avec un certain nombre d'éléments circonstanciels avant le sujet qui est généralement le thème principal. Au XVIIe siècle, des phénomènes de dislocation affecteront tout particulièrement les éléments du thème. Les constructions disloquées du type *le roi, il est parti*, sont des constructions bien représentées ensuite dans l'usage oral. En français moderne oral, il existe une prédilection pour les énoncés disloqués repris par des anaphoriques (*moi, cela, je le lui ai dit*).

L'interrogation directe se manifeste soit par un ordre des mots différent de celui de la modalité assertive, soit par des éléments interrogatifs spécifiques (tout particulièrement pour l'interrogation partielle), soit par l'intonation. L'interrogation totale est généralement marquée par l'inversion du sujet (*vient il ?*), même nominal (*vient la reine ?*). Au XIIe siècle, apparaît la périphrase *que est ce que*, à l'origine de *est-ce que,* qui, sous la forme *esse que,* est sentie comme un véritable marqueur spécifique (le français étant la seule langue romane avec le roumain et le sarde à posséder un morphème pour l'interrogation totale). L'inversion complexe (*li rois vient il ?*) est expressive ; elle est à l'origine de l'interrogation populaire *-ti.* Elle participe de la tendance à employer un ordre S V O. Pour l'interrogation partielle, l'emploi d'un outil interrogatif spécifique s'accompagne de la postposition du sujet (*quand vient il ? quand vient li rois ?*). L'emploi de la périphrase *est ce que* (*quand est ce qu'il vient ?*) permet de conserver un groupe S V.

Le verbe est principalement en position médiane dans la proposition, l'ancien français comme les autres langues romanes étant une langue à ordre verbe-objet ; la place avant le verbe, tonique, est occupée par le sujet (l'ordre sujet-verbe tendant à prévaloir) ou par des compléments qui entraînent l'inversion du sujet. Ultérieurement, la première place sera essentiellement celle du sujet, précédé d'éléments circonstanciels. Dans l'interrogation, un certain nombre d'innovations permettant de conserver le sujet avant le verbe entrent en concurrence avec l'inversion du sujet.

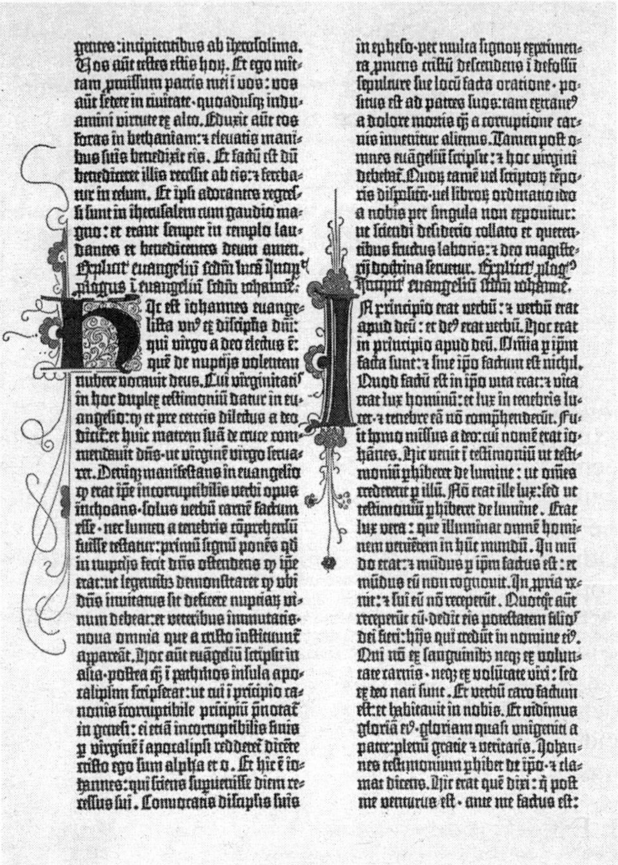

Bible de Gutenberg, Mayence, 1456.
Photothèque Hachette-L.G.F.

CHAPITRE III

Le moyen français

Des phénomènes majeurs marquent l'histoire externe du français durant cette période : le développement des traductions en français des grandes œuvres latines et grecques ; l'invention de l'imprimerie : le premier livre imprimé en France est publié en latin à la Sorbonne en 1470. La prise de Constantinople par les Turcs, en 1453, qui, pour certains historiens, marque la fin de l'époque médiévale, entraîne une émigration des intellectuels grecs vers l'Italie, accentuant le mouvement, inauguré au siècle précédent, de redécouverte de la culture grecque par l'Occident, fondement de l'humanisme.

I. Extension du français

En moyen français, le français administratif s'impose. Les notaires royaux, fonction instaurée au XIIIᵉ siècle, font un usage exclusif du français. Au début du XIVᵉ siècle, une charte royale sur dix est en français ; un demi-siècle plus tard, les trois quarts de ces chartes sont rédigées en français. Le latin juridique est influencé par le français ; ainsi un manuel latin du XIVᵉ siècle préconise aux membres de la Chambre des enquêtes de rédiger leurs actes dans un

Guillaume de Machaut : *Le Voir Dit*,
Paris, BNF, fr. 22545, fol. 189, v°.
Photothèque Hachette-L.G.F.

latin simple qui se rapproche du français par le vocabulaire. À Toulouse, où est créé un parlement en
1444, la rédaction des registres se fait en français.
Charles VII, par l'ordonnance de Montils-lès-Tours
(1454), ordonne la rédaction des diverses coutumes
de France.

Les premières grammaires du latin en français font
leur apparition, comme le *Donat en francois*, traduction de l'*Ars minor* du grammairien Donat. Ces
ouvrages témoignent de l'emploi de la langue vulgaire dans l'enseignement élémentaire du latin et
apportent au français un lexique grammatical calqué
sur celui du latin. Par ailleurs, les traductions
commanditées par le roi et les proches de la cour
royale se multiplient. Jean le Bon recourt à Pierre
Bersuire pour traduire Tite-Live ; Charles V fait appel
à des traducteurs comme Nicole Oresme à qui l'on
doit les premières traductions de saint Augustin et
d'Aristote. Jean le Bon est à l'origine de la traduction
de la Bible par Jean de Sy et d'une nouvelle version
de la *Bible moralisée* (extraits de la Bible suivis de
commentaires mettant en avant le sens spirituel) ;
Charles V de la Bible de Raoul de Presles. Les traducteurs, lorsqu'ils réfléchissent sur leur pratique,
mettent en valeur les différences entre les deux
langues, surtout pour l'ordre des mots, et le souci de
traduire selon le sens et non selon la lettre, d'explici-
ter le texte premier par des périphrases, par des
redoublements de termes. Sont récurrents les problèmes posés par les termes inconnus du français et
par le statut du néologisme.

Une attention toute particulière est accordée aux
ressources artistiques de la langue vulgaire. Les
premiers traités de versification française apparaissent, comme l'*Art de dictier et faire chansons*
d'Eustache Deschamps, un des grands poètes de
cette époque avec Guillaume de Machaut, Charles

d'Orléans, Villon, ou comme l'*Art de rhetorique vulgaire* de Jean Molinet qui s'attache aux rimes et aux genres poétiques. Jacques Legrand écrit au tout début du xvᵉ siècle l'*Archiloge sophie* qui traite de rhétorique, de poétique, et ne néglige pas l'orthographe, comme l'atteste sa proposition de distinction des graphies ambiguës *u* et *i*.

Les grands rhétoriqueurs, terme qui désigne des poètes de cour (souvent aussi historiens) du temps de Louis XI, Charles VIII, Louis XII, attachés à la cour de Bretagne comme Jean Meschinot, à celle de Bourgogne comme Georges Chastelain, Jean Molinet, ou à celle de Bourbon comme Jean Robertet, ou à la fin du xvᵉ siècle à celle de France comme Octovien de Saint-Gelais, se caractérisent par la complexité de leur versification, par leurs jeux sur les mots, sur l'équivoque (*empire, en pire*), par le calembour, par la paronomase (*pillars, paillars*), par le bilinguisme latin/français. Ce goût de l'ornementation touche aussi bien la prose que les vers (appelés seconde rhétorique). Les grands rhétoriqueurs privilégient le néologisme et toutes les couleurs de la rhétorique. Il s'agit d'un travail remarquable sur la langue française, sur toutes ses ressources phoniques, syntaxiques et lexicales.

Les grands rhétoriqueurs, Georges Chastelain, Jean Molinet, écrivent aussi des chroniques, un des genres particulièrement développés en moyen français. Les *Grandes chroniques de France*, récits historiques en prose de langue vulgaire, rédigés du xiiiᵉ au xvᵉ siècle, composés jusqu'en 1350 à l'abbaye de Saint-Denis, continués par le chancelier Pierre d'Orgemont jusqu'en 1379, puis par divers auteurs jusqu'en 1461, imprimés dès 1477, sont écrites à la gloire de la monarchie française. Les *Chroniques* de Jean Froissart (rédigées de 1370 à 1400), les *Mémoires* de Philippe de Commynes (rédigés de 1489 à 1498) sont restés célèbres. Tous ces ouvrages participent à l'élaboration d'une prose dont la syntaxe est de plus en plus complexe, marquée par le développement des relatives, des formes en -*ant* qui permettent l'amplification de la phrase, mais aussi une claire délimitation de ses divers segments. Les romans médiévaux versifiés sont adaptés en prose, adaptations qui s'accompagnent d'un rajeunissement de la langue.

Le français s'étend comme langue administrative, influençant le latin juridique.
Des grammaires du latin sont écrites en français, alors même que se multiplient les traductions du latin et du grec commanditées par le pouvoir royal. Des ouvrages de versification et de rhétorique en français manifestent une attention particulière aux ressources de la langue vulgaire. La prose se développe avec les chroniques et les mises en prose de romans médiévaux, alors que les grands rhétoriqueurs usent de toutes les possiblilités phoniques et sémantiques de la langue.

II. Le français hors de France

Hors des frontières du royaume, un certain recul du français est alors manifeste. La nécessité outre-Manche de rédiger des grammaires pratiques à l'usage des Anglais à la fin du XIVe siècle atteste que l'anglo-normand (français en usage en Angleterre) n'est plus la langue courante. Henri IV (1399-1413) est le premier roi anglais de langue maternelle anglaise ; Geoffrey Chaucer (1340-1400) adopte l'anglais, même s'il est influencé par les formes poétiques françaises. L'anglo-normand, toutefois, continue à être écrit durant le XIVe siècle et il semble que les souverains anglais qui revendiquent le trône de France aient tenu à ce que les juristes et les officiers royaux apprennent le français. Celui-ci résiste longtemps dans le domaine juridique, puisque, encore au XVIIIe siècle, bien qu'il ait été banni des cours juridiques au XVIe siècle (alors qu'au XVe siècle, il avait remplacé le latin comme langue de la législation), on utilise le *law french*, contaminé par des emprunts à l'anglais. Aux XIVe et XVe siècles, à l'université d'Oxford, se dispense un enseignement du français à caractère juridique. Par ailleurs, cette nécessité d'apprentissage du français comme langue seconde a conduit à la diffusion de listes de vocabulaire, de manuels de conversation, *Manieres de langage*, sous forme de dialogues pour une communication courante du voyageur et à la rédaction du *Donait francois*, « pur briefment entroduyr les Anglois en la droit languuage du Paris et de pais la dentour », ouvrage rédigé pour John Barton « par pluseurs bons clers du langage auantdite » au tout début du XVe siècle et que l'on considère comme la plus ancienne grammaire du français. L'ordre de la Jarretière créé en 1348 a une devise en français : *Honi soit qui mal y pense*.

Au XIVe siècle, le duc de Bourgogne hérite de la Flandre et de ses dépendances, provinces qui, en 1477, par le mariage de Marie de Bourgogne, héritière de Charles le Téméraire, avec Maximilien d'Autriche, passent aux Habsbourg. La langue française y est la langue de la cour.

En Angleterre, l'anglo-normand est en recul, même si les prétentions des souverains anglais sur le royaume de France les incitent à renforcer l'emploi du français comme langue juridique et à le développer comme langue seconde, ce dont témoigne l'existence de grammaires du français pour les anglophones.

III. Richesse lexicale

Le moyen français se caractérise comme une époque de création lexicale considérable. 40 % des mots du lexique actuel seraient des créations du moyen français. La suffixation, la préfixation, la juxtaposition fournissent nombre de mots. Des locutions conjonctives nombreuses sont créées à partir de *que*.

Les emprunts au latin sont multiples (près des trois cinquièmes des latinismes de la langue actuelle datent du moyen français et du XVIe siècle), d'autant que les traductions de textes antiques se multiplient : chez un traducteur comme Oresme, on ne relève pas moins de trois cents mots nouveaux tirés du latin. À ne considérer que les mots commençant par la lettre *a*, on recense comme emprunts au latin :

– au XIVe siècle : *abdiquer, abjection, abjuration, abjurer, abnégation, abroger, abscons, abstraire, abus, accélérer, accentuer, accommodation, accommoder, accumuler, acquiescer, adhérence, adjacent, adjectif, aduler, affable, affecter, affiliation, affilier, affluence, agent, agile, agglutiner, agitation, agrégation, agricole, alibi, altérer, ambages, amidon, ammoniac, ampliation, anatomie, anémone, angulaire, animer, animation, animosité, annihiler, antécédent, anticiper, antimoine, antipode* ;

– au XVe siècle : *abdication, abject, acanthe, affectation, affectif, agresseur, agriculteur, alacrité, altitude, amalgame, amateur, ambigu, amputation, amputer, antérieur*.

Le latinisme fleurit jusqu'à l'abus et, avant l'écolier limousin immortalisé par Rabelais dans son *Pantagruel*, apparaît au XVe siècle le personnage de l'« écumeur de latin », qui parle latin en français.

C'est aussi le temps des emprunts aux autres langues romanes (des italianismes dans le domaine de la finance, de la guerre et de la navigation), au jargon, langue des coquillards, « malfaiteurs », qu'utilise Villon dans ses ballades en jargon (terme supplanté au XVIIe siècle par le terme d'*argot* qui de « corporation de gueux » prend le sens de « langage de cette corporation »), aux dialectes (*caboche* est un mot picard, *accabler* normand, *maraud* des dialectes de l'Ouest). La langue d'oc fournit un nombre non négligeable de termes (par exemple, le provençal *abeille* remplace *é*, de *apis*), alors que parallèlement elle accueille de nombreux gallicismes qui touchent son orthographe, mais aussi sa syntaxe. Le vocabulaire maritime s'enrichit de termes empruntés au normand (*câble, vergue, enliser, houle, jusant*) ou à la langue d'oc (*gabarre, soute, cabestan, ponant, cap*).

L'enrichissement du vocabulaire est considérable, avec des emprunts massifs au latin et quelques emprunts aux autres langues romanes et aux dialectes.

IV. Particularités linguistiques

A- Sons et graphies

Un fait phonétique notable est la réduction des hiatus au XIVe siècle (le participe *veu* passe à *vu,* la graphie *eu* devenant ambiguë, car correspondant au [ø], mais aussi au [y], graphie conservée avec cette dernière valeur pour le participe passé et le passé simple du verbe *avoir*). L'orthographe du français devient plus chargée. À partir du XIIIe siècle, époque où les juristes multiplient les écrits, les lettres étymologiques, diacritiques et analogiques sont de plus en plus fréquentes. Les lettres étymologiques servent à indiquer la filiation par rapport au latin : ainsi aux graphies médiévales *erbe* ou *eure* (du latin *herba* et *hora*) se substituent *herbe* et *heure*. Les lettres diacritiques ont pour fonction de rendre plus lisibles les graphies ambiguës : *huit* (du latin *octo*) par exemple doit son *h* au souci de ne pas confondre le mot avec *vit* en un temps où le *u* et le *v* n'étaient pas distingués dans la graphie. Le *b* de *debuoir* permet de noter que le graphème qui suit est une consonne et non la voyelle *u*. Le *y* se développe comme substitut de *i* permettant d'éviter la confusion des jambages dans l'écriture gothique. La position de fin de syllabe, dans la mesure où les consonnes implosives ont disparu de la prononciation, est le lieu privilégié des consonnes étymologiques ou diacritiques.

Par analogie, *prent* est écrit *prend* pour le rapprocher de *prendre*, *grant* prend un *d* comme au féminin, *tems* est graphié *temps* par rapport à *temporel*. L'orthographe française se caractérise ainsi de plus en plus par l'ambivalence des graphies (même graphie pour plusieurs sons) et par la synonymie des graphies (plusieurs graphies pour un seul son), d'où le développement de lettres diacritiques pour tenter d'apporter des solutions aux problèmes d'ambiguïté. Ainsi en un temps où il n'y a pas d'accent permettant d'opposer *e*, *é* et *è*, utilise-t-on le *s* devant consonne pour marquer le son [ɛ] pour la voyelle accentuée (*estre*) et le son [e] pour la voyelle atone (*esglise*) ; le doublement de la consonne suivant le *e* permet de marquer le [ɛ], phénomène encore présent pour les verbes en *-eler* et *-eter* (*appelle*) ; *-ez* en finale indique le [e], marque conservée pour les présents (*aimez*).

La réduction des hiatus est le phénomène phonétique majeur de cette période où l'orthographe se
complique par le développement des lettres étymologiques, diacritiques et analogiques.

B- Morphosyntaxe

Des évolutions remarquables concernant la morphologie avec un rôle important dévolu à l'analogie
prennent place en moyen français, comme la systéma-
tisation de certaines désinences.

1. Prévalence d'une morphologie analytique

À la fin de l'ancien français, la chute de la déclinaison s'accompagne du développement des déterminants
comme l'article, alors que les confusions des désinences verbales dues à la chute des consonnes finales
entraînent la généralisation du pronom personnel sujet
qui perd son accent. Ainsi les marques du genre, du
nombre, de la personne ne sont plus pour l'essentiel
intégrées à la forme, le français devenant une langue
de plus en plus analytique et tendant à abandonner la
morphologie flexionnelle. À l'oral, la distinction entre
personnes ne se fait guère que par le pronom personnel
et la désinence du nom à elle seule ne permet plus de
marquer le genre, le nombre, ni la fonction. À l'écrit,
le morphogramme -*s* n'est plus marque du cas sujet,
mais du pluriel (en concurrence avec -*z* et -*x* pour certaines classes de mots).

2. L'adjectif

Les adjectifs épicènes (du type *grant*, sans distinction du masculin et du féminin) sont de plus en plus
souvent munis d'un -*e* au féminin sous l'influence
dominante de la classe majoritaire du type *bon/*

bonne ; il en est ainsi des adjectifs en -*el* et -*al* ; il subsiste quelques emplois au féminin de *grant, vert, tel, quel* ou *royal* (dans l'expression *lettres royaux*). Les adjectifs en -*ique* possédaient une forme en -*e* aussi bien au masculin qu'au féminin ; le -*e* étant senti comme marque du féminin, l'on rencontre alors des adjectifs masculins en -*ic* (*rustic, poetic*) ; il survivra de cet état de fait *public* et la concurrence de *laïc* et *laïque*. Il en est de même pour les mots en -*igne* (prononcés [inə]) ; par suppression du -*e*, sont créés les adjectifs masculins *benin, malin*, à partir des formes *benigne* et *maligne*.

Les adverbes en -*ment* (adjectif au féminin + suffixe -*ment*) formés à partir des adjectifs épicènes, tels *forment, granment*, sont refaits sur les formes féminines en -*e* (*fortement, grandement*). Pour les adverbes constitués sur les formes en -*ant* et -*ent*, sont en concurrence des formes avec ou sans -*e* (*prudemment, prudentement ; vaillamment, vaillantement*). De fait, les formes en -*emment, -amment* prévaudront au XVIIe siècle et seules les formes *presentement* et *vehementement* l'emporteront sur les formes anciennes. *Gentiment* (fait à partir de *gentil*, forme épicène) n'a pas été refait. Dans les adverbes formés sur les adjectifs de première classe en -*e*, comme *vraiement, aiseement*, le *e* disparaît progressivement de la prononciation, mais continue à être noté dans la graphie. Le français moderne a hérité de cet état de fait un certain nombre d'irrégularités graphiques, comme le *e* de *gaiement* et l'emploi de l'accent circonflexe pour *assidûment, dûment, crûment, goulûment*, souvenir du *e*.

3. Le démonstratif

Les formes composées du démonstratif avec *ci* et *là* sont de plus en plus fréquentes, les formes en *ci* renvoyant surtout à la situation d'interlocution. Le démonstratif tend à s'organiser en un système qui oppose les formes *celui, celle, ceux, celles* (parallèles aux pronoms *lui, elle, eux, elles)*, aux formes de déterminant *ce, ces* (proches de l'article, *le, les*).

4. Le verbe

La disparition de l'alternance vocalique pour le passé simple est un fait accompli au XVe siècle, par suite de la réduction de l'hiatus (*veïs* se prononçant comme *vis*) ou par analogie (*presis* réduit à *preïs* par analogie avec *veïs* ; les formes fortes de certains verbes s'alignant sur les formes faibles, *ot* devenu *eut*). Pour le présent de l'indicatif, c'est aussi en moyen français que se réduisent nombre d'alternances vocaliques.

Des changements concernent les désinences. Au présent de l'indicatif, à la première personne du singulier, les désinences en *-s* pour les verbes du troisième groupe sont fréquentes au XVe siècle après consonne (*je pars*), mais plus rares après voyelle (*je voy* est encore bien représenté). *Faimes* et *dimes* sont remplacés au XIVe siècle par *faisons* et *disons*. Au présent du subjonctif, les désinences *-ions* et *-iez* deviennent fréquentes au XVe siècle. À l'imparfait du subjonctif, sont adoptées des finales *-ions* et *-iez*. À l'imparfait de l'indicatif et au conditionnel, le *-e* final de *-oie* et *-oies* disparaît ; *-iiens*, devenu monosyllabique comme *-iiez*, est remplacé par *-ions*. Ainsi pour les subjonctifs, l'imparfait et le conditionnel, il y a une unification des désinences en *-ions* et *-iez*. Pour les passés simples en *-i* et *-u*, à la première personne, la désinence *-s* s'étend et, à la troisième personne, la désinence *-t* ; pour la première personne du pluriel, la désinence *-smes* (à la place de *-mes*), purement graphique, est analogique de *-stes,* ce qui explique, à partir du XVIIIe siècle, la présence pour ces deux personnes de l'accent circonflexe en remplacement du *s* (*aimâmes, aimâtes*).

Les formes surcomposées des verbes (*j'ai eu fait*) se développent au xve siècle, époque où la valeur temporelle des formes composées prend le pas sur leur valeur aspectuelle. Elles ont un caractère populaire. Les modes nominaux du verbe peuvent être précédés des formes atones de pronom personnel (*pour le voir* à la place de *pour lui voir*).

5. *Ordre des mots*

Pour l'ordre des mots, la séquence S V (sujet-verbe) est de mieux en mieux représentée, en raison du développement du sujet pronominal, même avec complément en tête. Un certain nombre d'éléments peuvent précéder le sujet, donnant des structures X S V ou X X S V. La postposition du sujet a alors une valeur particulière, ainsi la valeur d'opposition de la structure *si* adverbial + V + sujet (*si fait il* = « pourtant il le fait »). Les constructions détachées (appositions, formes en -*ant*, constructions absolues) se multiplient.

La morphologie flexionnelle n'est plus opérante ; le pronom personnel sujet et l'article se développent. Pour l'adjectif, la différenciation entre masculin et féminin par la présence d'un -*e* au féminin s'impose de plus en plus, les adverbes en -*ment* subissant des réfections parallèles à celles de l'adjectif. Le système du démonstratif tend à distinguer les formes du déterminant et les formes du pronom. Les phénomènes d'analogie sont fréquents dans la morphologie verbale, tant au niveau du radical que des désinences. La séquence sujet-verbe devient majoritaire.

François Villon : *Le Grand Testament*, 1489. Paris, BNF,
fr. 20041, fol. 119, r°. Photothèque Hachette-L.G.F.

CHAPITRE IV

La Renaissance

Le XVIᵉ siècle est une période d'exceptionnelle effervescence linguistique en un temps de plurilinguisme et de développement de l'imprimerie. Le français coexiste avec le latin, langue véhiculaire et langue d'enseignement, caractérisée par la diversité de ses formes et de ses prononciations, avec les parlers régionaux, langue maternelle et langue utilitaire, et occasionnellement avec l'italien, langue de culture : les interférences entre ces langues affectent la prononciation, le lexique et la syntaxe du français.

La « défense et illustration de la langue française » (pour reprendre le titre célèbre de l'ouvrage de Du Bellay, 1549), imposée par le pouvoir politique, par les nécessités économiques du développement de l'imprimerie, passe par la codification et la définition de la norme. Mais celle-ci, loin d'être un simple choix entre variables concomitantes guidé par le souci de se référer à l'usage le plus fréquent, est le lieu de recherches individuelles où se manifestent le souci d'influer, par des prises de parti tranchées, sur la langue et sur son développement et le désir d'inventer ses propres variations susceptibles de devenir les éléments codifiés ; d'où un effet de brouillage pour le linguiste actuel qui n'a plus à sa disposition que des

LA DEF-

FENCE, ET ILLVSTRA-

TION DE LA LANGVE

FRANCOISE.

Liure premier.

l'Origine des Langues,
Chap. 1.

I LA NATVRE
(dõt quelque Personnaige de grand' renõmée non sans rayson a douté, si on la deuoit appeller Mere, ou Maratre) eust donné aux Hommes vn cõmun vouloir, & consentement, outre les innumerables commoditez, qui en feussent procedées, l'Inconstãce humaine, n'eust eu besoing de se forger tant de manieres de parler. Laquéle diuersité, & confusion, se peut à bõ droict appeller la Tour de Babel. Donques les Langues ne sont nées d'elles mesmes en façon d'Herbes, Racines, & Arbres : les vnes infirmes, & debiles en leurs espées : les autres saines, & robustes, & plus aptes à porter le faiz des cõceptions humaines : mais

a   iiii

Joachim Du Bellay, *La Deffence, et illustration de la langue francoise*,
parue à Paris, en 1549, chez l'Angelier. B.N.F.

textes écrits parfois très artificiels et volontairement
éloignés de l'usage commun, domaines de réalisations purement individuelles où domine l'artefact. La
graphie marginale, l'hapax lexical sont souvent dus à
la fantaisie de quelque plumitif, plutôt que les
témoins égarés d'un usage plus ou moins partagé. De
là, la difficulté de tenter de définir les caractéristiques
d'une langue standard au XVIᵉ siècle ; alors qu'il faudrait retrouver les invariants, la langue du XVIᵉ siècle
telle que la reflète l'image des manuels est une chi-
mère composée des idiolectes de Marot, de Rabelais,
de Montaigne, des poètes de la Pléiade. Rabelais et
ses mots hippocentaures, Montaigne et son dictionnaire à part soi sont pourtant autant d'aberrations
dans la reconstitution du lexique courant de leur
époque. Mais toutes ces réalisations individuelles, qui
ont contribué à faire croire la langue du XVIᵉ siècle
beaucoup plus éloignée qu'elle ne l'est de l'usage
moderne, sont aussi significatives : leur existence
même témoigne des virtualités limites de la langue
pensées par le locuteur contemporain ; leur disparition est le signe de leur impossibilité d'adaptation aux
systèmes linguistiques en vigueur (ainsi les infinitifs
substantivés à l'italienne qui ne sortiront guère de la
prose poétique d'Hélisenne de Crenne ou de la syntaxe artificielle de Maurice Scève [*le dommageable
croire, à l'embrunir des heures tenebreuses*], ainsi,
dans la langue de la Pléiade, les adjectifs composés
avec thème verbal et complément [*le ciel porte-
astre*], procédé traditionnel de formation des substantifs, inadéquat à la formation des adjectifs). Ce siècle,
où la multiplicité de formulations des notions et la
synonymie sont érigées en valeurs absolues, où l'at-
trait de la langue ancienne fait conserver ou retrouver
des tours sortis de l'usage commun, où le prestige
du latin privilégie les calques, se révèle un véritable
laboratoire d'essai d'une langue dont le devenir se

LIVRE PREMIER.

franches allures : leur vigueur & liberté est esteinte. Ie vy priuéement à Pise vn honneste homme, mais si Aristotelicien, que le plus general de ses dogmes est , que la touche & reigle de toutes imaginations solides, & de toute verité, c'est la côformité à la doctrine d'Aristote, que hors de là, ce ne sont que chimeres & inanité: qu'il a tout veu & tout dict. Cette sienne proposition, pour auoir esté vn peu trop largement & iniurieusement interpretée, le mit autrefois & tint long temps en grand accessoire, à Rome. Qu'il luy face tout passer par l'estamine, & ne loge rien en sa teste par authorité, & à credit. Les principes d'Aristote, ne luy soyent principes, non plus que ceux des Stoiciens ou Epicuriens. Qu'on luy propose cette diuersité de iugemens: il choisira s'il peut: sinon il en demeurera en doubte,

Che non men che saper dubbiar m'aggrada.

Car s'il embrasse les opinions de Xenophon & de Platon, par son propre discours, ce ne seront plus les leurs, ce seront les siennes. Il faut qu'il emboiue leurs humeurs, non qu'il aprene leurs preceptes. Et qu'il oblie hardiment s'il veut, d'où il les tient, mais qu'il se les sçache approprier. La verité & la raison sont communes à vn chacun, & ne sont non plus à qui les a dites premierement, qu'à qui les dict apres. Les abeilles pillotent deçà delà les fleurs, mais elles en font apres le miel, qui est tout leur, ce n'est plus thin, ny mariolaine: ainsi les pieces empruntées d'autruy, il les transformera & confondera, pour en faire vn ouurage tout sien: à sçauoir son iugement : son institutió, son trauail & estude ne vise qu'à le former. C'est disoit Epicharmus l'entendement qui voyt & qui oyt , c'est l'entendement qui approfite tout, qui dispose tout, qui agit, qui domine & qui regne: toutes autres choses sont aueugles, sourdes & sans ame. Certes nous le rendons seruile & coüard, pour ne luy laisser la liberté de rien faire de soy. Qui demanda iamais à

Édition de 1588 des *Essais*,
avec des corrections de la main de Montaigne.
Photothèque Hachette-L.G.F.

trouve confronté à des modèles et à des influences divers. C'est un domaine privilégié pour l'observation de la variation linguistique que ce temps où l'écrivain a une conscience aiguë de la littérarité (et des variations linguistiques) ; comme l'écrit Fouquelin dans sa *Rhetorique françoise* (1555) : « Car tout ainsi que des dictions, les unes sont propres, les autres transferées : ainsi du langage et maniére de dire, l'une est simple et vulgaire, l'autre est figurée : c'est à dire un peu changée du commun et familier, qui s'offre premierement, quand nous voulons deviser de quelque chose ».

I. L'émancipation du français

A- La langue juridique

L'ordonnance de Villers-Cotterêts (1539), promulguée par François Ier à la suite des édits royaux de 1490, 1510, 1535 qui préconisaient l'usage du langage français ou maternel, impose dans ses articles 110 et 111 le français comme langue juridique pour éviter toute ambiguïté dans l'interprétation, à l'exclusion du latin et, semble-t-il, des dialectes :

> Que les arretz soient clers et entendibles
> Et afin qu'il n'y ayt cause de doubter sur l'intelligence desdictz arretz. Nous voulons et ordonnons qu'ilz soient faictz et escriptz si clerement qu'il n'y ayt ne puisse avoir aulcune ambiguite ou incertitude, ne lieu a en demander interpretacion.

> De prononcer et expedier tous actes en langaige francoys
> Et pour ce que telles choses sont souventesfoys advenues sur l'intelligence des motz latins contenuz es dictz arrestz. Nous voulons que

doresenavant tous arrestz ensemble toutes aultres procedeures, soient de nous cours souveraines ou aultres subalternes et inferieures, soient de registres, enquestes, contractz, commissions, sentences, testamens et aultres quelzconques actes et exploictz de justice ou qui en dependent, soient prononcez, enregistrez et delivrez aux parties en langage maternel francoys et non aultrement.

Dans tout le territoire correspondant à la langue d'oïl, le français devient ainsi la langue juridique et administrative. La francisation touche plus tardivement les régions d'oc les plus éloignées comme la Gascogne pyrénéenne ou le Roussillon et le gascon reste encore au XVIᵉ siècle la langue officielle du parlement de Navarre. Si, depuis le début du XVIᵉ siècle, à Toulouse, le Collège de rhétorique, prolongement du *Consistori del gay saber*, n'autorise plus dans ses concours que la langue d'oïl, toutefois le français n'est que la langue administrative et la langue de culture : l'occitan est la seule langue parlée par les couches populaires.

Dans les plaidoyers pour la langue française, le souci d'enrichir, de magnifier et de publier le français est clairement donné comme un moyen d'hégémonie politique. Comme le rappelle Geoffroy Tory, dans le *Champfleury* (1529), « les Romains ont plus obtenu de victoires par leur langue que par leur lance ». La tendance à l'unification politique, l'accroissement des agents royaux sous le règne des Valois affermissent la position du français.

B- Ouvrages techniques en français

Des ouvrages originaux sont écrits en français. Comme le suggère le chirurgien Ambroise Paré, dont l'ensemble des œuvres est rédigé en français, à propos des barbiers chirurgiens qui ignorent le latin : ne vaut-il pas mieux les enseigner en français, plutôt que les laisser ignorants ? C'est ce que préconisait déjà Symphorien Champier dans son *Mirouel des Apothicaires* (1532) à propos de ces apothicaires qui n'entendent que le « latin de cuisine » et pour lesquels il avait traduit en français son *Castigatiorum*, livre où il dénonçait leurs erreurs. En mathématiques, plusieurs traités de sciences appliquées sont publiés. Pierre Belon écrit en français ses traités sur les oiseaux et les poissons. En géographie, paraissent en français guides, itinéraires et cartes. Au cours du siècle, le français s'impose dans des domaines variés : en ce qui concerne l'imprimerie parisienne, en 1501, le dixième des livres publiés est en français, en 1575, plus de la moitié.

C- La langue de la religion

L'extension des langues vulgaires est remarquable dans la langue religieuse, l'autorité de la Bible et le soin mis à restituer dans son authenticité la parole de Dieu légitimant ces langues vernaculaires comme langues de culture. Luther (fondateur de la langue littéraire du « haut allemand », allemand cultivé moderne, à partir du dialecte thuringeois-haut-saxon, sa langue maternelle) a donné à partir des textes hébreux et grecs une version allemande du Nouveau Testament en 1522, puis de l'Ancien Testament à partir de 1533. En France, alors que sont régulièrement imprimées, jusqu'en 1545, la *Bible abrégée* (de la Genèse à Job et le traité des 7 âges du monde, parue dès 1473) et la *Bible historiale* qui mettent l'accent sur l'histoire biblique et les commentaires, le souci philologique anime Lefèvre d'Étaples dans ses traductions du Nouveau Testament (1523), puis de la Bible complète en 1530 (à partir de la Vulgate). En 1535, le cousin de Calvin, Olivetan, fournit une traduction de la Bible à partir de l'hébreu et du grec, édition qui fait l'objet de révisions successives par Calvin et ses collaborateurs. En 1541, Calvin traduit en français son *Institution de la religion chrétienne* publiée cinq ans plus tôt en latin. Marot traduit une cinquantaine de psaumes, à l'origine, avec des psaumes ajoutés par Théodore de Bèze, du Psautier huguenot. Théodore de Bèze, par son *Abraham sacrifiant* (1550), fonde le genre de la tragédie biblique.

L'utilisation du français comme langue religieuse est objet de vifs débats. Si certains souhaitent, comme l'humaniste Érasme, que chacun puisse magnifier le Seigneur dans sa langue, la faculté de théologie, dans les années 1520, considère comme pernicieuses les traductions de livres d'heures ou de bibles en français ; il ne lui semble pas judicieux de laisser aux ignorants la possibilité d'interprétations qui ne seraient pas cautionnées par les détenteurs du savoir. Toutefois, le français apparaît de plus en plus souvent dans les controverses religieuses. Ainsi Esprit Rotier, qui écrit, en 1548, un *De non vertanda sacra scriptura in vulgarem linguam*, compose quelques années plus tard l'*Antidote ou contrepoison et regime contre la peste d'heresie et erreurs portant infection à la sainte et entiere foi catholique*. À partir de 1550, le français est à considérer comme la langue de l'Église protestante dans les pays où l'on parle le français. Alors que l'apprentissage de la lecture se fait généralement en latin, le français est adopté par les abécédaires genevois et lyonnais.

D- Statut ambigu du latin

L'enseignement est dispensé usuellement en latin. Toutefois certains lecteurs royaux comme Ramus utilisent dans leur cours le français. Il semble bien que le latin soit la langue de l'écrit et que, dans les conseils ou dans les ambassades, les échanges se fassent en français, mais soient transcrits en latin.

Le français est favorisé par le statut ambigu du latin. Dans la pratique courante, le latin est corrompu. Les sermons de carême du franciscain Michel Menot prêchés à Paris en 1518 montrent une adaptation du latin au français :

> Tertia nota est de gula. C'estoit un gros villeing gourmand qui non curabat nisi de pansua sua : comedebat delicatos morsus et cibos exquisitos, erat grossus infamis gulosus, les frians morseaux et viandes exquises, bibebat vinum preciosum et delicatum, habebat stipendiis magnis cocos peritos et expertos ad provocandum appetitum domini cum esset degustatus, facientes salsas si friandes qu'il y mangeroit une vielle savate.

Les peuples d'Europe prononcent différemment le latin et Érasme, par une étude comparée de ces variétés dans l'Europe contemporaine, tente de retrouver la prononciation originale du latin. L'entreprise de restauration du latin, inaugurée au siècle précédent par les humanistes italiens, s'accompagne d'une réflexion sur cette langue. Pour certains, comme Érasme, pour rester une langue universelle de communication, il doit continuer à s'enrichir. D'autres souhaitent la restitution d'une langue classique proche de celle de Cicéron, non susceptible d'augmentations et de changements. C'est la querelle du cicéronianisme. Érasme attaque les cicéroniens dont la situation ne lui paraît pas tenable si l'on veut bien considérer que les institutions romaines ont disparu, qu'au paganisme a succédé le christianisme et qu'en stricte obédience cicéronienne, il faudrait transcrire *Dieu le Père* en *Jupiter optimus maximus* ; de plus, il rappelle que Cicéron lui-même a imité les

Grecs, créé des néologismes, introduit des acceptions nouvelles.

Alors que la nouvelle prononciation du latin fait entendre les consonnes implosives (prononciation du [p] de *captiuus,* du [d] de *adoptare*), ces consonnes sont rétablies en français (*subtil* pour *sutil, admonester* pour *amonester*). L'usage est panaché : Estienne Pasquier note que Herberay des Essarts emploie dans sa traduction de l'*Amadis de Gaule, amonnester, sutil, calonnier, aministratio*n, mais que, lui, tient pour *admonester, subtil, calomnier, administrer.* De même, alors qu'à l'initiale le *e* était prononcé [ə], comme actuellement dans *cheval,* le rétablissement d'une prononciation [e] en latin pour des mots comme *benignus,* entraîne une prononciation en [e] pour *desir, peril.* Un doublet comme *reformer/réformer* conserve le souvenir de cette concurrence qui a fourni deux séries de mots en [ə] et en [e] (*devoir/désir*). Le *o* à l'initiale s'était fermé en [u] ; la restauration de la prononciation latine qui fait prononcer *copia* au lieu de *coupia* invite à une prononciation *copie* pour *coupie, soleil* pour *souleil.* Le français moderne offre deux séries de mots (*couleur/rosée*). Un même phénomène d'hésitation entre [o] et [u] affecte un certain nombre de mots où le *o* ouvert accentué s'était fermé pour des raisons d'allongement compensatoire en [u], tels *gros, povre, chose,* devenus *grous, pouvre, chouse.* La prononciation en [u] est un fait assez général, relevé comme prononciation régionale par les grammairiens, mais aussi prononciation des courtisans qu'admoneste Henri Estienne (« N'estes vous pas bien de grands fous, De dire chouse au lieu de chose ») et que Tabourot critique comme *langage ouistisien.* Encore au XVIIe siècle, la prononciation de *chouse* est relevée comme marque du courtisan. Cette prononciation en [u] ne survivra sous l'accent que pour *troupe* et *pantoufle.*

L'ordonnance de Villers-Cotterêts (1539) impose l'usage du français comme langue juridique. Les publications techniques en français se développent. Dans le domaine religieux, où l'utilisation du français est objet de violents débats, les traductions de la Bible se multiplient.

Le statut ambigu du latin donne naissance à la querelle du cicéronianisme : les tentatives humanistes de restitution de la prononciation antique influencent la prononciation du français.

II. Le français hors de France

Le français est usité à la cour d'Henri VIII et de Charles Quint pour qui il est langue maternelle. Il est bien représenté dans les territoires correspondant à l'actuelle Belgique. À Anvers sont publiés de nombreux ouvrages en français. Dans la Confédération helvétique, créée en 1291, par la réunion des cantons de Uri, Schwyz, Unterwald, auxquels s'adjoignent, au XIVe siècle, les cantons de Lucerne, Zurich, Glaris, Zoug, Berne, au XVe siècle, de Fribourg, Soleure et, au début du XVIe siècle, de Bâle, Schaffhouse et Appenzell, la langue alémanique domine sauf à Fribourg et dans le Jura qui dépend de Bâle. Le comté de Neuchâtel, sous l'autorité du duc d'Orléans, et l'évêché de Genève, sous la domination de la maison de Savoie, d'expression française l'un et l'autre, ne font pas partie de la Confédération helvétique. La Réforme s'implante à Neuchâtel en 1530 et, à Genève, Calvin établit en 1536 une théocratie. Le français devient la langue de la religion réformée et du culte protestant et Neuchâtel et Genève de grands centres d'imprimerie diffusant les idées nouvelles.

Dans le Piémont où l'on rend la justice en français au XVIe siècle, le français est employé jusqu'au XVIIIe siècle, bien que l'italien devienne langue officielle en 1577.

> Avec la théocratie établie par Calvin à Genève, le français s'impose comme la langue de la religion réformée et a un développement particulier ainsi qu'à Neuchâtel, autre grand centre réformé ; à partir de 1550, le français est donc la langue de la Réforme dans les pays d'expression française. La Suisse, la Belgique et les Pays-Bas sont d'importants centres de diffusion des livres français.

III. Les langues de cet univers

Le XVIe siècle se passionne pour les langues. Elles sont fortement hiérarchisées avec valorisation des langues anciennes. L'instauration des lecteurs royaux en 1530, ancêtres des professeurs du Collège de France, se fait par la création de chaires d'hébreu, de grec et de mathématiques. Depuis la fin du XVe siècle, l'hébreu intéresse les humanistes, fascinés par la Cabale (tradition juive de l'interprétation ésotérique et symbolique de l'Ancien Testament) et la connaissance directe du texte de la Bible qu'il autorise, ce qui permet alors de corriger la Vulgate.

A- La langue originelle

Le XVIe siècle s'attache aux rapports entre les langues, tout d'abord dans une perspective théologique qui s'appuie sur le texte de la Genèse. Elle met en avant la monogenèse du langage. Dieu créa les éléments en les nommant et Adam donna leur nom aux êtres animés que Dieu lui présenta. L'origine de toutes les appellations reviendrait ainsi au premier homme qui aurait eu la connaissance des choses. Avant l'édification de la Tour de Babel, tous les hommes se servaient d'une même langue et des mêmes mots. Mais Dieu, pour punir l'orgueil de leur entreprise, confondit leur langage afin qu'ils ne s'entendent plus et les dispersa sur la surface de la terre. La nature de cette langue originelle divisée lors de Babel est objet de débats. Pour certains, il s'agirait de l'hébreu ; la tribu d'Héber aurait en effet échappé au châtiment divin. Pour d'autres, la confusion des langues aurait été totale et la langue adamique ne peut être connue. Pour d'autres encore, les langues, certes corrompues, conservent quelques vestiges de l'état originel. Certaines hypothèses, marginales, proposent d'autres langues comme langue première : la langue chaldaïque, le germain ou même le gaulois (hypothèse accréditée par les textes apocryphes de Bérose divulgués par Annius de Viterve à la fin du XVe siècle) ; ainsi l'humaniste Guillaume Postel considère que « gaulois » viendrait de *gallim*, « sauvé des eaux », lors du Déluge.

B- Les langues vernaculaires

C'est au XVIe siècle que l'on découvre la parenté entre les langues européennes. Selon Van Gorp, les parlers de l'Europe et certains parlers de l'Inde ont une origine scythique. À la fin du siècle, les fondements de l'indo-européen sont posés avec Raphelengius qui note les correspondances entre persan et langues germaniques.

La précellence de l'une ou l'autre des langues vernaculaires est alors sujette à débat ; à la filiation latin/parlers italiens, certains opposent une origine grecque du français, le celthellénisme, fondé sur le mythe de l'origine troyenne des Français, renforcé par les analogies que certains décèlent entre la langue grecque et le français et qu'ils consignent dans des ouvrages comme celui de Léon Trippault, *Celt-hellenisme ou etymologic des mots françois tirez du graec* (1580). *La Franciade* de Ronsard raconte l'histoire d'Astyanax, fils d'Hector et d'Andromaque, échappé miraculeusement à la mort lors de la prise de Troie et qui serait, sous le nom de Francus, l'ancêtre des Francs. Dans les hypothèses les plus extrémistes, le gaulois est valorisé comme langue des origines des Français. Parmi les langues vernaculaires, tout au long du siècle, italien et français sont donc en concurrence pour la place d'excellence. En 1513, Lemaire de Belges titre sur la *Concorde des deux langages* ; il n'en est plus de même des violents pamphlets linguistiques anti-italiens de Henri Estienne en 1578 (*De la precellence du françois*) et en 1579 (*Deux dialogues du nouveau langage françois italianizé et autrement desguisé, principalement entre les courtisans de ce temps*) ; ces charges visent la forte italianisation du vocabulaire français, due aux échanges entre les deux pays, à la supériorité italienne dans certains arts et techniques, à l'influence de l'entourage de Catherine de Médicis ; Henri Estienne prétend que « la cour est devenue une petite Italie ».

C- Historicité

Dans l'imaginaire du xvie siècle, le français idéal se rêve dans un passé perdu que l'on réinvente ou dans un avenir glorieux où la langue atteindrait son âge d'or. Français idéal que l'exemple de Dante, qui recherchait à partir des variétés contemporaines l'illustre italien, invite à fabriquer à partir des usages contemporains. Mais le français d'alors se pense aussi dans une perspective historique, avec un sentiment exacerbé de la mutabilité des choses du langage rendues méconnaissables par le poids des décennies. Ainsi, au début du XVIIe siècle, une somme lexicologique comme le *Thresor de la langue françoyse* de Nicot ou les visées rétrospectives de l'*Académie de l'Art poetique* de Deimier, prennent comme exemple d'archaïsmes certains emplois de Marot que ses contemporains louaient pourtant pour sa parfaite imitation de l'usage commun. Claude Fauchet, avec son remarquable *Recueil de l'origine de la langue et poesie françoise, ryme et romans* (1581), où il donne le texte des *Serments de Strasbourg*, fonde le genre de l'histoire de la langue française.

Cette recherche sur le passé des langues s'accompagne d'un grand intérêt pour l'étymologie, pour l'évolution phonétique généralement considérée comme corruption d'états antérieurs. Parallèlement, les hommes du XVIe siècle s'interrogent tout particulièrement sur les signes et sur l'adéquation du signifié et du signifiant. Le goût des cryptogrammes, des jeux de lettres sous formes d'anagrammes, de rébus est particulièrement développé.

> Les débats sont nombreux à propos de la langue originelle et de la parenté entre les langues. À la filiation latin/italien s'oppose le celthellénisme, établi sur les rapprochements entre grec et français et qui permet une valorisation du français.

IV. L'enrichissement lexical

Au XVIe siècle, la perfection d'une langue se mesure à l'étendue de son vocabulaire, au nombre de ses synonymes. L'innovation touche tous les domaines des techniques et de la pensée.

A- Mots anciens et dialectaux

La volonté d'enrichissement du français passe par une valorisation du passé médiéval de la langue que l'on recherche (Claude Fauchet commente les *Serments de Strasbourg*), par un souci du néologisme, par une considération des dialectes (le Gascon Pey de Garros ou le Provençal Bellaud de la Bellaudière n'hésitent pas à écrire dans leur langue maternelle et les gasconismes de Montaigne sont bien connus, lui pour qui « c'est aux paroles à servir et à suyvre, et que le gascon y arrive, si le François n'y peut aller »). L'étude du grec instaurée au XVᵉ siècle conduit à privilégier ces dialectes ; l'état du français est comparé à la langue grecque dont Tory met en avant la diversité en soulignant l'existence de « la langue attique, la dorique, la aeolique, la ionique et la comune » et certains grammairiens notent que des prononciations dialectales, comme celles du picard, peuvent être plus proches du latin. La Pléiade, en ses débuts, préconise l'utilisation de mots qui sentent leur terroir (Ronsard dans ses *Odes* de 1550 se fait gloire d'avoir utilisé des termes de son vendômois, tels *charlit, nuaus, ullent*, mais supprime dans des corrections ultérieures un certain nombre de mots dialectaux), tout comme elle remet en usage certains mots médiévaux ; ainsi dans les *Odes* de 1550, *embler, finer, mechance, tretous* que Ronsard élimine toutefois ensuite. Selon Pasquier, c'est entre les divers dialectes que serait éparse la pureté de la langue française. Rabelais a particulièrement développé l'emploi des termes dialectaux dans son œuvre ; en voici quelques exemples poitevins : *acimenter, aigué, appigret, becgueter, billevezée, biscarié, biscoter, coireaux, feriau, foupi, guimaux, nau, osanniere, veze*.

B- Voies de la néologie

Les créations de mots obéissent à des normes précises de dérivation et de suffixation. La dérivation impropre est prônée par la Pléiade, qu'il s'agisse de l'emploi de l'infinitif ou de l'adjectif substantivés (*le chanter, l'obcur*) ou de l'adjectif pour l'adverbe (*il va frequent*). La dérivation doit se faire aussi bien sur des mots anciens (*verve, verver, vervement*) que sur des mots courants (*eau, éver, evement*). Les adjectifs sont le lieu de prédilection de la création. La Pléiade multiplie les adjectifs en *-al* (*nopçal, viergeal*), *-an* (*caucasean*), *-é* (*nectaré, elangouré*), *-ier* (*nopcier*), *-in* (*adamantin, aimantin*), *-u* (*nazu*), *-eux* (*angoisseux, ecailleux*, suffixe très à la mode de 1575 à 1625), *-et* (*ronsardelette*, diminutif condamné ensuite par Malherbe). De nombreux mots sont formés par préfixation (*supernature, contre-cœur*). Le redoublement de la syllabe initiale (*babattre*), très utilisé par Du Bartas qui crée *boubouillonner, tourne-tourner*, n'a guère de succès. Les adverbes en *-ment* connaissent une grande faveur : l'on en a recensé quelque 2 000 alors en usage dont 900 ont été ultérieurement conservés.

Une des originalités du XVIe siècle concerne la composition. Tandis que précédemment, le français ne composait ses mots qu'avec des éléments savants latins, il commence à forger des mots composites avec l'utilisation d'éléments hybrides grecs ou latins qui n'ont pas d'existence autonome (*altiloque, monologue*). La Pléiade met à la mode pour les adjectifs de nouveaux modes de composition : juxtaposition d'adjectifs (*doux-utile*), adjectif pris adverbialement et verbe (*doux-soufflant*) ou des modes de composition réservés au substantif, comme l'utilisation du thème verbal suivi du complément (*ayme-musique*). « Les plaisanteurs, innovateurs et forgeurs de mots nouveaux » que fustige Tory utilisent aussi des compositions à éléments hybrides tirés des langues vernaculaires : *emburelicoquer, trique-dondaine*. Rabelais poussera à l'absurde le procédé avec des mots comme *esperruquancluzelubelouzerilelu*.

C- Latinismes et hellénismes

La relatinisation du vocabulaire adopte des formes variées comme la substitution d'une forme latine à la forme française (*interrompre* pour *entrerompre*) ou le retour au sens étymologique (emploi par exemple chez Du Bellay de *sourcil* au sens de « gravité » et d'« arrogance ») ou au genre étymologique (utilisation au masculin de *estude* ou d'*office* ; passage au masculin des mots abstraits en -*eur* [*un odeur, un erreur*], féminins au Moyen Âge, et dont il subsistera *l'honneur* et *le labeur*). Mais il y a de nombreux emprunts directs. Dans la satire rabelaisienne de l'écolier limousin qui écorche le latin, dix-huit des latinismes appartiennent à la langue moderne et cinq sont là attestés pour la première fois dans la langue française : *célèbre, génie, horaire, indigène, patriotique*. Estienne Pasquier remarque comme, dans l'état de bilinguisme qui caractérise les lettrés d'alors, c'est une solution de facilité de recourir à l'emprunt aux langues anciennes : « la plupart de nous, nourris dés nostre jeunesse au grec et latin, ayans quelque asseurance de nostre suffisance, si nous ne trouvons mot apoinct, faisons d'une parole bonne, Latine, une tres mauvaise en François ». De nombreux doublets apparaissent alors : *clavicule*, de *clavicula* (à l'origine, par voie populaire, de *cheville*), *strict*, de *strictum* (à l'origine, par voie populaire, de *étroit*). Les hellénismes sont moins représentés, mais, pour la première fois, ils sont empruntés directement à cette langue et non par l'intermédiaire du latin comme au siècle précédent ; ils sont particulièrement en vigueur dans les vocabulaires techniques de la médecine, de la rhétorique et de la politique.

D- Emprunts aux langues vulgaires

Le français a emprunté environ 2 000 mots à l'italien au XVIe siècle, tout particulièrement des termes qui relèvent de la vie artistique, sociale et économique, ou de la guerre et de la navigation, tels *arcade, balcon, corniche, cadence, concert, carrosse, frégate, négociant.* Pasquier regrette de devoir dire *cavalerie, infanterie, enseigne colonelle, escadron* au lieu de *chevalerie, piétons, enseigne coronale, bataille.* Le vocabulaire militaire, qui s'était enrichi sous les règnes de Charles VIII et de Louis XII, s'accroît considérablement durant le règne de François Ier qui organise son armée sur le modèle italien et occupe le Piémont. La moitié des mots italiens du français datent du XVIe siècle et la période la plus productive fut celle des années 1530-1550. C'est, des langues vulgaires, la principale source d'emprunts, l'espagnol étant toutefois à l'origine de mots comme *bandoulière, bastonnade, bizarre, escamoter, fanfaron, mascarade.* Un certain nombre de termes exotiques proviennent des langues du Nouveau Monde, souvent par le truchement de l'espagnol (*tabac* et *patate* de l'arouak d'Haïti ; *cacao, chocolat* de l'aztèque) ou du portugais (*ananas* du guarani, *mangue* de la langue de Malabar).

E- Procédés d'assimilation

Une des particularités du français du XVIe siècle est de tendre à « naturaliser » les emprunts, dans la prononciation et dans la graphie. Comme l'écrit Peletier, « les moz ampruntèz sé doçuét randré domestiqués en les habillant dé notre liurée, e leur balhant vné teinturé qui né s'an alhé à l'eau fort, ni à la çandreé ». Cette assimilation aux normes phonétiques et morphologiques coexiste avec trois autres attitudes face au terme qui n'a pas de correspondant en français :

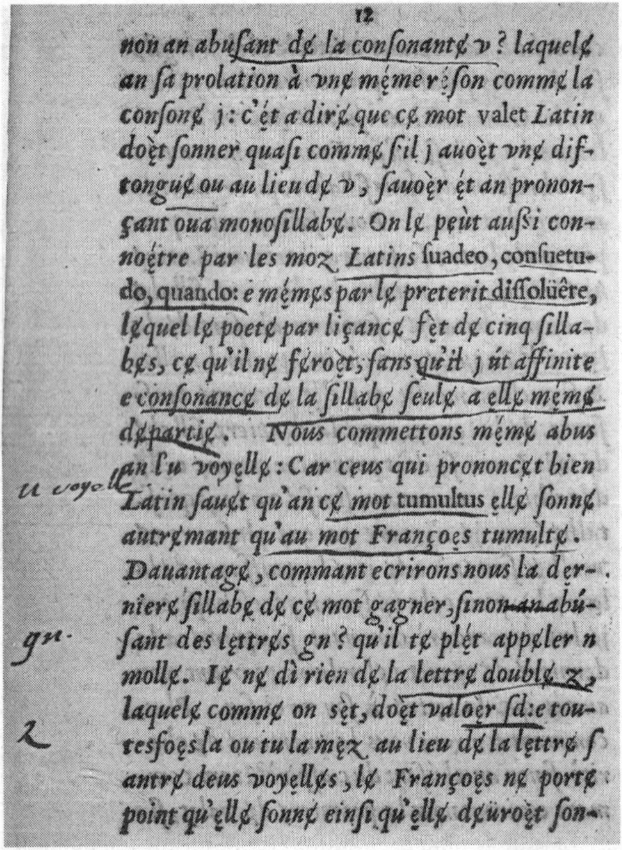

12

nõn an abuſant dę la conſonantę v ? laquelę
an ſa prolation à vnę mému rꞓſon commę la
conſonᶢ j : c'ęt a dirę que cę mot valet *Latin*
doęt ſonner quaſi commę ſ il j auoèt vnę dif-
tonguę ou au lieu dę v, ſauoęr ęt an prononçant oua monoſillabę. On lę pęut auſſi con-
noętre par les moz *Latins* ſuadeo, conſuetu-
do, quando : e mému par lę preterit diſſolüère,
lęquel lę poetę par liçancę fęt dę cinq ſilla-
bęs, cę qu'il nę fꞓroęt, ſans qu'il j üt affinitę
e conſonancę dę la ſillabę ſeulę a ellę mému
dꞓpartiꞓ. Nous commettons mému abus
an l'u voyęllꞓ : Car cęus qui prononcęt bien
Latin ſauęt qu'an cę mot tumultus ęllꞓ ſonnę
autrꞓmant qu'au mot Françoęs tumultę.
Dauantagę, commant ecrirons nous la d er-
nierꞓ ſillabę dę cę mot gagner, ſinon an abuſant des lęttręs gn ? qu'il tꞓ plęt appeler n
mollę. Iꞓ nę dì rien dę la lettrę doublę z,
laquelę commę on sęt, doęt valoęr ſd : e tou-
teſfoęs la ou tu la męz au lieu dę la lęttrę ſ
antrę deus voyęllęs, lę Françoęs nę portę
point qu'ęllę ſonnę einſi qu'ęllę dꞓüroęt ſon-

(marginal annotations: "u voyęll" "gn." "z")

Jacques Peletier du Mans, *Dialogue de l'Ortografe e Prononciation Françoese*, J. et E. de Marnef, 1550.

calque ; utilisation de la périphrase ; équivalence dans la langue usuelle (Sébastien Castellion dans sa traduction de la Bible traduit *holocauste* par *brulage*, *cene* par *souper* ; Barthélemy Aneau *decorum* par *bienseance*). L'adaptation du nom propre antique au français est objet de débats.

À côté du néologisme formel, existent des néologismes sémantiques, acceptions nouvelles données à certains mots (extension de sens ou usage métaphorique, résultat d'une latinisation ou d'un emprunt à l'étranger ou d'une réflexion sur certains concepts). Si le texte de Rabelais est surchargé de néologismes formels, celui de Montaigne l'est de néologismes sémantiques, qui en rendent la compréhension peut-être encore plus difficile que celle du texte de Rabelais ; comme il le dit, « le maniement et emploite des beaux esprits donne pris à la langue : non pas l'innovant tant comme la remplissant de plus vigoreux et divers services, l'estirant et ployant. Ils n'y aportent point des mots, mais ils enrichissent les leurs, appesantissent et enfoncent leur signification et leur usage, luy aprenent des mouvements inaccoustumés, mais prudemment et ingenieusement ».

> Le lexique au XVIᵉ siècle s'enrichit par le recours à des mots dialectaux, à des termes médiévaux, par de nombreux néologismes obtenus grâce à des moyens traditionnels de dérivation et de suffixation, mais aussi grâce à de nouveaux modes de composition, par exemple avec des éléments hybrides grecs et latins. L'importance des latinismes et des italianismes est remarquable.

V. Grammaire et lexicologie du français

Le développement du français, son illustration, ce souci de « donner lustre et clarté à la langue » (selon la glose de Barthélemy Aneau) vont de pair avec les efforts de codifications ou de mises en règles qui touchent l'ensemble des domaines de la parole. Dolet, dans son projet de l'*Orateur Francoys,* évoque les traités suivants : « La grammaire. L'orthographe. Les accents. La punctuation. La prononciation. L'origine d'aulcunes dictions. La maniere de bien traduire d'une langue en aultre. L'art oratoire. L'art poëtique. » La grammaire française, la lexicologie française se développent à cette époque, tout d'abord dans des visées comparatistes.

A- La grammaire

La grammaire du latin est l'objet de multiples ouvrages. S'il s'écrit encore des traités modistes, ils sont, comme la logique scolastique, objet de satire de la part des humanistes. Les ouvrages de Tartaret et de Jean Mair sont moqués par Rabelais et rangés dans sa bibliothèque de Saint-Victor sous des titres facétieux, Tartaretus, *De modo cacandi* ; Majori, *De modo faciendi boudinos.* L'ouvrage de Laurent Valla, *De linguae latinae elegantia* (XVe siècle), fournit une multitude de règles portant sur des points de syntaxe, de vocabulaire, d'étymologie ; de même, la grammaire de Despautere, qui met l'accent sur la morphologie, offre de nombreuses règles contextuelles. Sont aussi très didactiques les ouvrages de Thomas Linacre, Philipp Melanchthon. Certains font état d'une théorisation plus poussée. Le *De causis linguae latinae* (1540) de Jules César Scaliger est une grammaire latine spéculative ; les fondements de la langue latine y sont analysés en fonction des quatre causes

AO' LȨCTEVRS

Ombıen qe d'une pouure conſideráçíon la pluſgran' partíe de no' Fráçoȩs ſoȩt ȩn fantazíe qe la pourſuyte d'une grammȩre ſoȩt trop diffiçil' ȩ prȩ'q' impoſsibl' ȩn noſtre lange : je n'ȩn n'ey pas pourtant ſi dezeſperé qe je n'aye ſȩt qelqe dilijȩnçe d'ȩn cherçher qelqes moyés , ȩ rȩgles. Çȩ qe je ne pȩnſe point auoȩr ſȩt ſan' propos, ne d'outrecuydançe: vu q'il ȩt impoſsibl' a toute naçíon du monde de contracter par parolles, lȩs vns auȩq lȩs aotres, diuizer dȩ' rȩzõs dȩs ars ȩ ſiȩnçes : doner noms propres aos çhozes , diſtin ger lȩ'tȩms ȩntre eus , lȩs ſubſtançes dȩs acçidȩns, ȩ lȩs acçíõs dȩ' paſsíons : ne de finablemȩnt cõferer ȩnſȩmble dȩ' proprietés de toutes çhozes, ſoȩt par le diſcours de l'aothorité de la ſapié çe dıuine, ou par çeluy de la rȩzon humeine, qe la proprieté n'y ſoȩt obſȩruée , auȩq vn aſsȩmblemȩnt ſȩt de ſi bon ordre, q'vne intellıjȩnçe ſ'ȩn ȩnſuyue tȩlle, qe notre affecçíon la veut exprimer ſuyuãt la cõçepçíon de l'ȩntȩndemȩnt. Or ȩt ıl qe notre lang' ȩt aojourdhuy ſi ȩnrıçhíe par la profeſsíon ȩ experıȩnçe dȩ' langes Latin' ȩ Grȩcqe, q'il n'ȩt poït d'art, ne ſiȩnçe ſi diffiçil' ȩ ſubtıle , ne mȩme çete tant haote theolojíe (qoȩ q'ȩlle luy ſoȩt deffendúe, pourtant la pei-

A ij   ne

Louis Meigret, *Trȩtté de la grammȩre françoȩze*, Paris, Ch. Wechel, 1550. B.N.F.

aristotéliciennes et il y a recherche de définitions très générales. De même, Pierre Ramus (*Grammatica,* 1559) et Franciscus Sanctius (*Minerva,* 1587) s'efforcent de rationaliser la langue latine.

Ces manuels de latin sont de vrais succès de librairie : 59 éditions de l'ouvrage de Valla jusqu'en 1536 ; jusqu'en 1541, 182 éditions des *Rudimenta grammatices* de Nicolas Perot, grammaire élémentaire, très pédagogique. Les éditions de grammaire du français sont, elles, en nombre très limité, généralement une seule par titre, ce qui prouve qu'elles ont eu une diffusion restreinte. La grammaire de Palsgrave, *Lesclarcissement de la langue Francoyse* (1530), est en anglais et celle de Sylvius, *In linguam gallicam Isagωge* (1531), en latin. Sylvius, qui écrit dans la tradition des grammairiens latins Donat et Priscien, montre que le français est dérivé du latin, en établissant des lois d'évolution phonétique, et que le picard est le meilleur dialecte, car le plus proche du latin. La première grammaire en français, celle de Louis Meigret, *Tretté de la grammere françoeze* de 1550, inaugure les grammaires rédigées exclusivement en cette langue, comme celle que Robert Estienne entreprend en 1557 en fustigeant les nouveautés de Meigret et les picardismes de Sylvius ou celle de Ramus de 1562, remaniée en 1572. Meigret, qui suit Priscien, ajoute l'article aux huit parties du discours héritées du latin. Ramus attribue les différences du français avec le latin au système gaulois originel et met en avant le rôle primordial de l'ordre des mots en français. Il existe parallèlement des grammaires françaises exclusivement en latin à l'usage des étrangers.

B- Les dictionnaires

Le premier dictionnaire du français, le *Dictionnaire Francoislatin* de Robert Estienne en 1539

(9 000 entrées), avec définitions en latin, est contemporain de l'ordonnance de Villers-Cotterêts et une édition est donnée dix ans plus tard avec de nombreux ajouts (13 000 entrées), en particulier de langue juridique. Estienne a de fait adapté au français son *Dictionarium latinogallicum* de 1531. Même si, tout au long du siècle, dans les éditions successives du dictionnaire d'Estienne régulièrement révisé et augmenté, le français prend une place plus importante dans les rubriques, c'est encore en latin que sont donnés les correspondants dans la version de Jean Nicot, *Thresor de la langue françoyse* (1606). Ces dictionnaires et leurs révisions multiples tendent à fournir une norme formelle et seront d'une aide précieuse pour les imprimeurs. Les premiers dictionnaires unilingues n'apparaissent en français qu'à la fin du XVIIe siècle. À côté du dictionnaire bilingue, la mode est au XVIe siècle aux dictionnaires plurilingues ; le *Calepin,* de l'Italien Calepino, tout d'abord de deux langues (latin et grec), connaît des éditions de douze langues à la fin du siècle et le *Thresor de l'histoire des langues de cet univers* de Claude Duret (1613) compare plus d'une cinquantaine de langues, du cananéen à celle de la Nouvelle-Guinée ou à l'amérindien. Dès 1558, était parue une grammaire du tarasque qui représente la plus ancienne grammaire d'une langue indigène des Amériques. Des listes de vocabulaire sont rapportées par les explorateurs. Du premier tour du monde avec Magellan, sont dressées des listes pour le tehuelche (de Patagonie), le malais, le bisaya. Christophe Colomb avait ramené avec lui des indigènes d'Hispaniola dont on transcrit le vocabulaire en caractères latins.

Les premiers exemples de grammaires françaises apparaissent comme des expérimentations qui s'émanciperont du cadre des grammaires du latin alors largement diffusées.

Les premiers dictionnaires du français sont bilingues, avec définitions en latin ; il existe aussi de nombreux dictionnaires plurilingues.

VI. Particularités linguistiques

A- Sons et graphies

La prononciation au XVIe siècle fait l'objet de traités de prononciation, rédigés en latin pour les étrangers, de considérations dans un certain nombre de grammaires et de systèmes d'écritures phonétiques, témoignages toutefois souvent contradictoires en raison de la multiplicité des usages, des particularités régionales fortement marquées, des différences entre langue populaire et langue savante, entre langue orale et langue écrite.

1. Prononciation

Le système phonologique connaît toujours l'existence du [λ] (qui se réduira à [j] au XIXe siècle) et le [r] est toujours roulé. C'est au cours de ce siècle que se réduit la double articulation nasale (voyelle + consonne), soit, lorsque la voyelle nasale est intervocalique, par dénasalisation de la voyelle (*bonne,* prononcé [bɔ̃nə], devenant [bɔnə]), soit, lorsque la consonne nasale est le dernier élément de la syllabe, par chute de cette consonne (*bon,* prononcé [bɔ̃n], devenant [bɔ̃]). Le *h* aspiré, articulé dans les mots d'origine francique, tend à s'amuïr, ce qui est une

« faute enorme » pour Dolet, commune chez les Auvergnats, les Provençaux, les Gascons et les provinces de langue d'oc. Le sigmatisme (passage à [z]) affecte le [r] intervocalique dans la prononciation populaire ; Érasme remarque la prononciation avec [z] pour *mere* et *L'Epistre du Biau Fys de Pasy* se moque des « musailles qui ont de rozeilles » ; *chaire* passe ainsi à *chaise*.

La réduction des diphtongues et des triphtongues est un fait accompli, à l'exception de prononciations régionales, comme la lyonnaise [ao] pour l'ancienne diphtongue [au]. *Eau,* passé par une prononciation [eo], se réduit dans la prononciation parisienne à [jo] : *un sio d'io.* L'ancienne diphtongue *oi*, prononcée [wɛ], se simplifie en [ɛ] pour les imparfaits, les conditionnels, les noms de peuples et quelques mots comme *roide* ou *foible*. Cette prononciation, cependant, n'est pas acceptée par les grammairiens qui la considèrent soit comme populaire et parisienne, soit comme courtisane ; de même ils rejettent une prononciation [wa] pour [wɛ], prononciation populaire qui prévaudra à la Révolution où l'on ne dira plus le [rwɛ], mais le [rwa]. Les doublets actuels *françois/français, roide/raide* attestent la double prononciation : [wɛ] et [ɛ] ; mais, au XVIᵉ siècle, ces mots sont toujours graphiés par *oi,* l'adoption de *ai* pour lever l'ambiguïté de la graphie *oi* ne datant que du XIXᵉ siècle.

Le [ə] tend à disparaître. À l'intérieur du mot après voyelle, il n'est plus prononcé, ainsi *vraiement* se réduit à *vraiment* (mais le français moderne connaît encore *gaiement*), *oublierez* à *oublirez*. En finale, le [ə] n'est plus prononcé derrière voyelle qu'en poésie et derrière consonne ; il disparaîtra au début du XVIIᵉ siècle. On tend par ailleurs à prononcer les *e, o* et *oe* ouverts ou fermés en fonction de leur place dans la syllabe ; fermé en finale et ouvert devant consonne : *pere* [perə] passe ainsi à [pɛrə].

Pour Geoffroy Tory, les dames de Paris prononcent

[er] pour [ar], disant *mon mery est à la porte de Peris*. Cette prononciation est en réaction à la prononciation populaire [ar] pour [ɛr] (selon H. Estienne le peuple de Paris dit *Piarre* pour *Pierre*, *guarre* pour *guerre*). De la même façon il existe une prononciation populaire *ian* pour *ien* (*bian, rian*, pour *bien, rien*, phénomène qui explique la prononciation de *fiente*). Les grammairiens d'alors soulignent donc un certain nombre de prononciations comme appartenant au vulgaire parisien.

Pour les consonnes, les principaux problèmes tiennent à la restitution de la prononciation dans les groupes consonantiques déjà signalée et aux conditions de prononciation des consonnes finales. Celles-ci sont effacées dans la prononciation populaire au XVIᵉ siècle ; ainsi R. Estienne note-t-il que l'on prononce *papie, plaisi, resveu*. Mais, dans la prononciation plus soutenue, elles subsistent en liaison devant voyelle et à la pause. Selon les grammairiens, le *-r* final doit toujours être prononcé, mais, dans l'usage courant, il ne l'est ni dans les infinitifs en *-er,* ni dans ceux en *-ir*, ni dans les mots en *-oir* ou *-eur*, ce qui explique la forme *par oui-dire* (pour *par ouir-dire*) et la création des féminins en *-euse* (*chasseuse, menteuse*) correspondant aux masculins en *-eur* et qui viennent se substituer à *chasseresse* (conservé dans la langue poétique)*, menteresse* (la finale en *-eresse* se maintient en français moderne pour des termes comme *pécheresse, vengeresse*, ou des termes en emploi juridique : *demanderesse*). Pour les mots en *i* suivi de [l], certains, comme les courtisans, ne prononcent pas la consonne finale, d'où les prononciations en [i] de *fusil, gentil, sourcil*, la prononciation *vient-i(l)* et le tour *celui qu'il dit qui vient* (où *qui* correspond à *qu'il*). La prononciation des consonnes à la pause dans la déclamation soutenue explique les règles de la versification classique qui interdisent de

faire rimer des mots avec consonnes finales différentes. Toutes les consonnes finales sont sourdes ;
David rime ainsi avec *vit*. Mais, il y a, dans la graphie, par souci étymologique ou régularisation morphologique, établissement de sonores au lieu de
sourdes qui sont, toutefois, conservées dans la prononciation en liaison (*grant* de *grandis* devenant
grand, mais prononcé avec un [t] dans *grand enfant* ;
sanc de *sanguinem* devenant *sang*, mais prononcé
avec un [k], prononciation usitée en français moderne
dans le *sang impur* de *La Marseillaise*). L'influence
de l'orthographe sur la prononciation est importante ;
digne ou *maligne* par exemple, prononcés avec [n],
vont l'être avec un *n* mouillé [ɲ].

2. *Codifications*

La codification de l'orthographe est un sujet de
débat dès le XVIe siècle, époque à laquelle tend à se
constituer la norme actuelle avec l'introduction des
signes auxiliaires (accents, tréma, cédille, apostrophe), des lettres *v* et *j* (jusque-là confondues avec
le *u* et le *i*). Les accents, empruntés au grec où ils
servaient à marquer la tension de la voix sur certaines
syllabes, étaient utilisés au XVIe siècle en latin par les
imprimeurs. En français, l'accent aigu est employé
par Robert Estienne en 1530, tout d'abord en finale
de mot pour le son [e]. En 1531, Sylvius introduit
l'accent grave et l'accent circonflexe dans des
emplois particuliers : le premier pour noter le [ə]
(*gracè*) et le second pour noter des diphtongues graphiques (*bôîs*). Dolet, en 1540, préconise l'accent
grave pour la distinction des homonymes (*à*, *là*) et
l'accent circonflexe pour marquer la chute d'un *e* à
l'intérieur d'un mot (*vraîˆment*). Un peu plus tard,
Sébillet, appuyé ensuite par Ronsard, le recommande
pour la chute du *s* (*honêtte*). Plus que d'un usage

régulier, qui ne sera guère acquis qu'au XVIIIe siècle, il faut noter les tentatives du XVIe siècle. L'apostrophe est aussi un apport de Sylvius. Palsgrave utilise en 1530 le tréma. La cédille (mot emprunté au XVIIe siècle à l'espagnol *cedilla*, petit *z*), appelée *c à queue* au XVIe siècle, a été introduite par l'imprimeur humaniste Geoffroy Tory en 1531 ; il s'agit d'un caractère qu'il a sans doute emprunté à un de ses confrères qui éditaient des livres d'heures en espagnol ; ce *z* sous le *c* était en effet usité dans l'écriture wisigothique en usage dans la langue espagnole ; en 1540, l'adaptation par Herberay des Essarts d'un ouvrage espagnol, l'*Amadis de Gaule*, exécutée sur l'ordre de François Ier qui y avait pris goût lors de sa captivité à Madrid, lui assure une grande diffusion. Les signes auxiliaires sont adoptés rapidement par les imprimeurs, leur existence étant popularisée par *La Briefue doctrine pour deuement escripre selon la propriete du langaige francois* (1533) et *La maniere de bien traduire d'une langue en aultre. D'aduantage De la punctuation de la langue Francoyse. Plus. Des accents d'icelle* de Dolet (1540), opuscule qui a une grande influence chez les imprimeurs.

Les consonnes *j* et *v* sont inconnues en latin, tout comme les sons correspondant [ʒ] et [v]. Un *i* long se trouvait toutefois dans les manuscrits latins pour marquer la finale de certains génitifs et les chiffres romains (*vij*). Le *v* est une variante graphique du *u*, présent dans l'écriture gothique à l'initiale, mais représentant aussi bien le son [v] que le son [y] (*viure*, *vne*). L'usage le plus commun consistait donc à employer *i* pour *i* et *j*, *v* à l'initiale et *u* à l'intérieur du mot pour *u* et *v*. Les grammairiens proposent un effort de rationalisation. Sylvius opte pour *i-* pour le [ʒ] et *u-* pour le [y]. Meigret en 1542 fait usage du *j*. En 1555, l'édition des *Hymnes* de Ronsard chez l'imprimeur Wechel présente la distinction moderne qui sera reprise dans les *Scholae grammaticae* de Ramus, d'où leur nom de lettres ramistes. Elles mettront du temps à s'imposer.

Dès le milieu du siècle s'opposent les partisans d'une orthographe « miroir de la parole », dont on éliminerait toutes les lettres superflues ou polyvalentes (par exemple *c* et *g* prononcés différemment dans *car* et *cent*, dans *gare* et *gent*) ou équivalentes (par exemple, *x*, *s* ou *z* en finale et *en* et *an*), et les tenants de l'usage qui mettent en avant la nécessité de marquer l'origine, les dérivations et de distinguer les homonymes. C'est l'occasion de débats de principe acharnés entre le réformateur Meigret et Guillaume des Autels ou de débats sur les modalités de ces réformes entre des réformateurs comme Meigret et Peletier du Mans qui proposent des systèmes graphiques proches de la phonétique. S'il y a une quasi unanimité pour reconnaître que l'écriture est communément superflue, superfluité dont François Ier débattait, les auteurs sont partagés ; Du Bellay loue les réformes, mais se refuse à les suivre, craignant que ses écrits ne « servent de cornetz aux apothequaires, ou qu'on les employe à quelque aultre plus vil mestier », alors que le jeune Ronsard n'hésite pas à proscrire « cét epouantable crochet d'y », ainsi que le *x* et le *z* en finale, à éliminer les consonnes étymologiques (*cors, pié, tems*). Rabelais met au point un système graphique complexe, la « censure antique », élaboré à partir d'une réflexion sur l'origine des langues, fondé sur la reconnaissance étymologique, le souci de manifester dans la graphie les corruptions phonétiques ou de fondre des graphies existantes. De fait, les réformateurs comme Meigret ou Peletier n'obtiennent pas gain de cause, l'usage étant celui des ateliers d'imprimerie où l'on s'est refusé à toute transformation radicale ou systématique. Les chan-

Première édition du *Pantagruel* de Rabelais (1532),
en caractères gothiques.
Photothèque Hachette-L.G.F.

gements phonétiques ultérieurs, en nombre limité (comme *r* roulé devenant grasseyé, comme la simplification de la double articulation nasale ou la réduction de la géminée *rr*), ne seront pas pris en considération dans la graphie.

> Le système phonologique du XVIe siècle offre encore les phonèmes *l* mouillé et *r* roulé. Au cours du siècle, il y a simplification de la double articulation nasale, amuïssement du *h* aspiré. Les diphtongues et les triphtongues ne sont plus que des prononciations régionales. Le *e* muet [ə] tend à s'amuïr derrière voyelle.
>
> Dans l'orthographe, sont introduits les signes auxiliaires, très vite adoptés, les lettres *j* et *v*. Les propositions de systèmes orthographiques, souvent phonétiques, objets de débats passionnés, ne prévaudront pas.

B- Morphosyntaxe

1. Analogie et différenciation

Il y a une forte tendance à l'unification des radicaux et à la différenciation des marques morphologiques. Certaines formes régularisées ne subsisteront pas dans la langue. Pour le nom, sur les pluriels en *-eaux*, on crée des singuliers en *-eau* ; *chasteau* remplace *chastel* ; *agneau, agnel*. *Œil* est doté d'un pluriel *œilz*. Pour les mots en *-al*, il faut relever des singuliers en *-au* comme *animau* et des pluriels en *-als*, tel *bocals*. *Vieils* est utilisé à côté de *vieux* que certains trouvent vulgaire. Du féminin des anciens adjectifs épicènes du type *grand* (généralement alignés au cours de la période précédente sur le masculin), il ne reste que des emplois sporadiques : *grand* de plus en plus considéré comme forme élidée et marqué de l'apostrophe (*grand'mere*), *vert* (*sauce vert*), *gentil* dans *gentil femme*, *tel* et *quel*.

Pour les verbes, les réfections se modèlent sur des flexions majoritaires. Certains verbes irréguliers adoptent une conjugaison régulière en -*ir*. *Querir, acquerir, courir* sont préférés à *querre, acquerre, courre*. Pour les verbes du premier groupe, il ne subsiste que quelques alternances en [ɛ]/[a] (*declaire/declarons*), en [œ]/[u] (*treuves, trouvons*). Pour le troisième groupe, la tendance à l'unification totale est forte ; *nous doivons, vous doivez*. En ce qui concerne les finales, à l'imparfait du subjonctif, les formes *aimassions, aimassiez*, introduites au début du XVIe siècle, s'imposent face aux anciennes formes *aimissions, aimissiez*, mais la finale en -*arent* pour les passés simples en -*a* (qui aurait permis une unification du passé) n'arrive pas à prévaloir et est prise à la fin du siècle pour un gasconisme (*donnarent* chez Montaigne). De même, à la fin du siècle, c'est comme un gasconisme que l'on considère les échanges de formes de passé simple entre les verbes en -*er* et les verbes en -*ir* (*tombit, tranchit, allit, responda, entenda*). Les participes passés en -*u* s'étendent au détriment des participes en -*s* ou en -*t* : *mordu* pour *mors* ; *resolu* pour *resoult*. Pour les désinences de première personne, l'extension du -*s* pour les verbes du troisième groupe, malgré l'opposition des grammairiens qui la considèrent comme désinence de deuxième personne, est remarquable. À l'imparfait, à la première personne du singulier, les formes *oye, oy* et *oyes* sont en concurrence. Pour les verbes du premier groupe au présent de l'indicatif à la première personne, on rencontre encore après voyelle des formes sans -*e*, comme *je pry, je supply*. À la troisième personne du singulier des verbes du premier groupe, par analogie avec les formes des autres groupes qui ont une désinence en -*t*, apparaît un *t* de

transition à l'oral (prononciation *aime-t-il, ira-t-il*) ;
ce *t-il* prononcé *-ti* sera à l'origine du morphème
interrogatif populaire *-ti*.

> L'analogie est très forte : régularisation des formes
> de pluriel sur le singulier, opposition du masculin
> et du féminin de l'adjectif par la présence du *-e* ;
> pour la morphologie verbale, alignement sur les
> flexions majoritaires.

2. Marques spécifiques du nom et du verbe

Pour les marques du nombre et de la personne, le
XVIe siècle développe les emplois de l'article et du pronom personnel. Selon la prescription de Ronsard dans
son *Abbregé de l'art poëtique* (1565) : « Tu n'oublieras
jamais les articles, et tiendras pour tout certain que rien
ne peut tant deffigurer ton vers que les articles delais-
sez, autant en est il des pronoms primitifz, comme je,
tu, que tu n'oublieras non plus, si tu veux que tes
carmes soyent parfaictz et de tous poinctz bien accom-
plis ». La présence nécessaire de ces mots-outils qui
allongent le vers pourrait expliquer la faveur dont va
jouir dans la poésie française, à partir de la Pléiade,
l'alexandrin, au détriment d'un mètre plus court
comme le décasyllabe. De plus en plus souvent, devant
nom abstrait, l'article est utilisé. Mais, le superlatif
relatif est fréquemment sans article (*les points plus
obscurs*). Comme l'indique le grammairien Meigret,
qui a le mérite de reconnaître cette partie du discours
qui était absente de la nomenclature latine, l'article est
omis devant les noms propres, en fonction d'attribut et
lorsqu'il y a idée générale : ainsi oppose-t-il *estre en
prison* et *estre en la prison*. Après coordination, l'article n'est généralement pas repris, même en cas de
substantifs n'ayant pas le même genre : *le pere et mere*

de Platon. En un temps où le *-s* final n'est plus prononcé dans la langue courante, l'emploi du déterminant devient la seule manière de marquer le nombre. L'omission du pronom personnel est blâmée par les grammairiens. Là encore l'emploi du pronom personnel permet de pallier la perte d'information due à la disparition des flexions. Il est toutefois peu fréquent avec les locutions impersonnelles, avec un complément en tête de phrase, en cas de coordination. *Ce suis je* est en concurrence avec *c'est moi* et les pronoms adverbiaux *en* et *y* peuvent renvoyer aussi bien à des animés qu'à des inanimés.

> L'article et le pronom personnel sont reconnus comme des marques spécifiques du nom et du verbe.

3. *Multiplication et spécialisation des formes*

Pour les démonstratifs, au XVIᵉ siècle, se met en place le système actuel où sont opposés des déterminants atones *ce, cette, ces*, parallèles aux déterminants *le, la, les/mon, ma, mes* et des pronoms *celui, celle, ceux, celles*, parallèles aux pronoms personnels toniques *lui, elle, eux, elles*. Mais la tendance à la spécification grammaticale des formes coexiste avec certains emplois régionaux. La distinction entre les formes issues de *cist* et *cil*, où la position spatiale était marquée par la forme, disparaît au profit de l'adjonction des formes *ci* et *là*. L'utilisation de *cestuy* ou *celuy* comme adjectif semble imputable à des particularités régionales. *Celle* comme adjectif survit dans l'expression *à celle fin que* (qui s'altérera ensuite en *à seule fin que*). Pour le pronom, la détermination est de plus en plus nécessaire, soit par une relative ou un complément du nom, soit par *ci* et *là*,

avec une opposition entre *cestui ci* et *celui là*. Des
formes composées avec *i-* (*icelluy*) sont fréquentes,
propres à la langue des praticiens et à la langue écrite.
La disparition ultérieure des formes en *i-*, la généralisation de *ci* et de *là* seraient pour certains linguistes
liées à l'évolution de l'accent tonique. Tandis que
l'ancien français offre encore un accent tonique de
mot à valeur distinctive, l'évolution tendrait vers une
concentration de l'accent sur la finale du groupe syn-
taxique : *icestuí chevaliér* étant remplacé par *ce chevalier cí*. Le démonstratif neutre *ce* en emploi sujet
est utilisé dans les propositions participes, *ce pendant, ce fait*. Selon Palsgrave, il doit se limiter au
verbe *estre* (emploi subsistant en français moderne,
ainsi que devant relative). Pour *ce* complément d'objet direct, les syntagmes *ce crois je, ce faisant, pour
ce faire* sont en voie de lexicalisation. Comme régime
de préposition, on relève encore *pour ce, sur ce* et les
locutions conjonctives *de ce que, par ce que*. *Ce dessus dessou*s a été altéré en *cen dessus dessous* écrit
sans dessus dessous, puis *sens dessus dessous*.

Pour les possessifs, la distinction phonétique entre
déterminant (*notre*) et pronom (*le nôtre*) date du
XVIᵉ siècle. Les formes fortes du possessif fonctionnent
toujours comme de véritables adjectifs, pouvant se
combiner avec un déterminant (*ce mien ami, le mien
ami*). Devant mot féminin à initiale vocalique, l'utilisation de *mon* est générale ; il ne subsiste du possessif
élidé que des formes comme *m'ame* ou *m'amour*.

Pour le relatif, on relève une tendance à l'abolition
de l'opposition entre animé et inanimé, avec des
emplois de *qui* pour l'inanimé (*qui pis est, qui mieux
est, qui plus est*) et de *quoy* pour une personne
(*l'homme de quoy nous parlons*) ; *que* peut être utilisé
comme sujet (*ce que sembloit bon, celui que plaine-
ment s'assure*). L'emploi sans antécédent est beaucoup
plus fréquent qu'en français moderne (« Tout tombera

qui n'en aura le soing », Marot = « si l'on n'en a pas
soin »). *Lequel* appartient surtout à la langue écrite ; il
est très utilisé dans la prose narrative. Meigret trouve
que « de meilleur grace » et Ronsard n'hésite pas à éliminer *lequel* de ses premières œuvres. *Lequel* est fréquemment usité comme sujet ou comme complément
d'objet direct et il est aussi employé comme déterminant (*laquelle chose*). En ce qui concerne les interrogatifs, *qui* est présent comme sujet ou attribut pour
l'animé et l'inanimé, *que* comme complément. Ces
morphèmes se retrouvent dans l'interrogation indirecte
(*scavoir qui est vrai*). Fréquemment sont coordonnées
interrogation directe et interrogation indirecte : *songé
je ou si vray est ce qu'on me dit*.

Il existe une grande variété de conjonctions au
XVIe siècle. Les créations adoptent, toutes, une forme
analytique : *d'autant que, d'autant plus que, pour
autant que*... Certaines conjonctions, bien représentées au cours du siècle, seront considérées comme
vieillies au siècle suivant. Ainsi en est-il de *si que* ou
ains que. L'ambivalence préposition/adverbe pour un
certain nombre de formes est remarquable. Tel est le
cas de *dedans, dehors, dessus, dessous, sus, parmi*.
Comme préposition de lieu, *dedans* est en concurrence avec *en* et *dans* est d'emploi peu fréquent. Ronsard essaie dans les débuts de son œuvre de
l'acclimater, mais cette préposition devant les substantifs déterminés par l'article ne triomphera qu'au
siècle suivant, triomphe expliqué par la complexité
des formes enclitiques de *en* devant l'article : *en +
le › el, ou, on* ; *en + les › es* et la confusion de *au* et
ou (confusion qui explique les emplois actuels de *au
printemps, en été*). *Mais* est encore en usage comme
adverbe, dans des expressions comme *ne... mais* ; il
est toutefois surtout utilisé comme conjonction de
coordination en concurrence avec *ains*, qui sert à
introduire la formulation positive d'une idée présen-

tée d'abord négativement. L'adverbe *si* peut, comme au Moyen Âge, être présent en tête de syntagme, avec inversion du sujet ; la valeur adversative prime (« j'use familierement de viandes sallées : si ayme je mieux le pain sans sel », Montaigne), tout comme dans le syntagme *si est ce que. Si* est aussi d'usage en réponse positive avec *estre, avoir* ou *faire* (*si a*). *Cependant,* adverbe temporel, est employé comme conjonction adversative chez Montaigne. De même, *or,* de valeur temporelle, devient adversatif.

L'emploi de *pas* et de *point* sans *ne* pour l'interrogation suppose pour le grammairien Meigret une réponse positive (*Irez vous pas à Rome ?* correspondant à *Vous irez à Rome*). Mais, dans les phrases négatives, la possibilité d'omission de *ne* montre que *pas* et *point* ont pris une pleine valeur négative. Ces renforcements et le passage de la virtualité à la négation sont l'objet de débat de la part des grammairiens, tout comme *rien.* Pour le grammairien Sylvius, c'est à tort que *rien* est considéré généralement comme l'équivalent du latin *nihil.* La négation est en fait toujours exprimée ou sous-entendue. *Rien* équivaut donc à *quelque chose* et, accompagné de la négation, il est redevable à sa valeur transcendante d'être devenu l'équivalent de *nihil.*

Les formes nominales du verbe sont d'un emploi très fréquent. Certains de leurs usages sont artificiels, nés de l'imitation des langues anciennes ou des autres langues vernaculaires. Étrangers à la langue courante, ils sont ultérieurement restreints à la langue littéraire ou ne survivent pas. L'ablatif absolu (*la ville prise, il fit un triomphe*), imitation du latin, est popularisé par les traducteurs. À l'imitation du latin, les propositions infinitives se multiplient en prose après les verbes de parole, de savoir et de crainte. L'infinitif substantivé, dont, en emploi courant, il n'existait que des formes du type *l'aller, le chanter*, se développe à l'imitation de l'italien et reçoit la caution du grec et de la Pléiade ; il sera particulièrement prisé dans la langue poétique. L'infinitif absolu (« *Le roi, avoir fait telle chose, dit* ») est rapproché du grec. D'autres constructions auront une plus grande diffusion. Ainsi en est-il des périphrases verbales qui se multiplieront avec infinitif : *ne faire que de, faillir à* ou *de, estre pour*. *Aller* + infinitif est une périphrase née dans la langue parlée du XVe siècle. En ce qui concerne les formes en *-ant*, *aller* + forme en *-ant*, déjà bien représentée au Moyen Âge, est au XVIe siècle considérée comme une imitation du grec et des pétrarquistes italiens. *Estre* + forme en *-ant* sera condamnée au XVIIe siècle. Les formes en *-ant* ne se distinguent pas formellement, dans la mesure où le gérondif n'est pas toujours précédé de *en* et où le participe présent peut varier en nombre uniquement ou en genre et nombre et où l'adjectif verbal peut être invariable. Le style en *-ant*, qui permet la liaison d'idées parallèles et l'imbrication synthétique, se répand tout particulièrement dans la prose narrative, imitation, par l'intermédaire des chroniques italiennes, des chroniques écrites en latin.

L'accord du participe passé avec *avoir* est objet de débat. Pour Meigret, l'accord est à considérer comme faisant partie des « lourdes incongruités... reçues pour bien courtizanes e elegantes ». Marot donne en 1538 la règle d'accord moderne :

> Nostre Langue a ceste façon
> Que le terme qui va devant
> Voulentiers regist le suivant...
> Il fault dire en termes parfaictz
> Dieu en ce monde nous a faictz :
> Fault dire en parolles parfaictes,
> Dieu en ce monde les a faictes.

> Les déterminants et les pronoms démonstratifs et
> possessifs tendent à se distinguer par leur forme.
> La spécialisation des conjonctions, des adverbes,
> des prépositions est en œuvre. Les formes nomi-
> nales du verbe, dans des constructions souvent
> artificielles, sont d'emploi fréquent.

VII. Le bon usage

La réflexion sur la meilleure langue française
emprunte les voies de la réflexion italienne. En ce qui
concerne la langue à privilégier, Dante (xive siècle),
dans son traité *De vulgari eloquentia,* publié en italien en 1529, avait jeté les bases de l'italien illustre,
langue éminemment artificielle, créée à partir des
variétés de l'italien, « panthère fabuleuse » qui hante
les forêts d'Italie, sans résider nulle part. Castiglione,
dans *Le Courtisan,* célèbre ouvrage traduit en français
en 1537, oppose trois attitudes pour le choix de la
meilleure langue : le recours à la langue de Boccace
(xive siècle), le recours exclusif à la langue toscane,
le recours à la langue d'usage, position qu'il adopte,
accréditée par l'idée que Boccace utilisait les mots
de son époque, d'où le choix de « parolles propres,
choisies, elegantes et bien composees et surtout
accoustumées par l'usage du populaire », habilement
placées, langue de la conversation largement usitée et
dont on choisit les tours les plus beaux. Rabelais crée
un illustre français, langue artificielle et composite
comparable à l'illustre italien revendiqué par Dante.
Ces débats contemporains posent un problème fondamental pour l'esthétique du xvie siècle et pour les
siècles ultérieurs. La littérarité provient-elle du choix
des mots, différent de ceux de la langue commune,
ou de l'agencement particulier des mots communs ?

Le débat sur le lieu du meilleur usage anime le XVIe siècle français. Pour la première moitié du siècle, il s'agit de la cour du roi et de son parlement, mais, au milieu du siècle, on décrit la cour comme « un monstre de plusieurs testes et consequemment de plusieurs langues et plusieurs voix », on lui reproche de s'être italianisée et l'on dénonce le courtisan aux « mots douillets » qui a transformé la pureté de notre langue en « une grammaire toute effeminée ». Chez les premiers théoriciens, comme le grammairien Sylvius, il y a création de modèles théoriques fondés sur une prétendue pureté originelle de la langue et sur le souci de donner une norme artificiellement définie. Au milieu du siècle, on tend à rationaliser la langue à partir de modèles fournis par l'usage du peuple considéré comme « souverain seigneur de la langue », comme le rappelle Ramus après Platon, Aristote, Varron, Cicéron.

La réflexion touche les modèles de la langue écrite. Pour que la langue vulgaire acquière un vrai statut de langue, il faut qu'elle ait ses auteurs d'excellence, « ses Cicerons, ses Virgiles, ses Homeres et ses Demosthenes ». L'on célèbre le texte qui fournit une « parfaicte Idée de nostre langue françoise », qui correspond le mieux à la « naifveté » du langage, qui donne les « reigles du beau parler ». En prose, c'est à l'*Amadis de Gaule,* que Herberay des Essarts adapte de l'espagnol à partir de 1540, que l'on reconnaît ces qualités ; il est souvent fourni comme le modèle dont on loue « la douceur et fluidité de paroles », « la grace et naïve beauté du style ». Pour Abel Matthieu qui, dans son *Devis de la langue françoise, fort exquis et singulier* (1572), lui préfère le traducteur Jacques Amyot, il s'agit d'allier une langue populaire qui utilise les mots communément en usage et les liaisons du docte, c'est-à-dire la science de la composition stylistique ; la spécificité du français consiste dans la brièveté de la phrase et la douceur des paroles obtenues par une prépondérance des voyelles et l'alternance régulière consonne + voyelle. Le grammairien Meigret avait, lui aussi, mis en avant l'originalité du français : pour lui, il importe d'observer l'ordre spécifique du français : sujet, verbe, complément et d'utiliser contrairement au latin l'ordre effet + cause qui correspond le mieux à l'ordre de nature.

Les analyses de textes que font les contemporains sont rhétoriques. Les rhétoriques antiques sont adaptées au français au xvie siècle. La première rhétorique publiée en français, le *Grant et vray art de pleine rhetorique* de Pierre Fabri (1521), comprend une « rhetorique prosaïque », une « rhetorique rithmique » (traité de versification) et un manuel d'art épistolaire emprunté en partie à un manuel d'épistolographie italien du xve siècle. Il traite des cinq parties traditionnelles de la rhétorique : invention, disposition, élocution, prononciation, mémoire, et souligne l'importance de la hiérarchie des styles, mettant en avant la convenance des termes au sujet : style bas à approprier aux basses substances (famille, maison, petits enfants, fleurettes...) avec l'utilisation des diminutifs, style moyen aux substances moyennes (économie publique, commerce et finances), style haut aux graves substances (théologie, arts libéraux, politique) avec l'utilisation de superlatifs ; il s'agit d'une adaptation de la fameuse roue de Virgile qui faisait des *Bucoliques* l'exemple du style bas, des *Géorgiques* celui du style moyen, de l'*Énéide* celui du style élevé.

C'est aussi à partir de l'*Orateur* de Cicéron et de l'*Institution oratoire* de Quintilien que se fait au xvie siècle la réflexion sur la hiérarchie des styles : subtilité du style bas caractérisé par la précision de l'expression, l'usage discret des figures, et une apparente négligence diligente, séduction du style moyen, enluminé et poli, qui admet toutes les figures de mots et de pensée, gravité, abondance et plénitude du style élevé propre à émouvoir. Il y a valorisation du style moyen, particulièrement délectable, chez l'Italien Sperone Speroni dont s'est inspiré la Pléiade ; Estienne Pasquier reconnaît ultérieurement que Ronsard « tient le lieu de la médiocrité [juste milieu] » entre le « peu » de Marot et le « trop » de Du Bartas.

La seconde rhétorique publiée en français, la *Rhetorique françoise* d'Antoine Fouquelin (1555), ne traite pas de la hiérarchie des styles. Il s'agit d'une adaptation de la *Rhetorica* d'Omer Talon, célèbre ouvrage dont il existe 13 éditions de 1548 à 1555. Elle a été élaborée dans le milieu ramiste, lieu, autour de Pierre de La Ramée (Ramus), d'une intense réévaluation de la rhétorique et de la dialectique à partir de la critique de Cicéron et de Quintilien. La rhétorique y est limitée à l'élocution (tropes, figures de diction ou nombre, figures de sentence) et à la prononciation, l'invention et la disposition relevant de la *Dialectique* que publie la même année Ramus, coïncidence qui atteste bien un dessein globalisant mal compris ultérieurement, contresens qui conduira à une rhétorique restreinte à l'élocution et coupée de l'invention et de la disposition. Cette rhétorique (qui offre des exemples de prose et de vers, ces derniers ayant été choisis par Ronsard) insiste tout particulièrement sur l'importance de la métaphore et sur le nombre obtenu par des répétitions structurelles ou phoniques. En 1598, lors de l'édit de Nantes, à la faveur des réformes de l'enseignement, une classe de rhétorique (dont l'enseignement est donné en latin) est instaurée dans les collèges et dans les collèges de jésuites de l'Europe.

Les débats sur le bon usage, particulièrement importants dans la réflexion sur l'illustre italien, sont tranposés en français où se pose le problème du bon usage grammatical, mais aussi celui du meilleur style.

Les premières rhétoriques du français mettent l'accent sur la hiérarchie des styles et sur l'importance du nombre.

PREFACE.

I.
Le deſſein de
l'Autheur dans
cét Ouurage, &
pourquoy il
l'intitulé *Re-
marques.*

E ne ſont pas icy des Loix que ie fais pour noſtre langue de mon authorité priuée ; Je ſerois
bien temeraire, pour ne pas dire inſenſé ; car à
quel titre & de quel front pretendre vn pou-
uoir qui n'appartient qu'à l'Vſage, que chacun reconnoiſt pour
le Maiſtre & le Souuerain des langues viuantes ? Jl faut pourtant que ie m'en iuſtifie d'abord, de peur que ceux qui condam-
nent les perſonnes ſans les ouïr, ne m'en accuſent, comme ils
ont fait cette illuſtre & celebre Compagnie, qui eſt aujour-
d'huy l'vn des ornemens de Paris & de l'Eloquence Françoi-
ſe. Mon deſſein n'eſt pas de reformer noſtre langue, ny d'abo-
lir des mots, ny d'en faire, mais ſeulement de monſtrer le bon
vſage de ceux qui ſont faits, & s'il eſt douteux ou inconnu,
de l'eſclaircir, & de le faire connoiſtre. Et tant s'en faut que
j'entreprenne de me conſtituer Juge des differens de la langue,
que ie ne pretens paſſer que pour vn ſimple teſmoin, qui depoſe
ce qu'il a veu & oüi, ou pour vn homme qui auroit fait vn Recueil d'Arreſts qu'il donneroit au public. C'eſt pourquoy ce petit
Ouurage a pris le nom de Remarques, & ne s'eſt pas chargé
du frontiſpice faſtueux de Deciſions, ou de Loix, ou de
quelque autre ſemblable ; Car encoré que ce ſoient en effet des
Loix d'vn Souuerain, qui eſt l'Vſage, ſi eſt-ce qu'outre l'a-
uerſion que i'ay à ces titres ambitieux, j'ay deu eſloigner de moy
ã

CHAPITRE V

Le XVIIᵉ siècle

S'il est un symbole qui pourrait rendre compte de la langue du XVIᵉ siècle, c'est celui de la *cornucopia*, « corne d'abondance ». Le XVIIᵉ siècle affiche apparemment un tout autre idéal : celui du mot juste et de la pureté de la langue. La synonymie, considérée comme une richesse au siècle précédent, n'est plus favorisée. Chaque mot tend à se spécialiser : par exemple, les formes qui étaient indifféremment préposition ou adverbe, pronom ou adjectif, restreignent leurs emplois à l'une ou à l'autre de ces catégories. Le désir de fixation invite à éliminer les variables au profit d'un modèle unique ou à les motiver, par une différence sémantique ou par la détermination d'un niveau de langue ou de technicité. Il y a refus de la polyvalence. La recherche de clarté tend à limiter rigoureusement les conditions d'omission des mots-outils et à condamner les équivoques. Il s'agit donc d'un siècle marqué par un souci d'unification et de codification, par les prescriptions. C'est le siècle de la création de l'Académie française. Au milieu du siècle, se fixe un usage littéraire correspondant à la langue de la cour et des salons.

Le français continue son extension et il est remarquable que Descartes ait écrit en français son *Discours de la méthode* (1637) où il montre que l'expression du français peut s'allier à « la raison naturelle toute pure » et qu'il y recoure « pour que tout le monde comprenne, depuis les plus subtils jusqu'aux femmes » ; il en fournira, néanmoins, ultérieurement une version latine. *La Gazette de France* est créée par Théophraste Renaudot en 1631 ; le *Journal des savants* en 1665. Toutefois, les manuels de français jusque dans les années 1680 sont encore souvent rédigés en latin, langue usuelle de l'enseignement, comme dans les collèges jésuites, l'utilisation du français chez les Frères des écoles chrétiennes et dans les Petites Écoles de Port-Royal faisant figure d'exception.

La fameuse querelle des Anciens et des Modernes, qui anime la vie littéraire et divise l'Académie, a beaucoup fait pour la valorisation du français et son émancipation par rapport à l'Antiquité. Les Modernes, comme Desmarets de Saint-Sorlin qui inaugure les débats, avec son *Clovis ou la France chrestienne* (1657), tiennent à une supériorité de la poésie française sur la poésie latine, mais aussi de la langue française sur la langue latine. Charles Perrault célèbre le *Siècle de Louis le grand (*1687) le déclarant supérieur au « beau siècle d'Auguste ». Fontenelle, dans sa *Digression sur les Anciens et les Modernes* (1688), met en avant la notion de progrès. La Fontaine, Boileau, La Bruyère prennent le parti des Anciens. La concurrence entre latin et français se manifeste tout particulièrement dans l'affaire des inscriptions à porter sur un arc de triomphe à élever en l'honneur de Louis XIV sur la place du Trône. L'académicien François Charpentier fait paraître une *Deffense de la langue françoise pour l'inscription de l'arc de triomphe* (1676), justifiant sa position par l'éclat actuel de la monarchie française et l'état de perfection atteint par le français. Le jésuite Jean Lucas publie au contraire une *De monumentis publi-*

cis latine inscribendis oratio. L'arc de triomphe devait demeurer inachevé, sans inscriptions.

I. Codifications

A- Création de l'Académie française

La langue connaît ses sourcilleux législateurs. Richelieu fonde en 1635 l'Académie (40 membres élus à vie) avec pour fonction de « travailler avec tout le soin et toute la diligence possibles à donner des règles certaines à notre langue et à la rendre pure, éloquente et capable de traiter les arts et les sciences ». Il donne ainsi un caractère officiel au groupe de gens de lettres formé en 1629 auprès de Valentin Conrart et auquel appartient Claude Vaugelas. Boileau, La Fontaine, Corneille, Racine, Bossuet, Fénelon siégeront à l'Académie aux côtés d'hommes politiques comme Colbert. L'Académie est organisée sur le modèle de l'Accademia della Crusca de Florence, fondée en 1583. Cette académie florentine est à l'origine du premier travail lexicographique systématique sur une langue vulgaire, un dictionnaire dont la première édition date de 1612 et qui a été régulièrement réédité jusqu'au début du XXe siècle. Ce dictionnaire de la langue toscane a été établi dans la perspective de l'ouvrage de Bembo, *Prose della volgar lingua* (1525), qui faisait la part belle aux textes toscans du XIVe siècle, d'où les reproches de purisme et de conservatisme qui lui ont été adressés. L'Académie française dans sa fondation a en charge de fournir un dictionnaire, une grammaire, une rhétorique et une poétique. Vaugelas, premier grammairien lexicographe de l'Académie, commence à travailler dès 1639 au dictionnaire dont la première édition ne date que de 1694 et dont le frontispice montre bien l'union du pouvoir politique et du pouvoir culturel, tout comme les termes de la dédicace des académiciens à Louis XIV : « La supériorité de vostre Puissance l'a desja renduë la Langue dominante de la plus belle partie du monde. Tandis que nous nous appliquons à l'embellir, vos armes victorieuses la font passer chez les Etrangers, nous leur en facilitons l'intelligence par nostre travail, et vous la leur rendez necessaire par vos Conquestes ; et si elle va encore plus loin que vos Conquestes, si elle se voit aujourd'huy establie dans la pluspart des Cours de l'Europe, si elle reduit pour ainsi dire les Langues des Païs où elle est connuë, à ne servir presque plus qu'au commun du Peuple, si enfin elle tient le premier rang entre les Langues vivantes, elle doit moins une si haute destinée à sa beautè naturelle, qu'au rang que vous tenez entre les Rois et les Heros. »

B- Le bon usage et ses transgressions

La norme est recherchée dans l'usage, célébré, entre autres, par Vaugelas, dans ses fameuses *Remarques sur la Langue Françoise utiles à tous ceux qui veulent bien parler et bien escrire* (1647) qui eurent un grand succès ; c'est « la façon de parler de la plus saine partie de la Cour, conformément à la façon d'escrire de la plus saine partie des Autheurs du temps. Quand je dis la Cour, j'y comprens les femmes comme les hommes, et plusieurs personnes de la ville où le Prince reside, qui par la communication qu'elles ont avec les gens de la Cour participent à sa politesse », définition dans laquelle il faut souligner, pour le développement ultérieur de la norme française, l'importance de l'alliance d'une couche sociale dominante et de l'écrit. Le père Bouhours, auteur des *Entretiens d'Ariste et d'Eugène* (1671), des *Remarques nouvelles sur la langue françoise*

(1675), donne la primauté à la langue de cour, « le bel usage », la Ville copiant les usages de la Cour. La conversation est érigée en véritable art dans les salons comme celui de la marquise de Rambouillet que fréquentent des princes, des grands et des écrivains tels Voiture, Malherbe, Corneille. La pointe, le trait d'esprit sont aussi bien représentés à l'écrit qu'à l'oral.

Le xviiᵉ siècle est le temps des Remarqueurs, qui observent la langue française et disent le bon usage et, comme Vaugelas, trouvent « insupportables » un certain nombre de tours ou leur affectent des emplois très spécifiques. Vaugelas considère *ains* hors d'usage à la cour sauf dans le langage de la plaisanterie sous la forme *ains au contraire.* Pour la concurrence entre *vais* et *vas*, il écrit : « Tous ceux qui sçavent escrire, et qui ont estudié, disent je vais et disent fort bien selon la Gramaire... Mais toute la Cour dit, je va, et ne peut souffrir, je vais, qui passe pour un mot Provincial, ou du peuple de Paris ». Une attention toute particulière est donc attachée aux concurrences d'emploi. L'opposition entre la langue de la conversation et l'écrit est soulignée. Ainsi Vaugelas remarque que l'usage des particules n'est guère observé en parlant, alors qu'il participe des « délicatesses et des mystères du stile ». La graphie *si l'on* pour *si on* est caractéristique selon lui de l'écrit. Les Remarqueurs sont donc attentifs à toutes les variations d'un usage, circonscrit à un bon usage. Les auteurs se plient généralement à ces prescriptions ; Pierre Corneille en 1660 corrige ses tragédies avec l'aide de son frère Thomas pour se conformer aux enseignements de Vaugelas.

C'est un idéal de pureté, de netteté et de clarté qui régit le classicisme, hors des provincialismes, du langage populaire et des mots bas, des archaïsmes, des langues techniques, des latinismes pédants. Malherbe, le poète grammairien que Boileau salue dans son *Art poétique* (« Enfin Malherbe vint »), dans l'annotation critique qu'il fait des poésies de Desportes (1606), annotation restée manuscrite, a inauguré ce mouvement d'épuration : suppression des archaïsmes, des néologismes, des répétitions, des hiatus, des pléonasmes, refus du pittoresque de l'image, de l'hyperbole. L'académicien Mézeray oppose la langue des doctes à la langue plébée. Sont déclarés bas, par exemple, *allecher, barguigner, besogne, delice, entacher, taxer*. Les proverbes sont condamnés par certains comme bourgeois ou appartenant au langage des halles. Les provincialismes sont fustigés. Les gasconismes de la cour d'Henri IV n'ont plus cours. Les redoublements d'expression sont rejetés. Nicolas Coeffeteau, l'auteur de l'*Histoire romaine* (1621), est considéré comme un modèle de précision et de netteté. Selon Vaugelas, il est si clair et si intelligible qu'il n'est pas une de ses périodes qu'il faille relire deux fois pour l'entendre. Guez de Balzac est célébré par Malherbe comme « restaurateur de la langue française », grâce à un arrangement des mots harmonieux dans une prose nombreuse et grâce à l'usage des particules.

De 1630 à 1660 se développe l'idéal de « l'honnête homme » inspiré du *Courtisan* de Castiglione et qui consiste à « exceller en tout ce qui regarde les agréments et le commerce de la vie » (Méré), idéal qui passe aussi par le langage ; il convient de bien écrire et de bien parler : la netteté doit l'emporter sur l'éclat. Dans *L'Honneste homme ou l'art de plaire à la cour* de Faret (1630) se trouvent aussi des préceptes pour la conversation, tout ainsi que dans les *Conversations* du chevalier de Méré (1668) ; son *Discours de la justesse* (1668) prône la justesse dans le sens et l'expression : « une chose bien pensée veut être bien dite ». L'on célèbre le « je ne sais quoi » ; selon Vaugelas :

« À la pureté, et à la netteté du stile, il y a encore d'autres parties à ajouster : la propriété des mots et des phrases, l'elegance, la douceur, la majesté, la force, et ce qui resulte de tout cela, l'air et la grace, qu'on appelle le je ne sçay quoy, où le nombre, la briefveté, et la naïfveté de l'expression ont encore beaucoup de part ».

Si le P. Charles de Saint-Paul dans son *Tableau de l'éloquence françoise* (1632) dit que l'invention d'un mot « doit être aussi rare que les cometes », toutefois, le néologisme n'est pas entièrement exclu, comme en témoigne la préciosité, raillée par Molière dans ses *Précieuses ridicules* (1659). Ce courant se développe au cours des années 1650-1660 dans les salons (salons de la marquise de Rambouillet ou de Mademoiselle de Scudéry qui publia, de 1649 à 1653, les dix volumes de son *Grand Cyrus*) ; il se caractérise aussi par l'élimination des termes bas au profit des périphrases, par l'hyperbole, par le goût pour la langue abstraite. Il met à la mode les adjectifs substantivés (*le doux, le tendre*), les noms abstraits au pluriel (*les froideurs*), les adverbes en *-ment* hyperboliques (*furieusement*). En 1660, Antoine de Somaize, qui participe, comme Molière dans ses *Précieuses ridicules*, à la production satirique en publiant *Le grand Dictionnaire des Prétieuses ou la Clef de la langue des ruelles* et, l'année suivante, *Le Grand dictionnaire des Prétieuses, Historique, Poétique, Geographique, Cosmographique, Cronologique et Armoirique,* donne un certain nombre d'équivalences qui attestent la prédilection pour un langage métaphorique : *le cerveau = le sublime ; le miroir = le conseiller des grâces ; le papier = l'effronté qui ne rougit point.*

Les représentants du courant burlesque, dans lequel excelle Scarron, auteur du *Typhon* (1644), du *Virgile travesti* (1653) et du *Roman comique* (1651-1657), emploient par dérision tous les termes bannis des puristes et des salons. Ils pratiquent une esthétique du décalage, recourant à un langage bas pour les thèmes nobles et à un langage ampoulé pour les thèmes les plus triviaux. Un certain nombre de mots et d'expressions familières qu'ils utilisent sont restés dans la langue : *avoir de quoi, clocher, se grouiller, grosse dondon, gueule enfarinée*. Ils privilégient l'archaïsme (*maltalent, forcenerie*). Molière fait entrer dans la littérature la représentation du langage paysan : « Aga, guien, Charlotte, je m'en vas te conter tout fin drait comme cela est venu ; car comme dit l'autre, je les ai le premier avisés, avisés le premier je les ai. Enfin donc j'estions sur le bord de la mar, moi et le gros Lucas, et je nous amusions à batifoler avec des mottes de tarre que je nous jesquions à la teste : car, comme tu sais bian, le gros Lucas aime à batifoler, et moi par fouas je batifole itou. En batifolant donc, pisque batifoler y a, j'ai aparçu de tout loin queuque chose qui grouilloit dans gliau, et qui venoit comme envars nous par nous par secousse » (*Dom Juan*, acte II, scène I). Par ailleurs, le mot *argot* pour désigner le langage des voleurs et des gueux apparaît au XVII⁰ siècle. Le lexicographe Furetière donne comme exemple de langage argotique : *brider la lourde sans tournante*, « ouvrir la porte sans clef ». L'archaïsme est bien représenté dans le langage de la pratique ; Vaugelas remarque que les notaires employent *iceluy, jaçoit que, ores que, pour et à telle fin*. Par ailleurs, si le XVII⁰ siècle n'est pas celui de la création lexicale revendiquée, la suffixation fournit des dérivés (*exactitude, félicitation, ponctualité, ironiser*). Un certain nombre de mots exotiques sont empruntés : ainsi *thé* provient du malais. Des termes sont adaptés de l'anglais, comme *contredanse* (de *country dance*). Certains emprunts sont faits à l'italien (*cascade, miniature*) et à l'espagnol (*disparate, sarabande*). Des mots prennent un sens différent selon leur position dans le syntagme : *une certaine chose, une chose certaine* ne sont plus synonymes.

S'il y a des modèles sociaux, il y a aussi des modèles littéraires. Alors qu'au siècle précédent, c'était l'*Amadis de Gaule*, qui était considéré comme la parfaite idée de la langue française, le XVIIe siècle reconnaît ce mérite au début du siècle à *L'Astrée* (1609), ouvrage d'une « parfaite façon d'écrire », composé d'un « style doux et intelligible », et où « l'éloquence y parle naïvement » selon l'*Art poetique* de Deimier (1610) qui remarque : « Aussi l'on voit qu'aujourd'huy les plus celebres escrivains pour la prose, ont un style, clair, doux et majestatif, et du tout vuide de figures estranges, de pointes affectees, et de paroles hors de propos hautaines et inconnuës, comme autrefois ceste vaine façon d'escrire estoit et se treuve encore affectueusement pratiquee par quelques uns. » Les règles de la versification classique (refus de l'hiatus, de l'enjambement), érigées par Malherbe, tendent à s'imposer.

L'on assiste à une nouvelle distribution des trois styles traditionnels. Pour Furetière, « il y a le style relevé ou sublime, dont on use dans les actions publiques ; le style médiocre ou familier, dont on se sert en conversation ; et le style bas ou populaire, dont on use dans le comique, ou le burlesque ». Les patois sont utilisés en littérature dans le genre burlesque et la comédie. Cette représentation littéraire qui en est faite, souvent péjorative, ne doit pas faire oublier que les patois étaient alors la langue maternelle d'une majorité de Français qui n'ont que faire des Vaugelas et autres prescripteurs.

C- Les dictionnaires

La première édition du célèbre *Dictionnaire de l'Académie* paraît en 1694. Il s'agit d'un dictionnaire des mots courants (« la Langue commune, telle qu'elle est dans le commerce ordinaire des honnestes gens, et telle que les Orateurs et les Poëtes l'employent »), les termes techniques, les mots anciens (pour aider à la « lecture des livres du vieux langage qui « est une lecture qui plaist à beaucoup de gens ») se trouvant dans le *Dictionnaire des arts et sciences* publié la même année chez le même éditeur, avec la même présentation par Thomas Corneille, le frère du dramaturge, et qu'il faut considérer comme un complément indispensable au dictionnaire de l'Académie. Cette première édition, qui offre un classement de mots par familles (abandonné dans l'édition suivante au profit du classement alphabétique), privilégie les tournures, précise les niveaux de langue, élimine les mots archaïques et les néologismes, « les termes d'emportement ou qui blessent la Pudeur ». Il fournit des exemples inventés et non des citations d'auteur, contrairement au projet premier ; leur absence est justifiée par l'état de perfection qu'aurait atteint le français : le dictionnaire « a esté commencé et achevé dans le siecle le plus florissant de la Langue Françoise : Et c'est pour cela qu'il ne cite point, parce que plusieurs de nos plus celebres Orateurs et de nos plus grands Poëtes y ont travaillé, et qu'on a creu s'en devoir tenir à leurs sentimens ». L'académicien Mézeray écrit à propos de l'orthographe retenue : « La Compagnie declare qu'elle desire suivre l'ancienne orthographe qui distingue les gents de lettres d'avec les ignorants et les simples femmes et qu'elle veut la maintenir partout hormis dans les mots ou un long et constant usage en aura introduit une contraire ». La préface du dictionnaire met en avant la nécessité pour l'orthographe de marquer l'origine des mots, mais aussi de composer avec l'usage : « il faut reconnoistre l'usage pour le Maistre de l'Orthographe aussi bien que du choix des mots. C'est l'usage qui nous mene insensiblement d'une maniere d'escrire à l'autre et qui seul a le pouvoir de le faire ». Le *j* et le *v* sont utilisés dans le corps des articles ; un certain nombre de lettres superflues ont disparu, mais il reste de nombreuses consonnes doubles, *y* et *z* sont encore fréquents en finale, le *s* implosif est d'usage (*teste*). Cette première édition du *Dictionnaire de l'Académie* a donné lieu à plusieurs attaques satiriques : celles de Chastein, *L'Apotheose du dictionnaire de l'Académie et son expulsion de la région céleste* (1696), *L'enterrement du dictionnaire de l'Académie* (1697), et un ouvrage anonyme, *Le dictionnaire des halles ou extrait du dictionnaire de l'Académie françoise* (1696) qui reproche à l'Académie d'avoir utilisé des termes populaires (« Jocrisse qui mene les poules pisser »).

La réflexion sur le lexique au XVIIe siècle se manifeste aussi par deux grandes entreprises lexicographiques qui créent, avant le *Dictionnaire de l'Académie*, le genre du dictionnaire monolingue en français. Le *Dictionnaire françois contenant les mots et les choses* de Pierre Richelet (1680), publié à Genève, présente des citations littéraires, offre un certain nombre de simplifications orthographiques (éliminations de consonnes implosives et géminées, réduction de *y* à *i*). Le dictionnaire d'Antoine Furetière (1690), publié à La Haye, œuvre posthume de cet académicien qui avait été exclu de l'Académie en 1685 (pour avoir obtenu un privilège pour son propre dictionnaire universel), est à visée encyclopédique et à large nomenclature ; son titre est éloquent, *Dictionnaire Universel, Contenant generalement tous les mots françois tant vieux que modernes, et les Termes de toutes les sciences et des arts*, avec ensuite la mention de ces sciences et arts (par exemple « La Jurisprudence Civile et Canonique, Feodale et Municipale, et sur tout celle des Ordonnances » ou « Les Mathematiques, la Geome-

Dictionnaire de l'Académie française (1694). Frontispice symbolisant
l'alliance du pouvoir politique et du pouvoir culturel.
Photothèque Hachette-L.G.F.

trie, l'Arithmetique, et l'Algebre ; la Trigonometrie,
Geodesie, ou l'Arpentage, et les Sections coniques »
ou « Les Arts, la Rhetorique, la Poësie, la Grammaire, la Peinture, Sculpture, &c. la Marine, le
Manege, l'Art de faire des armes, le Blason, la Vene-
rie, Fauconnerie, la Pesche, l'Agriculture, ou Maison
rustique, et la plus-part des Arts mechaniques »).
Auparavant, Gilles Ménage avait publié ses *Origines
de la langue françoise* (1650) où il considère pour
origine du français la langue de la basse latinité,
ouvrage qu'il reprendra dans son *Dictionnaire etymo-
logique* de 1694. Charles du Cange donne en 1678 un
glossaire des termes de la basse latinité, *Glossarium
ad scriptores mediae et infimae latinitatis.*

D- La réflexion grammaticale

Sont éditées des grammaires d'usage (comme
celles de Maupas, d'Oudin, de Ménage, du P. Bouhours) et une grammaire fondée sur la mise à jour de
mécanismes logiques universels, la *Grammaire générale et raisonnée contenant les fondements de l'art
de parler* de Port-Royal (1660) d'Antoine Arnauld et
de Claude Lancelot. Cette grammaire, qui s'inspire
de la *Minerva* de Sanctius et qui influencera fortement les grammairiens du siècle suivant dont Condillac, distingue deux classes de mots : ceux qui
signifient les objets des pensées et qui relèvent de la
conception (noms, adjectifs, articles, participes, pronoms, adverbes, prépositions) et ceux qui signifient
la forme de la pensée, exprimée dans un jugement
(verbes, interjections, conjonctions) ; pour la syntaxe,
elle formule un certain nombre de principes marquant
l'interdépendance du sujet et du verbe, la dépendance
de l'adjectif par rapport au substantif, la dépendance
du complément du nom, l'arbitraire du régime des
verbes ; elle transpose la notion de proposition du

domaine de la logique à celui de la grammaire (alors que jusque-là l'analyse était centrée sur le mot) et souligne le rôle majeur du verbe autour duquel s'organisent les divers constituants du discours.

L'Académie française, fondée en 1635 par Richelieu, publie, en 1694, la première édition de son dictionnaire, devancée par les dictionnaires de Richelet (1680) et de Furetière (1690), qui créent le genre du dictionnaire français monolingue.

La recherche de la norme passe par le bon usage célébré par les Remarqueurs, en œuvre aussi dans l'art de la conversation des salons.

La préciosité, le burlesque attestent l'importance accordée aux registres et aux niveaux de langue.

La *Grammaire* de Port-Royal témoigne, indépendamment des grammaires d'usage, d'une réflexion d'ensemble sur le langage.

II. Particularités linguistiques

A- Prononciation et orthographe

La prononciation est l'occasion de commentaires normatifs et de remarques sociolinguistiques de la part des grammairiens du XVIIe siècle. Pour la distribution entre une prononciation [wɛ] et une prononciation [ɛ] du digramme *oi*, Vaugelas note que la cour prononce souvent [ɛ], « prononciation plus douce et plus delicate », « une des beautez de nostre langue », alors qu'au palais, on prononce [wɛ] « à pleine bouche ». Il fournit ensuite des listes de mots avec l'une ou l'autre prononciation, invitant à dire « avoine, avec toute la Cour, et non pas aveine avec tout Paris ». La perte de

la double articulation nasale est un fait accompli.
Grand'mere ne se prononce plus comme *grammaire*.
Au cours du xviiᵉ siècle, le [λ] – que connaissent encore
actuellement la Suisse romande, l'italien, l'espagnol –
passe à [j]. Cette prononciation, tout d'abord attestée
dans les *Mazarinades* (quelque 5 000 pamphlets satiriques contre Mazarin, publiés entre 1648 et 1653),
répandue dans la petite bourgeoisie de Paris, est
combattue par les grammairiens.

Le *r* roulé avec vibration de la pointe de la langue
cède la place à un *r* uvulaire grasseyé. Pour Vaugelas,
la prononciation du *r* final dans les verbes *aller, venir*
ne se fait pas dans la prononciation courante, mais elle
est de règle chez les orateurs de la chaire et du barreau
quand ils parlent en public et chez les dames lorsqu'elles lisent à voix haute un livre imprimé, alors
qu'elles ne l'acceptent pas dans la langue de la conversation. L'observation de Vaugelas à ce propos est riche
d'enseignements sur la prononciation dialectale en
Normandie où *aller* est prononcé comme *allair* (que
l'on retrouve aussi dans les fameuses rimes normandes
où *aller* rime avec *mer*), sur la tendance à prononcer à
la lecture toutes les lettres imprimées, sur l'existence
d'habitudes de déclamation : « ce qui m'estonne, c'est
que des personnes nées et nourries à Paris et à la Cour,
le prononcent parfaitement bien dans le discours ordinaire, et que neantmoins en lisant, ou en parlant en
public, elles le prononcent fort mal, et tout au contraire
de ce qu'elles font ordinairement ». L'absence de prononciation de la consonne finale expliquerait, pour certains grammairiens modernes, le passage de *je les
pense aimer*, ambigu à l'oral où *aimer* et *aimés* sont
confondus, à *je pense les aimer*, où la forme ne peut
être qu'un infinitif. De nombreuses prononciations du
xviiᵉ siècle se retrouvent dans les français exportés à
cette date (acadien, créoles). La chute du [ə] final après
consonne est un fait accompli au début du siècle ; elle a

profondément modifié à l'oral le système d'opposition morphologique des genres qui reposait fréquemment pour l'adjectif par exemple sur la présence phonique du [ə] final ; la distinction ne se fait plus alors que par la prononciation de la consonne finale au féminin (*petit, petite ; faux, fausse ; long, longue*).

L'orthographe est, comme au siècle précédent, objet de débats, mais les grands Remarqueurs, comme Malherbe, Vaugelas, ne se prononcent pas. Au début du siècle, Le Gaygnard, *L'Aprenmolire* (1609), ou Robert Poisson, *Alfabet nouveau de la vrée ortografe fransoize* (1609), offrent des tentatives réformistes sans lendemain, tout comme celles de Louis de L'Esclache, *Les Véritables régles de l'ortografe francéze* (1668), ou d'Antoine Lartigaut, *Les Progrés de la véritable ortografe* (1669), ou la proposition d'alphabet nouveau dans la *Grammaire méthodique* de Denis d'Allais (1677). La *Grammaire générale et raisonnée* de Port-Royal pose pour principe l'équivalence phonème/graphème, récuse les lettres doubles et la multiplicité des graphèmes pour un phonème, mais reconnaît la nécessité de certaines lettres diacritiques (*chant/champ*) pour la distinction des homonymes. Pierre Corneille, dans l'édition de ses œuvres de 1663, différencie le *e*, le *é*, le *è*, distingue les mots où le *s* en fin de syllabe ne se prononce plus par l'emploi du *s* long lorsqu'il y a allongement (*tempeſte, teſte, étoit*).

Les phonèmes *yod* et *r* uvulaire remplacent le *l* mouillé et le *r* roulé. La perte de la double articulation nasale est un fait accompli. Les variations sociolinguistiques de la prononciation, reconnues par les théoriciens, sont importantes. Les tentatives de réformes de l'orthographe, dont on dénonce toujours les mêmes travers, sont sans effet.

B- Morphosyntaxe

1. *L'article*

L'article s'impose de plus en plus comme déterminant usuel du nom. Il devient fréquent devant les noms abstraits et en tournure attributive. Il est encore souvent omis en présence d'un déterminant indéfini (*tout, même, autre, tel*). L'indéfini pluriel est bien utilisé ; Maupas édicte la règle de l'emploi de la forme *de*, au lieu de *des*, pour les substantifs précédés d'un adjectif épithète (*de grands auteurs*). L'emploi de *des superbes palais* ou *de superbes palais* est objet de débat pour le père Garasse. Devant un nom propre, l'article défini est utilisé dans la langue populaire ou pour des effets burlesques. La forme contractée *es* est condamnée par les grammairiens. L'article défini s'impose pour le superlatif relatif. Comme le dit Malherbe : « Ne dites pas le cœur plus devot, dites : le cœur le plus devot qui fut oncq en servage ».

2. *Le démonstratif*

L'ancienne forme *cil* pour le sujet masculin n'est plus qu'un archaïsme. L'emploi de *celui* et de *cestuy* comme déterminant est condamné par Vaugelas qui trouve *à celle fin que* « insupportable ». Pour lui, *cet hom ici* est en usage à la cour, *cet homme ci* à Paris. Il y a, comme au siècle précédent, possibilité de double détermination : *celui là qui*. Les formes composées du type *icelui* sont données comme appartenant à la langue des juristes et des médecins. Selon Thomas Corneille, le discours familier utilise les formes *st'homme, ste femme*. Le démonstratif neutre *ce* est d'emploi étendu, comme complément (*en ce faisant, pour ce faire, sur ce*, tournures considérées comme relevant de la langue de la pratique). Le pronom neutre *ça*, contraction de *cela*, apparaît, d'abord réservé à l'usage oral.

3. L'indéfini

Chacun fonctionne encore au début du siècle comme déterminant (*chascun enfant*). *Un chacun*, courant au début du siècle, n'est plus en usage selon Richelet et est une locution basse pour Furetière. *Aucun* garde un sens positif jusqu'au XVIIIe siècle, mais, à partir de 1650, cet emploi est surtout caractéristique d'un souci d'archaïsme ou du burlesque, tout comme *d'aucuns*. *Aucunement* signifie encore « en quelque façon ».

4. Le pronom personnel

Le pronom complément dépendant d'un infinitif est de plus en plus fréquemment usité devant l'infinitif dont il dépend et non devant le verbe conjugué. Ainsi en est-il avec les verbes *vouloir, pouvoir, devoir, savoir, penser, declarer, oser*. Vaugelas, toutefois, préfère *je ne le veux pas faire* à *je ne veux pas le faire*. L'emploi ancien survit en français moderne pour les agents des verbes factitifs et de sensation (*je le fais faire, je le vois venir*), mais l'évolution vers une cohésion maximale du verbe et de son complément tend à rapprocher le pronom de l'infinitif dont il dépend. À la troisième personne, il existe toujours la possibilité d'omission du pronom direct devant le pronom indirect (*je lui dis* pour *je le lui dis*), tour qui perdurera dans la langue orale, mais non à l'écrit. Avec l'impératif, en cas de coordination, la construction avec pronom précédant le second impératif est encore courante (« Ote toi de mes yeux, vilaine, et me laisse en repos », Molière). *Soi* est souvent employé avec des sujets déterminés. Le pluriel *ils* est aussi utilisé pour un sujet indéterminé, usage encore possible à l'oral. L'emploi de *on* au lieu de *nous* se développe. *En* et *y* peuvent se rapporter à des personnes. *En* est fréquent avec verbe de mouvement, *s'en courir, il s'en est fui*.

5. *Relatifs et interrogatifs*

Pour les formes concurrentes du relatif, il y a une préférence pour *qui*, le « plus doux, plus court, plus elegant » et, donc, une restriction des emplois de *lequel*, dans son emploi sujet « extremement dur » pour Vaugelas qui ne le tolère que pour éviter l'équivoque. L'emploi de *lequel* adjectif est chez Molière la marque du pédantisme. *Dont*, *où* et *quoi* prépositionnel sont aussi préférés à *duquel*. *Qui*, *que*, *quoi*, *dont* sont d'emploi plus large et l'indistinction entre animé et inanimé est usuelle. Pour le relatif prépositionnel, si on tend à spécialiser *qui* pour la représentation des personnes et *quoi* pour celle des animaux et des choses, l'usage précédent, sans différenciation, est encore bien représenté, surtout pour *qui* (« Des bassesses à qui vous devez la clarté », Molière), mais beaucoup moins pour *quoi* (*l'homme de quoi je vous parle*). *Que*, comme relatif adverbial, est fréquent (« Me voyoit il de l'œil qu'il me voit aujourd'hui ? », Racine). Le relatif avec pour antécédent une proposition entière est encore employé seul, sans la reprise par *ce*. Le relatif est de moins en moins séparé de son antécédent. *Dont* et *d'où* sont confondus (*je ne scay dont cela vient*). *Qui* au sens de « si on » est usité dans l'ensemble du siècle (« qui n'auroit que vingt ou trente ans, ce seroit un voyage à faire », La Fontaine). La *Grammaire* de Port-Royal introduit la distinction entre relatives explicatives et relatives déterminatives.

En ce qui concerne les interrogatifs, l'interrogatif *qui*, fonctionnant encore pour la représentation d'inanimé (« Qui fait l'Oiseau ? C'est le plumage », La Fontaine), se restreint au cours du siècle à la seule représentation des personnes (sauf après *voilà : voilà qui est difficile*). L'interrogatif périphrastique *qu'est-ce qui*, *qui est-ce qui* se substitue à ce tour. Pour Vau-

gelas, *comme* et non *comment* doit être utilisé dans
l'interrogation. *Comme quoi,* création nouvelle selon
lui, peut introduire une subordonnée interrogative
indirecte, avant de s'employer pour introduire une
complétive (*voyons comme quoy il fait cela*). *Que* est
usité au sens de « pourquoi ? » (*Que ne venez-
vous ?*). En interrogative indirecte, *qui* et *que* sont de
plus en plus souvent précédés de *ce*. Vaugelas
reproche l'emploi de *que* pour *ce que* dans cette
phrase de Malherbe (« Il n'y a point de loi qui nous
apprenne que c'est que l'ingratitude »). La coordination d'une interrogative directe et d'une interrogative
indirecte persiste (*vient-il ou si je m'abuse*).

6. Conjonctions, adverbes et prépositions

Un certain nombre de conjonctions vieillissent. *Si
que* ne se trouve plus guère que chez Scarron et chez
La Fontaine. *Combien que*, d'emploi fréquent au
commencement du XVIIe siècle, est pour Richelet en
1680 hors d'usage. *Comme ainsi soit que*, du style de
la pratique pour Vaugelas, est proscrit par l'Académie. *Jaçoit que* n'est plus que chez les burlesques.
Mais que est considéré comme bas. Vaugelas
remarque que *parce que* est préféré par la cour et les
auteurs, alors que *pour ce que* appartient au langage
du palais. Il blâme l'emploi de *alors que* au lieu
de *lorsque*. *Car* est objet de débat, certains souhai-
tant l'éliminer ; Vaugelas ou Voiture en conservent
l'emploi.

La distinction morphologique entre adverbes et
prépositions commence à se faire. Ainsi les formes
avec *de-* (*dessus, dessous, dedans*) se spécialisent
comme adverbe ou élément de locution préposition-
nelle, alors que les formes simples sont prépositions
(*sus, sous, dans*). Un certain nombre d'adverbes ou
de locutions adverbiales prennent un sens logique.

D'ailleurs, par exemple, indique un changement de plan logique avec ajout d'un élément nouveau.

L'invariabilité des adverbes tend à s'imposer, quoique l'on trouve encore une variation pour certains d'entre eux (*quelques douces qu'elles puissent estre*). Mais cette règle logique se doit aussi de composer avec l'usage. Ainsi, la consonne finale pour les masculins *tout* et *tous* n'est pas prononcée, alors qu'elle l'est pour les féminins *toute* et *toutes*. Vaugelas propose l'invariabilité au masculin, la variabilité au féminin. L'Académie établit la règle actuelle de variation au seul féminin devant adjectif commençant par une consonne ou un *h* aspiré (*toute belle, toute honteuse*), dans la mesure où, devant voyelle, la consonne est entendue en liaison (*tout entière*). Pour l'adverbe *mesme*, qui apparaît souvent sous la forme *mesmes* avec -*s* adverbial, Vaugelas préconise une règle curieuse : *mesmes* près d'un substantif singulier, *mesme* près d'un substantif pluriel. La distinction sémantique selon la place (*même* postposé marquant l'insistance sur la notion d'individualité, *l'homme même*, et *même* antéposé marquant l'identité, *le même homme*) n'est pas encore en vigueur. Ce vers du *Cid*, « Sais tu que ce vieillard fut la mesme vertu ? », correspond au sens de « vertu même ».

7. *Le verbe*

De nombreux verbes ont plusieurs constructions sur lesquelles les grammairiens peuvent porter un jugement de valeur. Pour Vaugelas, *eschapper un grand danger* est plus élégant qu'*eschapper d'un grand danger* et *eschapper à* est encore « une fort belle façon de parler » ; il faut dire *commencer à* et non *commencer de* (comme les Gascons, les provinciaux et quelques Parisiens) et même, malgré l'hiatus, préférer *commença à*, puisque « il n'y a jamais de

mauvais son qui blesse l'oreille, lorsqu'un long usage
l'a estably, et que l'oreille y est accoustumée » ; le
père Bouhours, qui considérait tout d'abord l'emploi
de *commencer de* comme fautif, dit avoir changé
d'avis en raison de l'usage qu'en font maints auteurs.
Il y a tendance à la régression de la coexistence des
diverses constructions et choix sémantique. Maupas,
en 1632, essaye de systématiser la syntaxe de l'infinitif régime : construction directe avec les verbes
marquant la pensée, la volonté (*je pense venir*) ;
construction avec *de* pour les verbes marquant l'em-
pêchement, le commandement, le sentiment (*défendre
de, commander de*) ; construction avec *à* pour ceux
qui marquent l'application (*apprendre à*). Une
construction réflexive est possible pour un très grand
nombre de verbes, aussi bien intransitifs (*se partir,
s'eclater*) que transitifs (*se craindre*). Dans certains
cas, il y a une différence sémantique, la construction
avec le pronom réfléchi donnant au sujet une valeur
d'agent, dans d'autres cas, il y a simple variation.

L'emploi du subjonctif imparfait pour exprimer
l'irréel du passé a disparu au début du XVIIᵉ siècle.
En complétive, pour l'emploi des modes, il y a une
nouvelle distribution entre verbes actualisants et
verbes virtualisants. Après les verbes de croyance,
l'indicatif se substitue au subjonctif ; pour les verbes
de crainte, le subjonctif devient usuel, alors qu'avec
les verbes de sentiment, l'indicatif est encore possible. En circonstancielles, l'indicatif peut encore être
utilisé dans les concessives (*encore que cela est vrai*),
ainsi que dans les temporelles après *jusqu'à ce que,
tant que,* et avec *sans que* (*jusqu'à ce qu'il viendroit,
sans qu'ils sont avertis*).

En ce qui concerne les formes nominales du verbe,
on tend à restreindre la périphrase *aller* + forme en
-ant, privilégiée au siècle précédent, aux seuls verbes
marquant la progression de l'action ; pour Vaugelas,

il va croissant n'est plus usité « ny en prose, ny en vers, si ce n'est qu'il y ayt un mouvement visible ». La proposition infinitive, encore bien vivace au début du siècle, survit tout le siècle dans le langage de la prédication. La distinction morphologique des formes en *-ant,* entre adjectif verbal (variable), participe présent et gérondif (invariables), devient effective. De plus en plus souvent, le gérondif est précédé de *en* et la préposition s'imposera au XVIIIe siècle, avec des survivances sporadiques de l'usage antérieur comme *chemin faisant.* La tradition veut qu'en une séance de juin 1679, l'Académie ait décrété l'invariabilité des participes présents. Certaines expressions juridiques conservent encore en français moderne le souvenir de cette variation : *les ayants droit, toutes affaires cessantes.*

8. *Ordre des mots*

L'ordre adverbe + verbe + sujet pronom personnel se limite à certains tours au cours du siècle et n'est guère plus d'usage qu'après *bien, si, or* ou *seulement* (*si feray je, or est il temps, bien est il vray*). L'ordre sujet + verbe + objet prime au XVIIe siècle. L'emploi du complément d'objet devant le verbe, blâmé par Maupas et Malherbe, se trouve encore en poésie. Dans la langue parlée, la négation disparaît ; ainsi le jeune Louis XIII dont le langage a été transcrit par son médecin dit *je les aime point, je pui pas.* En cas de noms coordonnés, l'ellipse du déterminant ne doit se faire que pour des synonymes (*par les ruses et artifices*).

> Les choix entre les différentes variantes des mor-
> phèmes sont justifiés par des raisons sociolo-
> giques ou euphoniques ; ainsi pour la concurrence
> entre les diverses formes du démonstratif, du rela-
> tif. Certains mots-outils tombent en désuétude,
> d'autres sont condamnés au nom du mauvais
> usage. Une distinction morphologique s'établit
> entre adverbe et préposition. L'invariabilité des
> adverbes est prescrite, ce qui oblige parfois à
> composer avec l'usage ; l'invariabilité du parti-
> cipe présent permet de le distinguer de l'adjectif
> verbal.

III. Diffusion hors de France

En France même, tous les locuteurs français ne peuvent se faire comprendre sur l'ensemble du terri-toire. L'occitan, qui cesse d'être écrit au milieu du XVIIe siècle, continue à être parlé et Racine qui relate un voyage à Uzès constate qu'après Lyon, il n'est plus compris. En dehors de France, le français a une diffusion assez large. Souvent, dans les cours euro-péennes, dans la bonne société, on parle le français. Selon l'un des interlocuteurs des *Entretiens d'Ariste et d'Eugène* du P. Bouhours, « tous les etrangers qui ont de l'esprit se piquent de savoir le français : ceux qui haïssent le plus notre nation aiment notre lan-gue ». En ce qui concerne la diplomatie, le français est en concurrence avec le latin. Le roi de France correspond en français avec la Hollande, l'Angleterre, les princes de la région rhénane, en latin avec les diètes d'Empire, certains princes allemands, la Pologne. Les traités de Nimègue (1678-1679) sont rédigés en français avec la Hollande, en latin avec l'Empire, en espagnol avec l'Espagne. Lors de la conférence de Francfort (1682), s'affrontent deux positions : les représentants impériaux qui tiennent au latin, les Français qui obtiennent l'utilisation des langues vernaculaires respectives avec traduction latine. Cette pluralité de langues dans la diplomatie internationale disparaîtra au siècle suivant au profit du français.

La révocation de l'édit de Nantes (1685) entraîne une forte émigration vers les pays protestants (Genève, Provinces-Unies, Allemagne, Prusse), l'Angleterre, mais aussi vers le Nouveau Monde.

A- Le français en Europe

La Réforme au XVIe siècle avait solidement implanté le français à Genève. Les cours à l'Académie de Genève, fondée au siècle précédent, se font de plus en plus en français. Au Luxembourg, où l'on parle majoritairement allemand, le français est la langue de l'administration. En Hollande, le français est usité dans les administrations et les instances juridiques. Depuis l'indépendance des Pays-Bas, le néerlandais est considéré comme provincial. À la cour d'Orange, on parle français. De nombreuses pièces du répertoire français sont données en français ; Guillaume II d'Orange a sa troupe de comédiens français. Certains enseignements se font en français. Selon Bayle, « il y a en Hollande douze écoles de François pour une de Latin ». L'impression en Hollande de livres français est en extension et, pendant tout le XVIIe siècle, les Elzevier publient de remarquables éditions. De nombreuses gazettes y sont imprimées en français, malgré l'opposition du gouvernement royal français ; leur diffusion contribue largement au développement du français comme langue internationale. Le français a eu une influence exceptionnelle sur le néerlandais dans ce pays où la révocation de l'édit de Nantes amène une forte émigration française (en témoignent des mots comme *theater*, *parterre*, *biographie*, *abrégé*, *democratie*, *orthodox*, *profetie*, *financier*).

En Angleterre, le français est bien représenté à la cour. Le roi Charles Ier, marié avec Henriette de France, trouve même sa cour trop francisée. Il y a alors un snobisme du français, comparable à l'italianisation de la cour française au siècle précédent. La culture française est particulièrement à la mode à fin du xviie siècle et au début du siècle suivant. Des grammaires continuent à être publiées pour l'apprentissage du français par les anglophones, tout comme des dictionnaires bilingues.

Dans le Palatinat, les princes électeurs parlent le français. En Hesse-Cassel, le prince souverain, Maurice, écrit un *Dictionnaire français-allemand* (1631). Des mots français (quelque 150) entrent au xviie siècle dans la langue allemande, comme *affäre*, *fronde*, *garnison*, *kritik*, *offensiv*. De nombreux ouvrages français sortent des presses de Cologne. Des écoles françaises existent en Allemagne.

B- Le français hors d'Europe

L'implantation française se fait aussi bien en Amérique du Nord, aux Antilles, que dans l'océan Indien et en Afrique. Les colons proviennent majoritairement d'une région située au nord-ouest d'une ligne Paris-Bordeaux ; il s'agit pour l'essentiel d'artisans ou de soldats. Ils parlent un français marqué de certains dialectalismes.

Alors que le Canada avait été exploré par Jacques Cartier dès 1534, c'est au xviie siècle que sont établies des colonies françaises. Samuel de Champlain fonde en 1604 Port-Royal en Acadie (actuellement la Nouvelle-Écosse), première colonie française du Nouveau Monde, et en 1608 la ville de Québec. Mais c'est surtout après le traité de Saint-Germain (1632) que se développe le peuplement de ce territoire très vaste (Terre-Neuve, basse vallée du Saint-Laurent, région des Grands Lacs) de la Nouvelle-France, avec des colons pour l'essentiel normands ou saintongeois. Montréal est fondée en 1642. Sous Louis XIV, certaines années voient l'arrivée de mille colons nouveaux. Néanmoins, à la fin du XVIIᵉ siècle, la colonie n'est guère que de 10 000 Français. Cavelier de la Salle prend possession en 1682 au nom du roi de France de la vallée du Mississippi qu'il nomme Louisiane.

Les Français s'implantent aussi en Guyane et à Cayenne (1634) ; en Martinique et en Guadeloupe (1635), à Sainte-Lucie (1640), dans la partie occidentale de Saint-Domingue (en 1697, mais avec installation dès 1630 sur l'île de la Tortue). Dans l'océan Indien, des colonies sont installées dans l'île Dauphine (Madagascar ; en 1643), l'île Bourbon (en 1638 ; île occupée par la Compagnie française des Indes en 1665 et qui prendra ultérieurement le nom de La Réunion). La création des Comptoirs français de l'Inde, dont Pondichéry, date de 1674. Au Sénégal, la Compagnie normande, constituée par des marchands de Rouen et de Dieppe, fonde en 1626 un comptoir sur un îlot à l'embouchure du fleuve Sénégal, à l'origine de la ville de Saint-Louis, baptisée ainsi par Louis Gaullier en 1659. En 1677, les Français prennent l'île de Gorée. Ces établissements sont cédés à la Compagnie des Indes occidentales. Colbert crée en 1664 d'une part la Compagnie des Indes occidentales avec un droit exclusif pour le commerce, la traite des Noirs et la navigation en Amérique et Afrique avec concession pour 40 ans de la Nouvelle-France devenue colonie de la couronne l'année précédente et, d'autre part, la Compagnie des Indes orientales, dotée d'un droit exclusif pour 50 ans sur le commerce en Orient.

Dans un certain nombre de ces pays colonisés au XVIIᵉ siècle et où s'était instaurée une société esclavagiste, le français a donné naissance aux créoles avec lequel il est le plus souvent actuellement en situation de colinguisme. Ces créoles proviennent du français des colons parlé par les esclaves qui, afin d'être compris de leurs maîtres et des autres esclaves d'origines très diverses, abandonnent leur idiome d'origine et apprennent le français de façon approximative. Il y a ensuite structuration en une langue autonome, différente du français, et c'est cette langue créée par les premiers esclaves, et non le français (qui a statut de langue supérieure), qui sera ensuite la langue des esclaves nouvellement arrivés. Le créole (constitué d'une dizaine de parlers différents) est donc une variété de langue issue du français des colonisateurs esclavagistes que se sont appropriée les esclaves, le plus souvent d'origine africaine et souvent dominants en nombre (en 1700, le peuplement des Antilles françaises est estimé à 70 000 esclaves noirs et 25 000 colons blancs).

Le français, langue de l'administration de certains pays européens, est parlé dans les cours européennes et influence d'autres langues européennes. La révocation de l'édit de Nantes (1685) a entraîné une forte émigration en Europe et vers le Nouveau Monde.

La colonisation, œuvre essentiellement de colons de l'Ouest français, important une langue marquée des dialectalismes de ces régions, implante le français en Acadie, au Canada, dans les Antilles, dans l'océan Indien, au Sénégal. Dans les sociétés esclavagistes apparaissent les créoles qui correspondent au français des colons parlé par les esclaves.

A Sa Majesté
federic 5
Le Roy de Prusse. 167

Quoy vous etes Monarque et vous m'aimés encore !
quoy le premier moment de cette heureuse aurore
qui promet a laterre un jour si Lumineux
marqué par vos bontés, met le comble a mes Vœux !
o cœur toujours sensible, ame toujours Egale !
vos mains du trone amoy remplissent L'intervale ?
Le Philosophe Roy meprisant la grandeur
vous m'Ecrivez en homme, et parlez a mon cœur !

Vous Sçauez qu'apollon le Dieu de la lumiere
n'a pas toujours du Ciel Eclairé la carriere.
dans un Champetre azile il passa d'heureux jours
Les arts qu'il y fit naitre, y furent Ses amours,
il chanta la vertu. Sa divine harmonie
Polit des Phrigiens le Sauvage genie
Solide en Ses discours, Sublime en Ses Chansons
du grand art de penser il donna des Leçons
Ce fut le Siecle d'or. Car malgré l'ignorance
L'age d'or en Effet est le Siecle ou L'on pense.
un Pasteur Etranger attiré vers ces bords
du Dieu de L'harmonie entendit les accords
a ses sons Enchanteurs il accorda sa Lire
Le Dieu qui l'aprouva, prit le soin de L'instruire.

Lettre de Voltaire à Frédéric II, roi de Prusse (1740).
Photothèque Hachette-L.G.F.

CHAPITRE VI

Le XVIIIᵉ siècle

Le XVIIIᵉ siècle s'inscrit dans l'histoire comme le siècle de l'universalité de la langue française et comme celui de l'idéal de la langue unique parlée par tous, véhiculé par l'idéologie révolutionnaire influencée par les philosophes du langage. Le français y est « la langue de la Raison et de la Liberté » (abbé Grégoire). Homme de la conversation, le Français du XVIIIᵉ siècle découvre aussi dans le décours de cette époque l'éloquence du forum. L'orateur révolutionnaire « électrise » son auditoire. Au siècle suivant, Hugo, Michelet créeront le mythe du héros révolutionnaire caractérisé par l'amplification, la puissance du verbe.

I. Suprématies

A- Prétentions à l'universalité

Le XVIIIᵉ siècle développe le mythe du français langue universelle. Le prestige du français est tel que l'Académie de Berlin peut en 1782 proposer à son concours les questions suivantes : « Qu'est-ce qui fait la langue française la langue universelle de l'Europe ? Par où mérite-t-elle cette prérogative ? Peut-on présu-

mer qu'elle la conserve ? » Le *Discours sur l'universalité de la langue française* d'Antoine Rivarol (qui
montre que la clarté du français est due à son « ordre
direct », sujet, verbe, complément, correspondant à
l'ordre logique de la pensée et qui prétend que CE QUI
N'EST PAS CLAIR N'EST PAS FRANÇAIS, proposition impri-
mée en petites capitales), resté célèbre, emporte le prix
partagé avec le *Mémoire* de l'Allemand Jean-Chris-
tophe Schwab qui met en avant la fixité de la langue
française, « une maniere de penser uniforme sur la langue » et, dans sa diffusion, la suprématie du goût français ; il reconnaît la supériorité du français dans
l'éloquence, la poésie dramatique, le roman, l'histoire.

Le français devient la langue des sciences ; il est
substitué comme langue savante européenne au latin
par l'*Encyclopédie*. C'est aussi la langue de la diplomatie ; le traité de Rastadt (1714) avec l'Empire qui
pourtant tenait à l'usage du latin, celui d'Aix-la-Chapelle (1748) sont rédigés en français, instaurant un
usage qui durera jusqu'au début du XXe siècle. La cor-
respondance diplomatique se fait de plus en plus en
français, par exemple entre la Prusse et l'Angleterre.
De fait, la francisation touche surtout les princes, les
cours, celles de Frédéric II (Prusse), Catherine II
(Russie), Gustave III (Suède), et la haute société et si
certains auteurs étrangers comme Goldoni écrivent ou
correspondent en français, c'est plutôt un effet de
mode. La Révolution affecte ce statut privilégié :
ainsi, en Prusse, en Hongrie ou en Russie, il n'est
plus alors de bon ton de parler français.

Par ailleurs, après la révocation de l'édit de Nantes,
les Français émigrés en Allemagne ou en Autriche y
avaient apporté leur langue et y avaient créé des
foyers de culture française qui subsistent pendant tout
le XVIIIe siècle (français du Refuge). L'émigration
consécutive à la Révolution a une influence sur le
développement de l'enseignement du français en
Angleterre, en Allemagne ou en Russie.

B- Un enseignement en français

De plus en plus, le français est utilisé dans l'enseignement et l'on ne fait plus obligation aux élèves de converser en latin. En 1726, le *Traité des études* de Charles Rollin souligne l'importance de l'enseignement en français. En 1762, année de publication de l'*Émile* de Rousseau, la faculté des arts de Paris recommande l'usage du français. Le français est usité pour l'enseignement des sciences et de la philosophie. Des auteurs, tels Voltaire ou l'abbé Prévost, sont hostiles à un enseignement en latin. Le décret du 27 brumaire an III rend obligatoire le français dans les écoles primaires. Dans les grandes écoles qui sont créées à la Révolution (Polytechnique, École normale supérieure), l'enseignement se fait en français.

C- Une langue « une »

Alors qu'aux XVIᵉ et XVIIᵉ siècles, c'est une sorte de bon usage qui invite à délaisser les provincialismes dans un souci de ne pas se différencier, à la cour ou dans les salons, par une prononciation ou un lexique qui sentent leur terroir, la Révolution, qui avait tout d'abord accepté les dialectes dans la propagation des idées révolutionnaires (la Constituante en juin 1790 avait décidé la traduction des décrets dans les langues régionales), impose le français, et veut « anéantir les patois », considérés comme des survivances des féodalités. Selon la circulaire 72 du 28 prairial an II signée par les membres du Comité de Salut public : « Dans une république une et indivisible, la langue doit être une. C'est un fédéralisme que la variété des dialectes ; il faut le briser entièrement ». Cet idéal jacobin d'une langue nationale unique se heurte à la réalité linguistique. Près de la moitié des Français ne parlent pas le français. Selon l'abbé Grégoire, dans son rapport du

16 prairial an II « sur la nécessité et les moyens d'anéantir les patois et d'universaliser l'usage de la langue française » (rédigé à partir d'une vaste enquête menée quatre ans plus tôt), sur une population d'environ 28 millions d'habitants, 6 millions ignoreraient le français, 6 millions seraient incapables d'une conversation suivie et seulement 3 millions seraient capables de le parler « purement ». L'abbé Grégoire note aussi l'extrême variété des dialectes dans la prononciation et dans le lexique : « d'un village à l'autre les cultivateurs ne s'entendent pas ». Pendant tout le XVIIIe siècle toutefois, le français avait progressé surtout en milieu urbain et même si l'ordonnance de Villers-Cotterêts n'était toujours pas passée dans la pratique de toutes les provinces, les patois s'étaient francisés, alors que le français se chargeait de certains provincialismes. À partir du début du siècle, le développement du réseau routier permettant la communication entre citadins et paysans et la diffusion de la presse avaient favorisé la langue nationale. Le décret du 2 thermidor an II stipule qu'aucun acte public ou sous seing privé ne peut être écrit, sous peine d'emprisonnement, dans une autre langue que le français.

Les prétentions du français à être la langue universelle s'affichent. Langue de la diplomatie internationale, des cours européennes, il s'est substitué au latin comme langue scientifique et l'enseignement en français s'est considérablement développé.

La Révolution, qui met un frein à la suprématie du français dans les cours européennes, au nom du principe de la « langue une » veut anéantir les patois, pourtant parlés par une grande partie des Français d'alors, puisque près de la moitié d'entre eux ne peuvent s'exprimer en français.

II. Réflexion linguistique

A- La grammaire

La grammaire est le lieu d'une réflexion importante. Les règles qui peuvent maintenant être érigées à partir d'un vaste corpus d'auteurs appelés à devenir classiques pour une langue qui semble atteindre sa perfection doivent servir à empêcher les corruptions ultérieures. Pour Voltaire, à l'article « Langue » de son *Dictionnaire philosophique*, il faut s'en tenir à la langue des bons auteurs, qui par leur nombre permettent de fixer la langue, dont alors on ne peut plus rien changer sans la corrompre et « rendre inintelligibles les livres qui font l'instruction et le plaisir des nations ». La tradition des Remarqueurs du siècle précédent se perpétue. L'Académie française publie en 1704 les *Observations de l'Academie françoise sur les remarques de M. de Vaugelas*, ouvrage où elle reprend les principes de Vaugelas, avec certaines corrections : elle rédige, en 1719-1720, 2 400 remarques sur la traduction que Vaugelas avait donnée de Quinte-Curce et qui avait été publiée en 1653. Sur l'instigation de Voltaire se multiplient les commentaires grammaticaux d'auteurs classiques. L'abbé Régnier-Desmarais, à qui l'Académie avait confié en 1700 la charge de la rédaction de sa grammaire, publie en 1706 le premier des trois tomes de cette grammaire qui s'occupe de ponctuation, d'orthographe et des catégories du discours, ouvrage qui fut abondamment critiqué. Claude Buffier, dans la *Grammaire françoise sur un plan nouveau* (1709), dégage les règles de l'usage « du plus grand nombre des personnes de la cour qui ont de l'esprit et des écrivains qui ont de la réputation » et s'intéresse aux questions de style. L'abbé Girard en 1718 écrit un traité de *La justesse de la langue françoise, ou les differentes significations des mots qui passent pour syno-*

nymes qui inaugure le genre des dictionnaires de synonymes fondé sur l'élucidation des nuances de sens et sur les différences distinctives. Dumarsais fournit un *Traité des tropes ou des différens sens dans lesquels on peut prendre un même mot dans une même langue* (1730). Alors que certains auteurs tiennent à l'origine celtique du langage, des ouvrages dans lesquels sont analysées les caractéristiques des langues régionales sont publiés. Jérémie Oberlin donne un *Essai sur le patois lorrain* (1775) ; l'abbé de Sauvages, un *Dictionnaire languedocien-français* (1753).

Le terme même de « principe » fait son apparition en titre des ouvrages grammaticaux. Pierre Restaut publie en 1730 les *Principes généraux et raisonnés de la langue françoise*. L'abbé Girard, dans les *Vrais principes de la Langue françoise ou la parole réduite en methode conformément aux Lois de l'usage* (1747), tente une typologie linguistique, distinguant les langues analytiques qui suivent l'ordre naturel (sujet, verbe, complément), les langues transpositives comme le latin (faisant précéder l'objet), des langues mixtes comme le grec ; il offre à la terminologie grammaticale les termes de *circonstant* et *circonstanciel*. Noël-François de Wailly, dans les *Principes généraux et particuliers de la langue françoise* (1754), mêle pratique et théorie et fournit des principes pour parler la langue française avec élégance. Nicolas Beauzée, dans sa *Grammaire générale ou exposition raisonnée des elements necessaires du langage, pour servir de fondement à l'étude de toutes les langues* (1767), s'attache tout particulièrement à l'ordre des mots. Antoine Silvestre de Sacy publie en 1799 des *Principes de grammaire générale mis à la portée des enfans*.

Dans les articles grammaticaux de l'*Encyclopedie ou Dictionnaire raisonné des Sciences, des Arts et des Métiers* de Diderot et d'Alembert (1751-1772,

17 volumes de textes, 11 de planches ; 5 volumes de supplément en 1777 ; 2 de tables analytiques en 1780) auxquels ont collaboré Dumarsais et Beauzée sont distinguées la grammaire générale, relevant de la pensée, et les grammaires particulières relevant de l'arbitraire de chaque langue : « La grammaire générale est donc la science raisonnée des principes immuables et généraux de la parole prononcée ou écrite dans toutes les langues. Une grammaire particulière est l'art d'appliquer aux principes immuables et généraux de la parole prononcée ou écrite, les institutions arbitraires et usuelles d'une langue particulière ». La grammaire devient donc une science et Condillac et les Idéologues (philosophes dans la tradition du sensualisme de Condillac) en font un instrument de connaissance. La linguistique sensualiste met en avant la transparence de la langue. Pour Condillac, qui publie sa *Grammaire* en 1775, le langage provient de la sensation, ce qui met en avant le rôle de l'image dans la formation du langage. (Il avait dans son *Essai sur l'origine des connaissances humaines* – 1746 – expliqué l'origine des langues, du cri naturel des passions à l'invention des signes artificiels.) En grammaire, il simplifie les catégories, rattachant les pronoms aux substantifs et les verbes au verbe *être*. L'analyse des sensations, des idées et des jugements est intimement liée aux moyens de les exprimer avec exactitude. Les Idéologues influeront sur la philosophie révolutionnaire du langage. La grammaire, au cours du siècle, est donc vue dans ses rapports avec la pensée et appréhendée dans une perspective logico-philosophique. L'institution des chaires de grammaire générale dans les Écoles centrales créées en 1795 témoigne du développement remarquable de la grammaire, alors même que la rhétorique est supprimée de leur programme.

B- Les dictionnaires

Le *Dictionnaire universel de Trévoux,* héritier du Furetière et qui compte huit éditions de 1704 à 1771, passe de 3 à 8 volumes. Dictionnaire franco-latin, il est aussi encyclopédique et comporte au fil de ses rééditions l'addition de nombreux mots techniques. L'abbé Féraud, *Dictionnaire critique de la langue française* (1787), offre un certain nombre de simplifications orthographiques (lettres doubles, utilisation de *ai* pour *oi*) et se caractérise par de subtiles classes pour la détermination des niveaux de langue.

Quatre des huit éditions du *Dictionnaire de l'Académie* paraissent au XVIIIe siècle, attestant un important travail sur la langue. Celle de 1718, faite sous la responsabilité de l'abbé Régnier-Desmarais, adopte l'ordre alphabétique. Celle de 1740, préparée sous la direction de l'abbé d'Olivet, se caractérise par de multiples modifications qui affectent le tiers des 18 000 mots du dictionnaire. Elle systématise les emplois des accents ; substitution de l'accent circonflexe au *s* muet (*bête* pour *beste*) et en remplacement de certains hiatus (*âge* pour *aage*). Elle supprime de nombreuses lettres étymologiques (*omettre* pour *obmettre*), fournit pour les mots en *-nt* des pluriels en *-ns* au lieu de *-nts* (*enfans*) ; limite les emplois du *y.* Celle de 1762, sous la direction du grammairien Duclos, n'offre pas moins de 5 000 mots nouveaux qui appartiennent aux sciences et aux arts, propose un certain nombre de simplifications et de cohérences d'emploi dans l'usage des accents, des lettres doubles et dans l'élimination du *z.* Celle de 1798, préparée par d'Alembert et Marmontel, intègre dans l'ordre alphabétique les mots commençant par *j* et *v,* simplifie certaines consonnes doubles, supprime certains *h* et *e* muets ; elle offre un *Supplément contenant les mots nou-*

veaux en usage depuis la Révolution : 331 entrées, qui relèvent de l'administration (*correctionnelle, département, grandes écoles*), du nouveau système des mesures, des sciences (*aéronaute*), de l'actualité révolutionnaire (*massacres, mitraillade, aristocrate, révolutionnaire, cordelier, jacobin, lanternes*). Les circonstances de sa publication sont toutefois très particulières. L'Académie avait été dissoute en 1793 et la Convention avait confisqué le manuscrit du dictionnaire en cours de préparation et avait décidé en 1795 de le faire publier, en lui adjoignant ce supplément. L'Académie au siècle suivant désavouera cette édition dont de Wailly en 1801 publie un abrégé, *Nouveau vocabulaire français ou Abrégé du dictionnaire de l'Académie*.

La grammaire s'érige en science et atteste une véritable réflexion linguistique dans une perspective logico-philosophique qui privilégie la grammaire générale, alors que se multiplient des ouvrages sur le style.

D'importants dictionnaires (*Dictionnaire universel de Trévoux*, dictionnaire de Féraud) sont publiés. Datent de ce siècle quatre des huit éditions du *Dictionnaire de l'Académie*, apportant de nombreuses innovations.

III. Le lexique

La révolution industrielle a entraîné tout au long du siècle des néologismes nombreux et certains termes que rendait nécessaire le développement des sciences et des techniques sont entrés aussi dans la langue courante qui s'enrichit des vocabulaires spécialisés. Par exemple en économie : *économiste, patente, accaparement* ; en physique : *gravitation, attraction* (termes « newtoniens »), *oxygène, azote* (termes de Lavoisier) ; en techniques : *montgolfière, aérostat, ballon*. Buffon, qui remet à la mode des mots anciens (*répulsion, scorie*), offre des mots nouveaux comme *pétrissable, quartz*. La langue de l'industrie s'est particulièrement développée ; *usine* date du xviiie siècle. Une réflexion se fait à propos de la nécessité de la néologie. Emprunts massifs au latin (position de d'Alembert), recours à l'archaïsme, utilisation de dérivés à partir de *-graphie, -métrie, -logie, -logue*, ou des suffixes *-é, -eux, -in, -ique*, ou des préfixes *dé-, dis-, anti-, mes-, non-, in-*. Les participes présents sont fréquemment employés comme adjectifs : *alarmant, assommant, provocant*. Mais le néologisme, création non nécessaire, est condamné, entre autres par l'Académie pour qui « la néologie est un art, le néologisme est un abus ». Le siècle des philosophes enrichit le vocabulaire de la philosophie avec des mots comme *abstractif, généraliser, moralisme*. Par ailleurs, un idéal puriste qui fait éliminer les termes « ignobles » est toujours en œuvre. Toutefois, sous Louis XV, le style poissard qui reproduit le parler des halles et des rues, inventé par Jean Joseph Vadé, remporte un franc succès.

La vogue de l'anglicisme est importante, concernant la philosophie, le vocabulaire politique, souvent venu du latin (*constitutionnel, responsabilité, vote* – du latin *votum*, « vœu » –, *minorité*) ou le mode de vie. Certains mots sont empruntés tels quels (*cottage, spleen*) ; d'autres sont adaptés aux particularités du français (*partenaire* pour *partner*, *redingote* pour *riding-coat*) ; certains sont des calques (*franc-maçon* de *free mason*). Les emprunts appartenant au domaine politique et juridique s'acclimatent d'autant plus facilement que le vocabulaire juridique anglais est d'ori-

gine française. L'anglicisme *sentimental* (formé à
partir de *sentiment*, issu du français) dans la traduction du *Sentimental Journey through France and Italy*
de Laurence Sterne (1768) est accepté en français
sans difficulté comme dérivé de *sentiment*. Des
termes français changent de signification sous l'influence de termes anglais ; ainsi *popularité*, « bien-
veillance d'une personne à l'égard du peuple », prend
le sens d'« amour du peuple pour une personne », à
cause du terme de *popularity*, qui était lui-même un
emprunt au français.

La Révolution, si elle n'a guère eu d'influence sur la
syntaxe ou sur la morphologie du français (le tutoiement
ne remplace que temporairement le *vous* de politesse)
ou sur l'orthographe (puisque les débats animés de 1795
et les propositions de réforme phonétique furent sans
lendemain), a modifié le vocabulaire français, entre
autres celui des institutions ; certains emplois antérieurs
se trouvent ainsi systématisés (*nation, opposition,
citoyen, révolution*), certains anglicismes sont légitimés.
Le latin est mis à contribution avec des mots comme
veto. Le grec est utilisé pour les nouvelles unités de
mesure (*gramme, mètre*). La dérivation et la composition sont très productives ; sur *révolution* sont faits les
termes de *révolutionnaire, contre-révolution, révolu-
tionner, révolutionnairement*. Des créations n'ont pas
survécu : *républicaniser, septembriser*.

Le développement des sciences et des techniques
entraîne de nombreux néologismes. Les anglicismes sont multiples dans la langue philosophique, dans la langue politique, pour les mots qui
concernent le mode de vie.
La Révolution apporte de profonds changements
au vocabulaire français, en particulier pour les
institutions.

IV. Particularités linguistiques

À la Révolution est entérinée la prononciation populaire de [wa] au lieu de [wɛ] dans des mots comme *roi*. Mais elle était dans la seconde partie du siècle de mieux en mieux représentée. Pour *croire*, dans son *Dictionnaire critique*, Féraud donne une prononciation [wa] dans le discours soutenu et une prononciation [ɛ] dans la conversation. Voltaire, qui préconise une orthographe où « les mêmes syllabes portent toujours une prononciation uniforme », opte pour la graphie *ai* au lieu de *oi* pour les noms de peuples et les imparfaits. La prononciation de [j] pour le [λ], condamnée au siècle précédent, tend à s'imposer. Les Merveilleux et les Incroyables du Directoire ne prononcent pas les [r].

De nombreuses locutions sont considérées comme vieillies par l'Académie (*en nos ans, contremont, tout à cette heure, si* au sens de « pourtant ») ou par Féraud (*par ainsi, par contre, à tout coup*). Parmi les conjonctions temporelles, *auparavant que* est donné comme fautif par l'Académie, *d'abord que* hors d'usage par Féraud, *cependant que* « vicieux ». L'absence de répétition de l'article dans les énumérations est condamnée, *ses père et mère,* tout comme la construction *un mien ami*. De même, pour le *Dictionnaire de l'Académie* de 1704, « il n'est presque jamais permis de supprimer les pronoms personnels devant les verbes, quoy qu'ils ayent esté exprimez dans le premier membre de la période ». Les pluriels abstraits (comme *les tendresses, les honte*s) sont objets de débat : condamnés par certains, ils sont considérés comme poétiques par d'autres. Le XVIIIe siècle a une prédilection pour le style substantif qui souligne l'opération de conceptualisation et atteste un goût certain pour l'abstraction. Dans le *Dictionnaire néologique*

À l'usage des beaux esprits du siècle, Desfontaines fait la satire de ce style substantif : « ainsi au lieu de dire, prendre une chemise blanche, il est bien plus joli de dire donner de la blancheur à sa chemise ». Le XVIIIe siècle a le sentiment que la phrase se caractérise par l'unité de sens et que le point ne marque plus seulement la pause oratoire. Dans la phrase de plus en plus logique, l'on a relevé une tendance à la concision, à l'organisation en séquences progressives, aux liaisons implicites. Selon Condillac, « quand une proposition principale se lie naturellement à d'autres, il faut bien se garder d'en faire une phrase subordonnée ; car, si les conjonctions n'embarrassent pas le discours, elles le rendent au moins languissant ». Le style coupé est privilégié. Netteté, clarté sont les maîtres mots de l'organisation de la phrase. Le jeu d'esprit prime ; la subtilité du langage caractérise le marivaudage, terme employé par Diderot au sens de « style, propos où l'on raffine sur le sentiment et l'expression ». Se développe aussi un langage des passions, une syntaxe affective sous la plume de Diderot et de Rousseau. L'harmonie musicale de la phrase, l'harmonie imitative des mots (complaisamment décrite dans la *Prosodie* d'Olivet, 1736, la *Poétique française* de Marmontel, 1763, ou le *Traité de la construction oratoire* de l'abbé Batteux, 1765) sont recherchées. Les débats sur l'inversion des mots, licence poétique à privilégier ou à condamner, mettent en avant les spécificités de la langue poétique et de la prose poétique.

V. Diffusion hors de France

A- Le français en Europe

À Bâle, le dialecte gaelon coexiste avec l'allemand et le français qui est parlé par la société cultivée. Le Valais est partagé entre germanophones et francophones, avec une prépondérance en nombre pour ces derniers. Le français est majoritaire à Genève, à Neuchâtel, dans le pays de Gex et en Savoie. La liberté d'expression qui règne aux Pays-Bas amène la publication de nombreux ouvrages qui ne pouvaient paraître librement en France. Dans le territoire qui correspond à la Belgique, sous domination autrichienne, on continue à parler français. Le wallon (dialecte français) n'est guère à la mode que dans les pièces de théâtre burlesque. Quant à l'élite flamande, elle se francise de plus en plus.

En ce qui concerne l'Angleterre, un certain nombre d'auteurs anglais n'hésitent pas à publier en français, tels William Beckford (*Vatheck*) ou Edward Gibbon (*Essai sur la littérature*). Les termes empruntés par l'anglais au français sont particulièrement nombreux. À partir du milieu du XVIIIe siècle, l'influence du français en Russie est forte. Les représentations de pièces de théâtre en français sont fréquentes. La première revue littéraire russe, *Le Caméléon littéraire*, est rédigée en français. Les philosophes français, Voltaire, d'Alembert, Diderot, sont en relation avec la cour de Russie. Catherine II écrit des ouvrages politiques en français. Un certain nombre de mots français entrent dans la langue russe, comme *apartament, dokument*. L'Académie des sciences et des lettres fondée à Berlin en 1700 utilise le français. Frédéric II de Prusse attire les Français. Comme il l'écrit crûment à d'Alembert : « Le zèle de Louis XIV nous a pourvus d'une colonie de huguenots, laquelle nous a rendu autant de services que la société d'Ignace en a rendu aux Iroquois ».

Dans les principautés de Valachie et de Moldavie, le français est encouragé. En Italie, si le français est usité dans les cours de Parme et en Toscane, il est peu développé ; de nombreux auteurs français sont l'objet de traductions (15 par exemple pour l'*Iphigénie* de Racine). Toutefois, Casanova, Goldoni écrivent en français.

B- Le français hors d'Europe

Au XVIIIe siècle, la France perd plusieurs de ses possessions coloniales. À la paix d'Utrecht (1713), elle doit céder à l'Angleterre l'Acadie, la baie d'Hudson et Terre-Neuve. « Le grand dérangement », déportation de familles françaises qui refusent de prêter allégeance à la couronne britannique par les Anglais en 1755, entraîne la dissémination des Acadiens dans les colonies américaines et en Angleterre. Certains exilés rentrent à la fin du siècle dans leur pays (l'Acadie correspondant aux provinces maritimes du Nouveau-Brunswick, de la Nouvelle-Écosse, de l'île du Prince-Édouard). Les Acadiens, déportés vers le sud, sont à l'origine des Cajuns (déformation d'Acadiens) de Louisiane qui parlent une variété de français acadien qui ne doit pas être confondue avec le créole louisianais. La Nouvelle-Orléans avait été fondée en 1718 et la Louisiane qui, de 1763 à 1800, est aux mains des Espagnols et où un certain nombre d'aristocrates français fuyant la Révolution trouveront refuge, s'était alors développée.

Durant le conflit colonial franco-anglais de la guerre de Sept Ans, l'Angleterre s'empare de 1759 à 1762 du Canada, d'une partie des Antilles (Marie-Galante, Guadeloupe, Dominique, Martinique) et des comptoirs indiens. Le traité de Paris (1763) ne permet à la France que de conserver les cinq comptoirs indiens et les principales îles des Antilles (Martinique, Guadeloupe,

Sainte-Lucie, l'ouest de Saint-Domingue), Saint-Pierre-et-Miquelon, Gorée. Les colonies américaines et le Sénégal à l'exception de Gorée sont remis à l'Angleterre. Ce traité est particulièrement préjudiciable pour le statut international du français.

Après ce traité qui cède le Canada à l'Angleterre, les descendants des colons français, venus au siècle précédent majoritairement de l'ouest de la France, auraient dû s'assimiler. Toutefois, la tolérance du français dans les affaires de droit privé, une forte natalité permettent à la communauté de conserver ses particularismes. Néanmoins les notables francophones sont rentrés en France et il reste essentiellement une population de paysans et d'artisans, de confession catholique, population qui pendant un siècle n'a pas de contacts avec la France. En 1791 est décrétée l'existence d'une province distincte bilingue.

Dans l'océan Indien, les Français s'implantent à l'île de France (île Maurice) en 1721 ; aux Seychelles en 1770.

Le prestige du français est important dans les cours européennes. Certains auteurs étrangers l'adoptent pour leurs ouvrages et il influence les vocabulaires anglais et russe.

Dans les conflits coloniaux franco-anglais, la France perd plusieurs de ses colonies dont une partie des Antilles, l'Acadie et le Canada. Les Acadiens, malgré les déportations dont ils sont victimes, conservent le français et l'importent dans les provinces maritimes et en Louisiane (où il est à l'origine du parler cajun). La communauté canadienne, grâce à une farouche détermination et à une forte natalité, conserve ses particularismes et sa langue qui, pendant un siècle, n'a pas de relations avec le français continental.

CHAPITRE VII

Le XIXᵉ siècle

L'enseignement du français s'institutionnalise. La loi Guizot de 1833 institue l'enseignement obligatoire. En 1882, Jules Ferry instaure l'enseignement primaire laïc, gratuit et obligatoire. L'emploi des langues régionales est interdit à l'école, mais les régionalismes ne sont pas bannis de la littérature ; Balzac, George Sand, Barbey d'Aurevilly y ont recours. La notion de classique s'installe, tous les dictionnaires du début du XIXᵉ siècle prennent leurs modèles chez les grands auteurs des XVIIᵉ et XVIIIᵉ siècles et le genre littéraire des tableaux de la littérature française se constitue. Une pratique correcte de la langue est recherchée et les manuels se multiplient, en même temps que l'histoire de la langue et les usages contemporains deviennent objet de connaissance. Le XIXᵉ siècle a été appelé le « siècle des dictionnaires ». C'est aussi celui du triomphe de la presse. Un siècle où prime l'écrit qui tend à se fixer. Toutefois, la Révolution avait restitué les pouvoirs politiques de la parole, l'éloquence révolutionnaire s'était développée avec Danton, Marat, Robespierre et les campagnes napoléoniennes donnent lieu à une éloquence militaire faite de harangues, les chambres parlementaires voient se multiplier les prises de parole et il existe une véritable éloquence de la chaire et de l'Université. En 1808, Napoléon réhabilite la classe de rhétorique dans les lycées qui remplacent les écoles centrales de la Révolution. La rhétorique, toutefois, est supprimée des programmes de l'enseignement secondaire par Jules Ferry en 1885 et même de la classe de rhétorique (qui conserve son nom jusqu'en 1902). Ernest Renan, dans le discours de réception de Ferdinand de Lesseps à l'Académie française en 1885, la pourfend en ces termes : « Vous avez horreur de la rhétorique, et vous avez bien raison. C'est, avec la poétique, la seule erreur des Grecs. Après avoir fait des chefs-d'œuvre, ils crurent pouvoir donner des règles pour en faire : erreur profonde ! Il n'y a pas d'art de parler, pas plus qu'il n'y a d'art d'écrire. Bien parler, c'est penser tout haut. Le succès oratoire et littéraire n'a jamais qu'une cause, l'absolue sincérité. »

I. Le langage, objet scientifique

A- Les sciences du langage

Le XIXᵉ siècle se caractérise par l'émergence d'un discours historicisant et scientifique sur la langue qui s'attache à son évolution et à ses aspects systématiques. La langue est considérée comme objet d'étude et non plus comme seul moyen de connaissance. La Société de linguistique de Paris, créée en 1866, neutralise la question de l'origine de la langue, en refusant toute communication sur les langues universelles et l'origine des langues.

Apparaît dans l'*Histoire de la langue française* (1812) de l'abbé G. Henry le terme de *linguistique* que le *Dictionnaire de l'Académie* de 1835 définit ainsi : « Étude des principes et des rapports des langues, science de la grammaire générale appliquée aux diverses langues ». La grammaire historique et comparée s'attache à la reconnaissance du devenir des langues dont l'évolution peut être systématisée par des lois. Une chaire de dialectologie est créée en 1888 à l'École pratique des hautes études. Son titulaire Jules Gilliéron développe le projet de l'*Atlas linguistique de la France* (dont les 7 volumes seront publiés de 1902 à 1907). Une enquête est menée auprès de plus de 600 localités à partir d'un questionnaire de 1 400 questions par un seul homme, Edmond Edmont, pendant plus de 4 ans (1897-1901). La dialectologie passe donc par la collecte de documents et leur exploitation selon des méthodes nouvelles comme la phonétique expérimentale. Il y a aussi naissance de la sémantique (terme introduit par Michel Bréal en 1883), réflexion sur le mécanisme des sens et non plus seulement sur l'origine des mots. Gaston Paris, fondateur de la revue *Romania* en 1872, éditeur de textes médiévaux, introduit la romanistique en France et est à l'origine du développement de la grammaire historique. L'abbé Rousselot, avec les *Principes de phonétique expérimentale*, fonde la phonétique descriptive et historique. Paul Passy propose l'API, alphabet phonétique international.

La grammaire comparée, développée à fin du XVIIIᵉ siècle par l'orientaliste britannique William Jones, qui établit la parenté du sanskrit, langue classique de l'Inde, avec le latin, le grec et les langues germaniques, et par Franz Bopp, qui donne, en 1816, un ouvrage sur le système des conjugaisons indo-européennes, s'est intéressée aux parentés du sanskrit, du grec et des langues romanes et a posé l'hypothèse de la langue commune originelle, l'indo-européen. A. Schleicher élabore un modèle d'arbre généalogique pour le classement des langues indo-européennes considérant les langues comme autant d'organismes dont on peut faire une approche quasiment biologique. Le mouvement des néo-grammairiens (né à Leipzig, vers 1876) met en avant l'existence de lois phonétiques rigoureuses et l'aspect très mécanique des changements.

La grammaire générale dans la perspective des Idéologues est au début du siècle représentée par Destutt de Tracy qui publie dans ses *Élements d'Idéologie* une *Grammaire* (1803). Charles-Pierre Girault-Duvivier écrit une *Grammaire des grammaires ou Analyse raisonnée des meilleurs traités sur la langue française* (1812), ouvrage qui eut un grand succès et se présente comme une synthèse de ses devanciers. Les frères Bescherelle donnent un ouvrage au titre éloquent, une *Grammaire nationale ou grammaire de Voltaire, de Racine, de Fénelon... renfermant plus de 100 000 exemples qui servent à fonder les règles et qui constituent le code de la langue française* (1834). Pierre Fontanier continue l'œuvre de Dumarsais par un *Manuel classique pour l'étude des tropes* (1821) ; il publie ensuite un *Traité général des figures du discours autres que les tropes.*

Au début du XIXᵉ siècle, paraissent un certain nombre d'ouvrages relevant les expressions provinciales. Jean François Le Gonidec écrit ainsi en 1819 un *Glossaire breton ou recueil des expressions vicieuses, surannées ou rustiques, usitées dans la province de Bretagne.* Il précise son double but : indiquer aux « premières classes de la société » les fautes à éviter, lorsqu'elles parlent français, et faire connaître aux savants de tous les pays le patois introduit en Bretagne. J.B. Reynier donne une *Correction raisonnée des fautes de langage et de prononciation qui se commettent même au sein de la bonne société, dans la Provence et dans quelques provinces du Midi* (1829). Une grande enquête entreprise en 1806 par Charles-Étienne Coquebert de Montbret et son fils sur la situation linguistique de l'Empire, menée auprès des préfets des 130 départements, permet de souligner les variations dialectales, comme le montrent quelques-unes des transcriptions de la parabole de l'enfant prodigue : en français : « Son fils lui dit alors : Mon père, j'ai péché contre le ciel et contre vous ; je ne mérite plus d'être appelé votre fils » ; en picard : « Sin fieu ly dit : Min pére, j'ai grament péché conte l'ciel et conte vous ; et jenne su pu dinne d'éte apelai vou fieu » ; en gascon : « E soun hil qu'eou digouc : Moun pay, qu'ey peccat cost'oou ceo é daouant bous : nou souy pas mes digne deou noum de boste hil » ; en franc-comtois : « E son fis lie diset : Pere, y a peichié contre lou cie et contre vous et y ne seu pas deigne dètre aippela vouetre fieou ».

B- Les dictionnaires

L'édition du *Dictionnaire de l'Académie* de 1835 (l'Académie française avait été restaurée en 1803) substitue la graphie *ai* à *oi* pour l'imparfait et pour des mots comme *françois,* où la prononciation [wɛ] s'était réduite à [ɛ] dès le XVIe siècle. Elle fournit des pluriels en *-nts* au lieu de *-ns* pour les mots en *-nt* (*enfans* devient *enfants*, mais *gens* conserve sa graphie) ; elle introduit des lettres étymologiques (*rhythme*), mais élimine un certain nombre de lettres inutiles. Un complément de 10 000 mots paraît en 1842. L'édition de 1878 n'offre pas de changements vraiment significatifs ; elle remplace par l'accent grave l'accent aigu de mots comme *piège*.

La vogue des dictionnaires est importante au XIXe siècle. Qu'il s'agisse des dictionnaires généraux de la langue française où s'illustrent des lexicographes comme Pierre Boiste, avec son ambitieux *Dictionnaire universel de la langue française, avec le latin et les étymologies, extrait comparatif, concor-*

*dance, critique et supplément de tous les diction-
naires   français,   manuel   encyclopedique   de
grammaire, d'orthographe, de vieux langage, de néologie* (1800), mais surtout, dans la seconde partie du
siècle, Émile Littré et Pierre Larousse. Émile Littré,
dont le *Dictionnaire de la langue française* (1859-
1872 ; supplément et additions en 1877 et 1880)
« embrasse et combine l'usage présent de la langue
et son usage passé », fournit des indications sur la
prononciation, l'étymologie, et offre dans sa partie
historique les usages antérieurs à 1600. La qualité des
exemples, surtout pour les XVIIe et XVIIIe siècles, est
remarquable. Pierre Larousse, dans le *Grand Dictionnaire universel du XIXe siècle* (1866-1876), donne des
articles encyclopédiques et fait appel à de nombreux
auteurs contemporains. Le *Dictionnaire général de la
langue française du XVIIe siècle à nos jours* (1890-
1900) d'Adolphe Hatzfeld, Arsène Darmesteter et
Antoine Thomas se signale par la qualité des définitions. Ces trois dictionnaires ont été amplement en
usage au siècle suivant, même si les étymologies données ont souvent été remises en question.

Apparaissent aussi des dictionnaires spécialisés.
Ainsi, pour l'ancien français, on publie de 1876 à
1882 en 10 volumes les notes manuscrites rédigées
au siècle précédent par Jean-Baptiste de La Curne de
Sainte-Palaye, *Dictionnaire historique de l'ancien
langage français*. Frédéric Godefroy publie le *Dictionnaire de l'ancienne langue française et de tous
ses dialectes du IXe au XVe siècle* (1889-1896) avec un
complément pour les XVe et XVIe siècles ; il s'agit d'un
dictionnaire des mots disparus du français moderne.
L'on a recensé pour les soixante premières années du
siècle la publication de quelque mille dictionnaires.

C- Les débats orthographiques

La bataille de l'orthographe fait rage à la fin du XIXe siècle. La nécessité d'une réforme de l'orthographe s'impose aussi bien pour Firmin-Didot, imprimeur de l'Académie française et auteur des *Observations sur l'orthographe ou ortographie française,* que pour le lexicographe Littré, que pour le critique Sainte-Beuve, que pour un certain nombre de philologues. Une pétition de 7 000 signatures (membres de l'Institut, professeurs, hommes politiques) remise à l'Académie en 1889 lui enjoint de faire les réformes nécessaires. En juillet 1893, au cours d'une séance où les académiciens sont en nombre restreint, l'académicien Gréard fait adopter un projet de réforme qui porte sur l'emploi du trait d'union, les accents, les signes auxiliaires, les noms à double genre, les voyelles doubles (*œ*), la réduction des consonnes doubles ou triples (*astme, autoctone, psycologie, crysantème*). Un académicien absent déchaîne une campagne de presse qui aboutit à l'automne suivant à la remise en cause des propositions de réforme. L'Académie « maintient son droit de statuer sur chacune d'elles comme elle le jugera convenable au fur et à mesure que l'occasion s'en présentera ». Tout ce remue-ménage aboutit à l'arrêté du 26 février 1901, indiquant les tolérances applicables aux examens (par exemple *nu* ou *nus pieds*, *avoir l'air doux* ou *douce*, participe passé invariable lorsqu'il est employé avec *avoir* et suivi d'un infinitif ou d'un participe).

Le XIXe siècle marque le développement de la linguistique avec l'essor de la grammaire historique et comparée, de la romanistique, de la dialectologie, de la phonétique expérimentale, de la sémantique, de la grammaire générale.

De grandes entreprises dictionnairiques (Littré, Larousse) voisinent avec des dictionnaires spécialisés dans les expressions provinciales ou la langue ancienne.

Une tentative de réforme de l'orthographe, proposée par des linguistes, soutenue en partie par l'Académie, échoue.

II. Le lexique

La langue scientifique est particulièrement productive. Les nouvelles techniques entraînent de multiples créations : ainsi pour *locomotive* (formée en 1834 par ellipse de *machine locomotive*), ont été proposés *automoteur, chariot locomoteur, locomobile, locomoteur, voiture à vapeur locomotrice*. Il y a de nombreux emprunts directs au grec (tout particulièrement dans la langue des physiciens, des chimistes et des médecins, alors qu'auparavant l'emprunt au grec se faisait le plus souvent par l'intermédiaire du latin) et les procédés traditionnels de dérivation et de composition sont aussi mis à contribution. Le lexique scientifique est profondément transformé. Le Code civil de 1804 fait se diffuser dans le langage courant des termes de droit.

Des termes passent de l'argot à la langue courante. Vidocq, ancien bagnard, puis chef de la brigade de sûreté, modèle du Vautrin de Balzac et du Jean Valjean de Hugo, publie dans ses *Mémoires* (1828) un vocabulaire de l'argot et, en 1837, *Les Voleurs, physiologie de leurs mœurs et de leur langage.* Eugène Sue, dans *Les Mystères de Paris,* Balzac, dans *Splendeurs et misères des courtisanes*, multiplient les emprunts à l'argot des malfaiteurs. Des langages spéciaux datent du XIXe siècle comme le loucherbem (répandu chez les bouchers) qui consiste à remplacer la consonne initiale par *l* et à la mettre en finale avec suffixe (*boucher = loucherbem* : la langue a conservé de ce *largonji* (jargon) les mots *loufoque* et *louftingue* (à partir de *fou*) et la pratique de l'inversion des syllabes dénommée au siècle suivant verlan (à l'envers). L'emploi du mot *argot* se répand non plus seulement pour le langage des malfaiteurs, mais pour tout langage propre à un groupe.

L'anglais est en faveur dans les domaines de la mode (*dandy, fashionable, confortable, tweed, jersey*), du commerce, de l'industrie (particulièrement pour les chemins de fer, *wagon, rail* et *tunnel,* ces deux derniers mots étant à l'origine des emprunts au français), des voyages (*touriste*). Après Waterloo, l'introduction du système politique britannique, le retour des exilés d'Angleterre contribuent au développement des mots anglais. De nombreux termes du sport sont empruntés : *football, rugby, base-ball, basket-ball, golf, fair-play, dribbler*, la plupart des anglicismes sportifs du français remontant à cette période. Certains avaient une origine française : *sport* de *desport*, « amusement », *tennis* de *tenez*, terme du jeu de paume, *cricket* de *criquet*, « bâton », *record* de l'ancien terme de droit *record*, « témoignage ». Il en est de même pour des mots comme *international, sélection*. De pseudo-anglicismes font leur apparition : *recordman* (en fait *record-holder*) ou *shake-hand* (pour *handshake*). *Smoking* est une abréviation de *smoking jacket*, vêtement d'intérieur « pour fumer » ; le terme correspondant est en fait l'anglais *dinner jac-*

ket. Parallèlement, l'anglais emprunte des mots au français comme *lingerie, menu, consommé, blasé*.

Alors que la répartition des mots selon leur niveau (bas, moyen, haut) était primordiale durant les deux siècles précédents, Victor Hugo dans son hymne au mot des *Contemplations* dénonçant le temps où « les mots, bien ou mal nés, vivaient parqués en castes », « nobles » ou « tas de gueux », déclare : « Je mis un bonnet rouge au vieux dictionnaire./Plus de mot sénateur ! Plus de mot roturier !... Je nommai le cochon par son nom... Je fis fraterniser la vache et la génisse... Au panier les Bouhours, les Batteux, les Brossettes !/À la pensée humaine, ils ont mis des poucettes./Aux armes, prose et vers ! Formez les bataillons. » C'est un véritable culte du mot qui est privilégié par le romantisme qui pratique une rhétorique du sublime faite d'hyperboles, d'antithèses, d'images et qui recourt aux procédés de l'amplification propre à émouvoir par l'exhortation et le pathétique.

> Le développement des techniques entraîne de nombreux néologismes. Les anglicismes sont fréquents dans le vocabulaire politique, le vocabulaire de la mode et des sports.
> Le romantisme remet en cause la hiérarchie des mots.

III. Le Félibrige

Depuis le XVIIIe siècle, les troubadours suscitent l'intérêt d'érudits qui dressent des dictionnaires occitan-français ; au XIXe siècle paraissent les 6 volumes du *Lexique roman* de François Raynouard avec groupement par racines et correspondances dans les langues néo-latines et surtout le *Dictionnaire proven-çal-français* du Dr Honnorat qui contient plus de 100 000 mots. À côté de l'engouement des Romantiques pour la langue d'oc, le XIXe siècle est surtout marqué par la création du Félibrige. En 1854, sept poètes provençaux (pour la plupart de la région d'Avignon et d'Arles), les Félibres (d'un mot signifiant « écrivain de langue d'oc », et rattaché par Mistral au bas latin *fellibris*, « nourrisson », les poètes étant considérés comme les nourrissons des Muses), adoptent un programme de restauration de l'occitan qui passe par l'enrichissement de la langue par dérivation et composition, par une orthographe distincte de celle du français utilisée pour la langue d'oc depuis le XVIe siècle (la graphie phonétique du poète Roumanille est finalement retenue). Le poème de Frédéric Mistral, *Mirèio* (1859), son dictionnaire *Trésor dou Felibrige*, travail lexicologique et encyclopédique, concourent au succès du mouvement. Les dissensions sur l'adoption d'une orthographe commune aux divers parlers d'oc, présentes dès le XIXe siècle, tendent à s'atténuer à la fin du XXe siècle avec la mise en place d'une *scripta* commune.

> Un groupe de poètes provençaux crée le Félibrige pour la restauration de l'occitan, mouvement auquel les travaux de Mistral donnent un lustre particulier.

IV. Diffusion hors de France

Le français reste la langue de la diplomatie. La Triple-Alliance de 1887 qui réunit contre la France l'Allemagne, l'Autriche et l'Italie est rédigée en français. Le français est avec l'anglais la langue officielle des Jeux olympiques établis par Pierre de Coubertin en 1896 ; en cas de désaccord entre les textes français et anglais, c'est le texte français qui prime.

Le fait dominant à cette époque dans l'histoire internationale du français est l'importance de la colonisation au Maghreb, en Afrique noire et en Asie, ce qui lui assure une implantation et une diffusion mondiales (auxquelles participent activement les missions religieuses).

A- Le français en Europe

Depuis le Moyen Âge, en pays flamand, lieu d'élection du francique, le français est la langue du commerce international et la langue des classes dominantes. Mais, parallèlement au Félibrige, se développe un mouvement en faveur de la valorisation des parlers flamands. Au cours du XIXᵉ siècle, à côté des variétés flamandes, il y a essai de standardisation autour de la norme néerlandaise (*ABN, Algemeen Beschaafd Nederlands*, « néerlandais cultivé commun »). En 1830, à l'indépendance de la Belgique (qui sous l'Empire napoléonien était partie intégrante de la France et à la chute de l'Empire était passée sous la tutelle des rois de Hollande), la seule langue officielle est le français. En 1898, les deux langues sont reconnues officiellement.

En Suisse, après l'échec de la Constitution centralisatrice imposée par le Directoire, l'Acte de médiation de 1803 rétablit les treize cantons anciens et ajoute six nouveaux cantons (dont celui de Vaud d'expression française). La Confédération helvétique reçoit sa dénomination moderne. Le traité de Vienne (1815) crée trois cantons nouveaux : Neuchâtel, Genève, le Valais. Le plurilinguisme de la Confédération helvétique (français, allemand, italien) est reconnu en

1838 ; le romanche ne devenant quatrième langue nationale qu'en 1938. Des dictionnaires correctifs font leur apparition, tel celui de L. Grangier, *Glossaire fribourgeois ou recueil des locutions vicieuses usitées dans le canton de Fribourg.*

À Monaco, si, du xviiᵉ siècle au xixᵉ siècle, italien et français coexistent, en 1792, le français y est langue officielle et une loi de 1858 le désigne comme langue de l'enseignement, la principauté devenant alors définitivement francophone.

B- Le français hors d'Europe

Au Canada, après la tentative avortée de 1841 de faire de l'anglais la seule langue officielle, l'article 133 de l'Acte de l'Amérique du Nord britannique de 1867 fait du Canada un dominion fédéral et instaure l'anglais et le français comme langues officielles. Le français au Canada est divers. En 1880, 80 % des Canadiens français sont des ruraux qui parlent un français populaire archaïsant. La population s'urbanise toutefois rapidement. Il se développe, particulièrement en milieu urbain, où le commerce est contrôlé par les Anglo-Saxons, un français oral anglicisé, le joual (mot correspondant à la prononciation du français « cheval »). Toutefois, pour l'élite, peu nombreuse, le modèle écrit est le français de Paris, tous les livres en circulation étant importés de France. Les anglophones opposent au *Parisian French*, le *French Canadian Patois*, d'où le réflexe des Canadiens français de justifier leurs particularismes et de se considérer comme les représentants du vrai français et de condamner tout ce qui est anglais. Un certain nombre de Québécois émigrent aux États-Unis et forment à la fin du xixᵉ siècle 10 % de la population de la Nouvelle-Angleterre.

La France perd des colonies. La vente par Bonaparte aux États-Unis (1803) de la Louisiane, colonie française depuis le XVIIᵉ siècle, marque le triomphe de l'anglais. À partir de cette date, la France n'a plus en Amérique du Nord que l'archipel de Saint-Pierre-et-Miquelon (de parler acadien). Saint-Domingue devient en 1804 la république de Haïti. En 1878, l'île de Saint-Barthélemy est rétrocédée à la France par la Suède. La défaite napoléonienne entraîne la perte de colonies insulaires : Sainte-Lucie et la Dominique ; l'île Maurice et les Seychelles.

Un des événements marquants de l'histoire du français au cours de ce siècle est son implantation dans le Maghreb. La colonisation de l'Algérie se fait à partir de 1830. Les langues qui y sont parlées sont le berbère, par un quart de la population, dans les régions montagneuses et désertiques, et une variété locale de l'arabe. La colonisation est importante, avec des émigrants français originaires essentiellement du sud de la France et de Corse. Il existe par ailleurs d'autres étrangers (Italiens, Espagnols, Maltais) en nombre aussi important que les Français. Bien que Jules Ferry ait voulu rendre l'école obligatoire, la population indigène est peu scolarisée (moins de 2 % des enfants musulmans à la fin du siècle), alors que les fils d'émigrants étrangers, naturalisés français en 1889, assimilent rapidement la langue. Un certain nombre de termes ont été introduits de l'arabe en français à partir de l'Algérie, comme *burnous, casbah, chéchia, razzia*. De l'argot militaire, viennent des mots tels que *barda*, de *barda'a*, « bât d'âne », *bled,* de *bled*, « terrain, pays, ville », *toubib*, de *tbib*, « sorcier ». La Tunisie est sous protectorat français à partir de 1881 et le français y est alors langue officielle.

L'extension en Afrique noire est remarquable. En 1814, le traité de Paris restitue à la France Gorée et Saint-Louis qui avaient été perdues à la fin du siècle précédent. Petit à petit, l'ensemble du Sénégal est colonisé. Les habitants des quatre communes (Saint-Louis, Dakar, Rufisque, Gorée) ont droit à la citoyenneté française. Après la conférence de Berlin (1885), qui délimite les zones d'influence des puissances européennes, l'armée et l'administration françaises s'implantent en Afrique noire. Sont colonisés le Gabon, le Congo, le Soudan, le Niger et le Dahomey. Le protectorat français, instauré à Madagascar en 1885, devient effectif en 1895 ; Madagascar est annexée l'année suivante. La région du Tchad est colonisée en 1900. Djibouti devient possession française en 1897. La rive gauche du fleuve Congo devient colonie belge en 1885.

Tahiti, explorée en 1767 par Samuel Wallis, est protectorat français en 1842 ; le peuplement français y est modeste, mais avec une influence active des missionnaires catholiques à partir de 1827 dans les îles du Pacifique. En 1898, Tahiti et les îles Sous-le-Vent sont partie intégrante du territoire français. L'enseignement s'y fait en français. En 1858, la France prend possession de l'île Clipperton, dans le Pacifique Nord (entièrement occupée depuis 1862). Les îles Wallis et Futuna deviennent françaises en 1886. La Nouvelle-Calédonie, découverte par Cook en 1774, est française en 1853 ; un bagne y est instauré et des déportés politiques y sont envoyés après la Commune. Les populations indigènes conservent leur propre langue. En Nouvelle-Calédonie, la communication entre autochtones et immigrés se fait par un pidgin, le bichelamar.

En 1887, sont regroupés en un Gouvernement général la Cochinchine (conquise en 1859), le Cambodge (sous protectorat français depuis 1863), l'Annam, et le Tonkin (sous protectorat français depuis 1883), puis le Laos (en 1893). Dans cette Indochine française, le français est langue officielle et a une influence sur la syntaxe du vietnamien (qui avait été doté d'un alphabet en caractères latins au XVIIe siècle).

Un certain nombre d'organismes pour la diffusion du français sont créés : en 1883, l'Alliance française qui développera au XXe siècle un millier de centres dans 134 pays différents ; en 1902, la Mission laïque.

En ce qui concerne l'Europe, le français doit en Belgique composer avec une valorisation des parlers flamands qui reçoivent une reconnaissance de langue officielle. Le plurilinguisme de la Confédération helvétique est institutionnalisé. Monaco devient francophone.

Le français est instauré, avec l'anglais, langue officielle du Canada où l'on prend conscience des particularismes du français canadien.

Si la défaite napoléonienne entraîne la perte de colonies aux Antilles et dans l'océan Indien, la colonisation du Maghreb, de l'Afrique noire, des îles du Pacifique, de la Nouvelle-Calédonie, la constitution de l'Indochine forment un immense et puissant empire colonial français.

CHAPITRE VIII

Le XXᵉ siècle

Le statut du français change considérablement au cours de cette période. Au début du siècle, pour plus de la moitié des Français qui utilisent un patois, il n'est pas la langue maternelle ; à la fin du siècle, il supplante totalement comme langue maternelle les patois. Toutefois, au nom des minorités culturelles, les parlers régionaux vont être valorisés en langues régionales qu'il est nécessaire de pourvoir d'une norme et d'une grammaire pour leur enseignement. Par ailleurs, depuis les indépendances qui marquent au cours de la seconde moitié du XXᵉ siècle la disparition d'un empire colonial français, très vaste avant la Seconde Guerre mondiale, la majorité des francophones n'est plus française. Les variations des français selon les pays sont reconnues et, à la fin du XXᵉ siècle, les inventaires des mots de la francophonie se multiplient.

Le français n'est plus la langue internationale de la diplomatie depuis la Première Guerre mondiale. Le traité de Versailles de 1919 est rédigé en anglais et en français (la majorité des discussions préliminaires ayant eu lieu en anglais dans la mesure où les chefs des délégations britannique et américaine ignoraient le français). La Communauté européenne compte en

1958 quatre langues officielles (allemand, français, italien, néerlandais) et 13 en 1999.

Une des grandes différences du français du XXᵉ siècle avec celui des siècles précédents concerne l'acquisition d'une mémoire sonore. Au début du siècle, on constitue des Archives de la parole. Il y a émergence, dans la recherche, du français parlé et prise de conscience des différences entre l'écrit et l'oral : si l'écrit est très normé et fixé, la langue parlée se caractérise par sa grande diversité, d'un interlocuteur à l'autre, et même pour le même interlocuteur d'une situation à l'autre, variations dont certaines sont neutres, mais dont d'autres donnent lieu à des jugements sociaux. Le français écrit a ses lois syntaxiques, ses particularités lexicales très précises, transmises par les méthodes uniformisées de l'Éducation nationale, par des manuels et par des dictionnaires diffusés à des millions d'exemplaires ; il semble intangiblement fixé. La radio, la télévision conduisent à un nivellement de la prononciation. Le français oral (français de la conversation soutenue ou ordinaire, français très familier, français argotique) a aussi ses règles que l'on s'efforce de mettre en valeur (énoncés inachevés, interruptions, répétitions, ruptures). Par ailleurs, durant tout le siècle, la rhétorique n'est plus enseignée, cédant le pas à l'explication de textes, à l'histoire littéraire, à la stylistique.

I. Des patois à la valorisation des langues régionales

La transmission familiale du français se généralise après la Seconde Guerre mondiale, entre 1945 et 1960, alors qu'au début du siècle, la moitié des habitants de France ont le patois pour langue maternelle. Il est remarquable qu'il n'y a plus à la fin du

XXᵉ siècle de locuteurs qui parlent exclusivement le patois et que, pour la plupart des utilisateurs, la pratique de la langue régionale relève non de la langue maternelle, mais de l'apprentissage d'une langue seconde. Les langues régionales ne doivent pas être confondues avec les français régionaux, qui sont des variantes régionales de la langue nationale. Ces langues régionales, qui n'ont pas toujours de correspondant écrit, voient leur statut se modifier au cours du XXᵉ siècle : de langue maternelle et orale jusqu'au milieu du siècle, elles deviennent, à la fin du siècle, une langue nécessitant un apprentissage qui conduit à l'élaboration de dictionnaires français/langue régionale. L'enseignement du corse, commencé dans les années 1970, suppose un travail de normalisation avec grammaire et dictionnaire, en prenant comme élément de référence le toscan (le corse, parent du sarde, ayant subi les influences de parlers d'origine toscane). L'apprentissage de ces langues régionales se fait aussi pour les jeunes générations par l'intermédiaire des anciennes générations qui en conservent l'usage : petits-enfants auprès des grands-parents, la génération intermédiaire ayant souvent abandonné toute pratique. Les estimations statistiques, à la fin du siècle, indiquent que l'alsacien est utilisé par 750 000 personnes, le corse par 150 000 personnes (environ 60 % de la population locale) ; suivis par le basque (60 000, 30 %), et par les langues suivantes parlées par 15 à 25 % de la population locale : l'occitan (2 000 000 à 2 500 000), le breton (300 000), le catalan (100 000), le flamand occidental (60 000).

Les lois qui, à la fin du XIXᵉ siècle, rendaient obligatoire l'enseignement du français s'accompagnaient de l'interdiction d'employer en classe les patois ou les langues régionales. Le développement des communications au XXᵉ siècle, la centralisation, l'urbanisation et l'exode rural auraient dû entraîner leur disparition inexorable, n'eussent été l'essor de la dialectologie, la volonté d'érudits et d'écrivains de conserver ce patrimoine national ou de militants politiques partisans de l'autonomie de certaines provinces (comme en Corse rattachée à la France en 1768). Les patois de langue d'oïl sont toutefois en voie d'extinction.

Des lois codifient l'enseignement des langues régionales, telle la loi Deixonne (1951) qui les autorise dans l'enseignement primaire et secondaire et les sanctionne par une épreuve facultative au baccalauréat. Certaines de ces langues régionales depuis les années 1980 sont admises comme langues vivantes au baccalauréat. Un décret de 1985 a créé un Conseil national des langues et cultures régionales. Il y a donc un important mouvement de valorisation des parlers locaux à qui on reconnaît un véritable statut de langue. Toutefois, la Charte européenne des langues régionales ou minoritaires, adoptée par le Comité des ministres du Conseil de l'Europe, n'a pas été ratifiée par la France en raison de l'amendement de l'article 2 de la Constitution en date de 1992 qui stipule que la République a pour langue le français (le Conseil constitutionnel en juin 1999 a déclaré contraire à la Constitution la signature du gouvernement en mai 1999 lors des cérémonies du cinquantième anniversaire du Conseil de l'Europe à Budapest).

Les parlers locaux sont au début du siècle encore la langue maternelle de la moitié des Français. Interdits par l'enseignement au profit de l'usage exclusif du français qui devient au cours du siècle la langue maternelle de la majorité des Français, ils sont valorisés, à la fin du siècle, comme langues régionales ; de langue maternelle, ils deviennent une langue susceptible d'être enseignée.

II. Le siècle des linguistes

L'Académie publie enfin en 1932 sa *Grammaire*, projet qui date de la fondation même de l'Académie, mais qui n'avait jamais vu le jour dans son intégralité. Elle est alors critiquée par des universitaires comme Ferdinand Brunot, qui lui reprochent les exemples forgés au lieu d'un recours aux exemples d'auteurs, les erreurs théoriques, une trop grande part accordée à la logique.

L'importance de la réflexion linguistique ne saurait être sous-estimée au xxᵉ siècle. Ferdinand de Saussure, dans son célèbre *Cours de linguistique générale* dispensé de 1906 à 1911, pense la langue comme un système, introduit la différence entre diachronie et synchronie, langue et parole, et propose une théorie du signe linguistique (où il distingue signifié et signifiant [aspect matériel du signe]) qui nourrit la réflexion. De grands courants animent la recherche, avec les figures tutélaires comme celles de Charles Bally, Jacques Damourette et Édouard Pichon, Gustave Guillaume (avec sa théorie psychomécanique fondée sur les rapports entre pensée et langue et influencée par Bergson). Troubetzkoy et le Cercle linguistique de Prague fondent la phonologie, en posant l'existence du phonème comme unité de base. Certains travaux de ce cercle s'attachent à définir des discours spécifiques comme la langue poétique (Roman Jakobson). Au cours du siècle, il faut remarquer une importante diversification des centres d'intérêt et des méthodes de recherche, avec la constitution de véritables écoles : la grammaire distributionnaliste (L. Bloomfield) analyse les structures phrastiques en constituants immédiats caractérisés par leurs distributions et leurs possibilités de variation et de commutation ; le fonctionnalisme (André Martinet) distingue la double articulation du langage en unités de pre-

mière articulation, les monèmes (lexèmes – morphèmes lexicaux – et grammèmes – morphèmes
grammaticaux) et unités de seconde articulation (phonèmes) ; la grammaire de dépendance (Lucien Tes-
nière), syntaxe structurale, met l'accent sur la
connexion entre les constituants de l'énoncé (nœud
généralement verbal, actants, circonstants), sur la
translation (transfert d'un mot d'une classe à l'autre),
sur la valence du verbe (nombre d'actants possibles) ;
la grammaire générative et transformationnelle
(Noam Chomsky), méthode plus synthétique fondée
sur une théorie générale de la langue, reconnaît une
faculté de langage innée, intériorisée et constituant la
compétence qui permet la production d'un nombre
infini d'énoncés ; la langue est un ensemble de
phrases, constituant des sous-ensembles structurés.
Face aux structuralismes marqués par les sciences
mathématiques et une exigence de formalisme et qui
tendent à éliminer ce qui relève de la signification et
de la communication, un certain nombre de courants
soulignent ces dernières fonctions : sémantique et
logique (Bernard Pottier ; Robert Martin), linguistique de l'énonciation (J.L. Austin ; Oswald Ducrot,
Antoine Culioli), pragmatique, analyse conversation-
nelle, grammaire du texte... Les procédures à mettre
en place pour le traitement automatique des langues
stimulent aussi la recherche linguistique. Par ailleurs,
l'analyse quantitative du langage, à partir de corpus
informatisés, a donné lieu à des résultats importants
pour l'étude du lexique et des textes.

Une entreprise traverse tout le siècle : Ferdinand
Brunot entreprend en 1905 une monumentale *Histoire de la langue française* qui, publiée à partir de
1916 (18 volumes), est complétée pour le XIXᵉ siècle
par Charles Bruneau et pour les périodes 1880-1914,
1914-1945 et 1945-2000 par un travail d'équipe qui,
pour le dernier tome, réunit une cinquantaine de
contributeurs.

La maison d'édition Larousse, fondée au siècle dernier par Pierre Larousse, fournit un certain nombre de dictionnaires dont, depuis 1924, le *Nouveau Petit Larousse illustré*, composé d'une partie de langue et d'une partie encyclopédique, séparées par les célèbres pages roses, répertoire de locutions et de proverbes. Sa révision annuelle est l'occasion d'accueillir de nouveaux mots. La presse se fait l'écho chaque année de cette liste qui ne manque pas de soulever la discussion, mais est à considérer comme un témoin intéressant de l'évolution de l'usage. Il faut souligner l'importance de vastes entreprises lexicographiques. Paul Robert publie de 1953 à 1964 un *Dictionnaire alphabétique et analogique de la langue française* en 7 volumes. Il met en avant synonymes, antonymes et donne des exemples littéraires. Cet ouvrage a été abrégé et *Le Petit Robert* est, comme son concurrent *Le Petit Larousse*, soumis régulièrement à révisions. Le *Grand Larousse de la langue française* (1971-1978), rédigé dans une perspective linguistique, offre de grandes synthèses sur les principaux problèmes de grammaire et de linguistique (par exemple la détermination, l'intonation, le sujet). Le *Trésor de la langue française, dictionnaire de la langue française du XIXe et du XXe siècle* (*T.L.F.* ; 16 volumes publiés de 1971 à 1994), commencé par Paul Imbs, est une œuvre de large envergure, le plus vaste dictionnaire du français jamais publié, réalisé à partir d'un vaste corpus informatisé. Une partie historique à la fin de chaque article permet de donner l'étymon et de reconstituer l'histoire sémantique du mot. Le corpus, qui lui a servi de base, considérablement augmenté, est à l'origine de la base de données FRANTEXT qui constitue, avec des logiciels de plus en plus performants, un remarquable outil d'investigation sur la langue française et son évolution. Par ailleurs est toujours poursuivie la grande entreprise de Walther von Wartburg, d'un dictionnaire étymologique, à partir d'une énorme documentation dont les glossaires dialectaux et les glossaires d'œuvres anciennes. Les premières publications des fascicules de ce *F.E.W.* (*Französisches Etymologisches Wörterbuch*) datent de 1921.

> D'importants travaux linguistiques, innovations théoriques ou vastes sommes, témoignent d'une riche réflexion linguistique.

III. Le lexique

A- Richesse lexicale

1. Nouveautés

Le français du XXᵉ siècle se caractérise par de nombreux néologismes véhiculés par la langue des médias et de la publicité ; le développement des termes scientifiques et techniques est remarquable, certains passant dans le français courant. Toutefois, même si l'on assiste à la vulgarisation du vocabulaire des sciences et des techniques, ce n'est qu'un petit nombre de ces termes spécialisés qui passent dans le parler ordinaire ; il a été estimé à un million l'ensemble des termes spécialisés d'une langue moderne, or les mots présents dans les dictionnaires usuels, que personne ne saurait connaître dans leur intégralité, ne dépassent pas les 50 000.

Les découvertes du siècle ont entraîné la création de plusieurs centaines de mots pour certains domaines, ainsi pour la langue de la biologie ou pour celle de l'informatique. La dernière décennie a ainsi vu l'expansion de la cyberculture. *Cybernétique*, emprunté au grec par Ampère au XIXe siècle pour « l'étude des moyens de gouvernement », repris par le mathématicien américain Norbert Wiener pour « l'étude des processus de contrôle chez l'être vivant et la machine » en 1948, est à l'origine de nombreuses formations, comme *cyberculture, cyberespace, cybercafé, base cyber*.

Des termes anciens retrouvent parfois vie à la faveur de l'actualité politique : *chienlit, abracabrantesque*. Mai 1968 a laissé, toutefois, à côté des slogans qui subsistent (*il est interdit d'interdire, sous les pavés la plage*) peu de néologismes (*facho, réviso*) ; il y a eu extension de termes de création antérieure (*autogestion*, des années 20, *société de consommation*, des années 60), réactivation de certains mots comme *trublion* (création plaisante d'Anatole France à partir du grec *trublion,* « bol, écuelle », pour traduire le sobriquet de Gamelle donné au duc Philippe d'Orléans, chef de file des royalistes pendant l'affaire Dreyfus ; utilisé pour les partisans des royalistes et rapproché de *trouble*, le trublion devenant l'équivalent de fauteur de troubles).

2. Anglicismes

Les anglicismes sont particulièrement nombreux, récusés par d'aucuns qui, comme René Étiemble en 1964, dénoncent le « franglais », endigués par d'officielles commissions de terminologie qui, depuis 1973, essaient d'imposer des équivalents français. L'anglicisme est fréquent dans certains langages ; ainsi, celui de la mode. L'emprunt relève souvent du domaine du français parlé : *in, out, off, black, cool, because*. Il y a tendance à franciser les verbes en les conjuguant sur les verbes en *-er* (*relooker, flipper, flasher*). L'anglicisme peut être aussi emprunt sémantique : par exemple, pour *réaliser*, le sens nouveau de « comprendre » ; pour *opportunité*, celui d'« occasion » ; pour *information*, celui d'« élément ou système transmis par un signal ou une combinaison de signaux » (valeur nouvelle à partir de laquelle a été créé en 1962 le mot *informatique*). De multiples expressions figurées sont importées de l'anglo-américain : *la cerise sur le gâteau, refiler la patate chaude, voir voler des éléphants roses.* La tendance à l'antéposition de l'adjectif (*l'actuel gouvernement*), certains emplois du passif (*il est supposé venir*) sont fustigés par certains comme des anglicismes. Des emprunts concernent des mots qui avaient eux-mêmes été empruntés par l'anglais au français : *maintenance, suspense, missile.* Parallèlement, de nombreux termes français sont empruntés par l'anglais, comme *garage, chic, pied-à-terre, à propos* ou *telematics* à partir de *télématique* (composé en 1978 de *télécommunications* et *informatique*).

3. Modes de formation privilégiés

Il y a des prédilections pour certains modes de formation, par exemple détermination d'un nom par un autre nom, surtout depuis la fin du XIXᵉ siècle (*tarte maison, scénario catastrophe, mot-clé*). *Autoroute* est un calque régressif, mais le plus souvent la transposition se fait selon le schéma déterminé/déterminant, *long distance call* devient ainsi *appel longue distance* ; *artificial intelligence, intelligence artificielle.* Certains préfixes sont prépondérants : *auto-, dé-, méga-, mini-, multi-, non-, sous-, super-, sur-, télé-, vidéo-.* La formation par suffixation est très riche ; c'est le principal mode de production du néologisme : *-age, -eur,- iser, -isme, -iste, -ité, -phage.* De l'argot, le suffixe *-os* est passé dans la langue populaire et familière. La réduplication qu'avait essayée le XVIᵉ siècle avec ses *babattre, flofloter* fournit des termes familiers comme *guéguerre, nunuche, zizi, zinzin* (*zozo, zozoter* datant de la fin du XIXe siècle).

La siglaison, nouveau procédé néologique, est très productive dans la langue de la technologie et dans celle des administrations, donnant même des dérivés (*énarque*, à partir de *E.N.A.*, École nationale d'administration). La lecture des sigles se fait soit par prononciation indépendante de chaque lettre, avec usuellement écriture en capitales avec points (O.N.U., [oɛny]), soit par prononciation syllabique avec écriture en minuscules ou en majuscules sans points (ONU, [ony]), *Unesco* ou *UNESCO* (*United Nations Educational Scientific and Cultural Organization*), *radar* (*radio detection and ranging*), *sida* (*syndrome d'immunodéficience acquise*), la siglaison synthétique tendant à prévaloir. Beaucoup de termes des techniques modernes sont de composition savante sur le latin ou sur le grec (*cinématographe*). Les abréviations sont nombreuses, parfois multiples pour un même mot (*cinématographe* fournissant *cinéma, ciné, cinoche*), fréquemment en *-o* (*photo, vélo, stylo*) perçu alors comme un suffixe d'où *apéro* (*apéritif*), *mécano* (*mécanicien*). Le terme abrégé est rarement l'élément final, comme dans le cas de *bus* (*autobus*) ou de *car* (*autocar*). Cet abrègement par troncation est, avec la siglaison, un procédé nouveau de formation des mots. Il y a aussi tendance à composer des mots à partir de deux abréviations (*caméscope* = *caméra* + *magnétoscope* ; *modem* = *modulateur* + *démodulateur*).

Certains langages affectionnent tel ou tel procédé. Ainsi la langue politique assez synthétique recourt à des types de formation par préfixes (comme *anti-, non-, néo-, nouvelle-, pré-, avant-, post-, après-, pro-, para-*) ou suffixes en *-isme, -iste, -ie,- iser*, ou à la juxtaposition d'adjectifs (*idéologico-politique*), ou à la substantivation d'adjectifs (*la triangulaire, la cen-*

trale) ; on a décelé dans ses procédés privilégiés une influence de langues étrangères plus synthétiques.

4. Langages particuliers

Les différences entre niveaux de langue sont moins accentuées, certains mots d'argot ou mots traditionnellement connotés comme vulgaires sont passés dans la langue courante. L'argot des poilus, utilisé pendant la Première Guerre mondiale, a laissé à l'usage courant des mots empruntés à l'Afrique du Nord (*bled, clebs*), à des parlers régionaux (lyonnais : *gnôle, grolle* ; Ouest : *tambouille* ; provençal : *pagaille, balèze*) ou des expressions comme *à la noix de coco, ne pas blairer, être à la page*. L'argot des lycées fournit régulièrement son contingent nouveau de mots. Le verlan, auquel la langue courante a emprunté des mots comme *ripou* et *beur*, s'est particulièrement développé dans le langage des banlieues (*meuf, zicmu*). Ces mots peuvent être pourvus de dérivés selon les modes traditionnels de la dérivation : *teufeur* à partir de *teuf*. L'émigration dans les villes au cours du siècle (des zones rurales françaises, d'autres pays d'Europe, du Maghreb, de l'Afrique noire ou de l'Asie) a influencé certains lexiques, mais aussi certaines constructions ou certaines prononciations, objets de recherches pour une véritable dialectologie urbaine.

5. Mots régionaux

Des mots régionaux sont passés des régions dans la langue commune, soit qu'ils renvoient à une réalité bien spécifique, soit qu'ils apparaissent plus expressifs. L'exode rural massif vers les villes a également favorisé leur diffusion. Sont venus de la région lyonnaise les termes suivants : *bugner, embugner, chougner, courate, courater, débarouler, filoche, gadouille, matefaim, panosse, plaindre quelque chose à quelqu'un, plier, radée, sous-talle, vogue.* Sont des méridionalismes : *adieu* pour *au revoir, bonne mère, fada, papé, papète,* les diminutifs en *-ou, -oune* (*le petitou, la pitchoune*). Alors qu'au cours du siècle précédent, le *dîner,* de « repas de midi » est devenu le « repas du soir », de nombreuses régions conservent l'acception de « déjeuner » et utilisent couramment pour le repas du soir le terme de *souper.*

B- Les instances officielles

Le xxᵉ siècle voit la création d'organismes multiples pour l'observation ou la régulation du français, alors que des lois imposent le français dans la vie du citoyen. Ainsi, la loi Bas-Lauriol du 31 décembre 1975 oblige à l'utilisation du français dans les documents concernant le mode d'emploi de produits, les contrats de travail, l'affichage officiel ; ses prescriptions sont complétées par celles de la loi Toubon (1994). La néologie est institutionnellement organisée. Dès 1933, est créée la première commission de technologie. En 1954, est fondé, initiative privée, le Comité d'études des termes techniques français ; regroupant des membres de l'Académie des sciences, des ingénieurs, des entrepreneurs, il fournit une importante activité de néologie pendant 15 ans proposant des calques correspondant aux anglicismes. En 1952, est constitué le Conseil du langage scientifique, intégré en 1955 à l'Académie des sciences (Comité consultatif du langage scientifique). En 1966, est institué le Haut Comité pour la défense et l'expansion de la langue française, placé sous l'autorité du Premier ministre ; en 1967, un Conseil international de la langue française. En 1970, est décrétée la formation de commissions ministérielles chargées de fournir des listes de termes à employer dans les textes administratifs, de trouver des équivalents aux anglicismes employés dans leurs domaines. Le Haut Comité est remplacé en 1984 par un Comité consultatif de la langue française, organe de conseil du Premier ministre, et par un Commissariat général de la langue française, remplacés en 1989 par le Conseil supérieur de la langue française chargé d'orienter la politique linguistique et par la Délégation générale à la langue française qui s'occupe de la mise en œuvre des actions retenues par le gouvernement ; un Observatoire des pratiques linguistiques a été mis en place en 1999 au sein de cette délégation.

La Commission générale de terminologie et de néologie, qui anime l'ensemble du dispositif d'enrichissement de la langue française créé par le décret du 3 juillet 1996, est chargée de statuer après accord de l'Académie française sur les listes de termes et de définitions proposées par les commissions spécialisées de terminologie et de néologie (17 en septembre 2000) et de les transmettre au *Journal officiel*. La Commission a publié en 2000 un répertoire terminologique de 2 500 termes, révision du travail mené depuis 1972. Ainsi relève-t-on *adresse électronique, courrier électronique* pour *e-mail, animateur* pour *disc-jockey* ou *D.J., bogue* pour *bug, crédit-bail* pour *leasing, foyer* pour *club-house, mercatique* pour *marketing, prêt-à-monter* pour *kit, stylisme* pour *design, coussin de sécurité* pour *airbag, transbordeur* pour *ferry-boat, coche de plaisance* pour *house-boat, manche à balai* pour *joystick, planification* pour *planning, parraineur* pour *sponsor, annonceur* pour *speaker, fiducie* pour *trust, voyagiste* pour *tour-operator*. Les commissions de terminologie proposent donc régulièrement des substituts aux anglicismes (*allure* pour *look, achats* pour *shopping, exclusivité* pour *scoop, groupe* pour *pool, groupe de pression* pour *lobby, causette* pour *chat* en informatique). Ils s'imposent avec plus ou moins de bonheur. *Ordinateur*, formé en 1955, à partir du latin *ordinare*, « mettre en ordre », a supplanté l'anglais *computer*, de *to compute*, « calculer » (mot emprunté au français). *Puce, baladeur* sont devenus communs. *Matériel* et *logiciel* ont définitivement évincé *hardware* et *software*. *Scanneur* prend la place de *scanner*, *listage* celle de *listing*. À la place de *Web, World wide web*, est proposé (initiative québécoise) le substitut de *Toile d'araignée mondiale*, abrégé en *Toile* ou *T.A.M.*

Souvent sont choisis pour substituts des termes apparentés dans diverses langues, sorte d'internationalisation du lexique à fondement gréco-latin. Il faut remarquer que les termes de la langue scientifique introduits par le monde anglo-saxon, anglicismes contre lesquels réagissent les commissions de terminologie, sont souvent tels que le français aurait pu les former avec un matériel gréco-latin.

> Certains termes du vocabulaire des sciences et des techniques se vulgarisent, mais il ne s'agit que d'une infime partie des nombreux vocabulaires spécialisés qui se multiplient. Des modes de formations sont privilégiés : détermination d'un nom par un autre, siglaison, abrègement par troncation. Les anglicismes, les mots argotiques, les mots régionaux sont empruntés par la langue commune. Des instances officielles sont chargées de régler le lexique. Des commissions de terminologie proposent des néologismes, des substituts aux termes anglais.

IV. Particularités linguistiques du français de la France métropolitaine

A- Prononciation et orthographe

1. Diversité des prononciations

L'existence nouvelle des enregistrements et des outils d'une description phonétique précise ont permis une étude scientifique des variations de prononciations au cours du siècle. Il faut noter l'apparition d'un nouveau phonème [ŋ] dans les emprunts anglais, *footing, parking, planning, casting, zapping,* présent exclusivement dans le suffixe -*ing* ; il se rencontre toutefois dans le Midi en finale (voir la prononciation d'un mot comme *maintenant*). La consonne [ŋ] a de plus en plus tendance à être prononcée [nj]. De même [j] + voyelle peut être prononcé en diérèse [i] + voyelle ou encore [ij] + voyelle (*lieu* a ainsi trois prononciations possibles : [ljø] ou [liø] ou [lijø]).

Pour les voyelles, l'opposition de longueur, attestée encore au début du siècle entre *mettre* et *maître*, a disparu sauf dans quelques régions comme la Franche-Comté ou la Lorraine. Au sud, des hésitations concernent l'ouverture et la fermeture de certaines voyelles (*e, o, a*) et le maintien d'une consonne nasale après la voyelle en partie dénasalisée, *monde* prononcé [mɔ̃ndə] ; en Normandie, il y a fermeture du [ɛ] en [e] (*tête, père* prononcés comme *été*). Sont considérées comme populaires la prononciation [o] de [a] (*pas* prononcé [po]), [œ] de [o] (*poli* prononcé [pœli]). La voyelle [o] tend à s'ouvrir en [ɔ] dans des mots comme *rôtir, augmenter*. L'opposition entre *brun* et *brin* disparaît dans le Nord, [œ̃] se confondant avec [ɛ̃], peut-être en raison du faible rendement de cette opposition. L'opposition entre le [a] antérieur et le [ɑ] vélaire, bien représentée à Paris, ne l'est pas

partout. *Patte* et *pâte* sont ainsi confondus en Picardie
et dans le Nord. L'exagération du [ɑ] vélaire est
considérée comme une prononciation populaire parisienne. Dans les régions du Centre, on retrouve des
prononciations diphtonguées devant nasale ou en
finale. Si, en français standard, les voyelles *e, eu, o*
sont généralement fermées en finale absolue et
ouvertes devant consonne finale prononcée (*peu*,
[pø] s'opposant à *peuple,* [pœpl]), les variations
régionales sont multiples. Ainsi, en Bretagne, ces
voyelles sont prononcées fermées et les Lyonnais et
les Auvergnats prononcent *peuple* [pøpl]. La finale
en -*ai* du futur, prononcée [e], se confond avec la
finale du conditionnel -*ais*, prononcée [ɛ]. Il y a hésitation dans la langue courante entre une prononciation en [e] ou [ɛ] du *é* devant une syllabe comportant
un [ə] dans des mots comme *médecin, émeri, épeler.*

Le maintien du [ə] dépend souvent des niveaux de
langue ; dans la langue poétique et théâtrale, il est
dans certaines positions toujours prononcé. Son
emploi présente des variations selon les régions ou
suivant sa position dans la chaîne parlée. Il est généralement conservé au sud de la France. Au Nord, à
l'intérieur d'un mot, il est soumis à la règle des trois
consonnes, c'est-à-dire prononciation [samdi] pour
samedi, mais [vãdrədi] pour *vendredi* (afin d'éviter
la rencontre de trois consonnes). Par ailleurs, il peut
même apparaître dans la prononciation, alors qu'il
n'est pas graphié pour éviter une série consonantique
(*parc des expositions* [parkə], [lɔrsək] pour *lorsque*).
Dans les groupes avec plusieurs mots en *e*, l'habitude
qui faisait alterner l'omission du *e* d'une syllabe sur
deux (*je te le reproche* prononcé [ʒtəlrəprɔʃ], avec
suppression des premier et troisième *e* ou [ʒətlərprɔʃ]
avec suppression des deuxième et quatrième *e*) n'est
plus respectée et l'on peut trouver des groupes de
plusieurs consonnes [ʒtlrprɔʃ]. L'adjonction d'un [ə]

peut se faire en fin de mot, [alɔrsə] pour *alors*, [bɔ̃ʒurə] pour *bonjour*. Cette épithèse du [ə] en fin de groupe phonétique, le plus souvent à la pause, s'est diffusée depuis la fin des années 1970 ; marque stylistique faubourienne, elle est devenue caractéristique d'un langage jeune.

Dans la conversation courante, il y a fréquente disparition de phonèmes (*v'là, b'soir m'sieurs*). La tendance à simplifier les groupes consonantiques complexes est bien représentée ; ainsi *tre* [trə] ou *cre* [krə] devant consonne et avec chute du [ə] se réduisent à [t] ou [k] (*quat'quat (r) e, suc(r)e candi*), simplification considérée comme relâchée devant voyelle ou en finale. De même, l'affaiblissement de consonnes intervocaliques comme [v] est considéré comme populaire. Les pronoms *il, ils* se prononcent dans la conversation ordinaire [i] devant consonne et [iz] devant voyelle. En Alsace, il y a confusion des consonnes sourdes et des sonores (*cadeau* prononcé comme *gâteau*). Le [r] continue à être roulé en Bourgogne, le *h* à être aspiré en Normandie, le *l* mouillé est encore présent en Lorraine, dans le Midi et dans le Lyonnais. La gémination des consonnes est de plus en plus fréquente, souvent par souci d'expressivité (*horrible* prononcé avec deux [r]). Les consonnes implosives (en fin de syllabe) tendent à être articulées : *dompter, sculpter* ; seuls les plus âgés ne prononcent pas le *p* de *cheptel* ou de *septembre*. Les consonnes finales de *but, mœurs, août, coût, soit, donc, audit, ananas, circonspect* se font le plus souvent entendre, prononciation fustigée par les puristes (Littré au siècle dernier s'insurgeait contre la prononciation du *s* final de *fils*). On remarquera la fluctuation dans la prononciation de la finale de mots comme *persil, ananas*. Autant de changements qui montrent l'influence de la graphie sur la prononciation. De même, la prononciation restituée du latin (c'est-à-dire en faisant sonner toutes les lettres, comme le préconisait déjà Érasme au XVIe siècle) adoptée récemment pour l'enseignement du latin a pour conséquence une nouvelle prononciation des mots latins employés en français : ainsi pour *édition princeps* à côté de la prononciation [prɛ̃sɛps], la prononciation [prinkɛps].

La prosodie marque très nettement les variétés de langue. En Alsace, il y a tendance à accentuer les mots comme en alsacien, c'est-à-dire à accentuer fortement la première syllabe de chaque mot. La prononciation méridionale conserve un accent de mot bien individualisé. L'allongement de l'avant-dernière syllabe du groupe de mots est considéré comme populaire. Cette intonation est présente dans la langue des banlieues. Cette langue des banlieues, développée à partir des années 1970, très diversifiée, influencée par les parlers divers de l'émigration, et qui fonctionne comme facteur d'intégration dans un groupe, se caractérise aussi par la fermeture du [ɛ] en [e], *père* prononcé comme *pére*. Alors qu'il y a dans la langue courante prédominance d'une succession de groupe consonne + voyelle, les verlans multiplient les consonnes en finale de syllabe (*teuf*).

L'usage normé distingue les liaisons obligatoires des liaisons facultatives, liaisons dont l'usage s'était particulièrement développé au cours du XIXe siècle dans les classes moyennes. Les liaisons facultatives sont de moins en moins observées. L'absence de liaison peut devenir un marqueur sociolinguistique (prononciation populaire de *petit à petit* sans le [t] de liaison). L'instabilité des liaisons entraîne un certain nombre d'hypercorrrections qui amènent des liaisons fautives : cuirs (fausses liaisons en [t]) ; velours (fausses liaisons en [z]) ; pataquès (substitution d'une consonne à une autre).

Les phonéticiens disputent de mutations actuelles dans l'accentuation, certains soulignant le passage d'un accent final à un accent non final (*chansón, chánson, beaucoúp, beaúcoup*). L'accent d'insistance, expressif, de plus en plus fréquent, tend à restituer un accent de mot au détriment de l'accent de groupe de mots. Un accent didactique peut aussi frapper l'initiale du groupe de mots, utilisé surtout en situation de transmission de l'information (enseignement, exposés, radio). La grande mobilité de l'accent apparaît comme une des caractéristiques de la langue moderne.

La prépondérance de certains graphèmes entraîne une lecture fautive pour les graphèmes minoritaires. Ainsi prononce-t-on de plus en plus *gageure* avec un son [œ] et non [y], car l'emploi du graphème *ge* pour noter le son [ʒ] devant *a*, *o* ou *u* est minoritaire et que *eu* marque majoritairement le son [œ] ; *arguer* [arge] au lieu de [argɥe], car le graphème *gu* marque majoritairement le son [g] ; *oignon* avec [wa], au lieu de [ɔɲõ], alors que *ign* est la graphie du [ɲ], mais dans la mesure où le graphème *oi* correspond généralement à [wa].

2. *L'orthographe*

L'orthographe est encore compliquée par l'accroissement du nombre de graphèmes dû aux emprunts qui multiplient des correspondances inédites, telles *oo* = [u] et *a* = [o] dans *football, ea* = [i] dans *speaker* et [ɛ] dans *break, er* = [œr] dans *hamburger*. Une adaptation de ces emprunts au système français souhaitable selon de strictes normes se heurte à un souci d'authenticité. La forme francisée *bifteck* n'a pu s'imposer et éliminer le *beefsteak*, communément réduit à *steak*.

En 1935, est parue la huitième édition du *Dictionnaire de l'Académie*, caractérisée par des modifications de détail : suppression des deux *t* pour les

dérivés de *abattre* ; suppression de l'apostrophe et du
trait d'union dans les composés avec *entre*, substitution du trait d'union à l'apostrophe pour *grand-mère*,
suppression de l'accent circonflexe de *gaieté, gaiement, faine, fainée*. Contrairement à ses espérances,
l'Académie n'a pu mener à bien pour 2000 l'achève-
ment de la neuvième édition. En 1992, a été publié le
premier tome (jusqu'à la lettre E) des trois tomes que
devrait comporter cette édition. En l'absence d'un
dictionnaire récent de l'Académie, la référence et
l'usage sont recherchés dans les dictionnaires usuels
aux révisions annuelles. Ils composent avec les enseignements de l'Académie et les usages qu'ils n'hésitent pas parfois à infléchir (par exemple pour la
graphie des mots composés). Ils prennent souvent
parti en cas de doubles graphies. Ils donnent des indications concernant les niveaux de langue, l'absence
de marque valant indication de langue standard.

L'Académie a été à la fin du siècle au centre d'une
bataille de l'orthographe qui évoque singulièrement
celle de la fin du XIXᵉ siècle : sur l'initiative de linguistes, l'Académie en comité restreint adopte un
projet attaqué par une virulente campagne de presse.
En 1989, le Conseil supérieur de la langue française
est chargé par le Premier ministre de proposer des
simplifications en fonction de l'usage et pour un
apprentissage plus aisé. L'Académie approuve à
l'unanimité en mai 1990 les retouches proposées par
une commission de linguistiques, retouches qui affectent les pluriels des noms composés, les emplois du
trait d'union, de l'accent, des verbes en *-eler* et *-eter*,
des séries irrégulières, modifications qui auraient
porté sur trois mille des cinquante mille mots de
l'usage courant. Le *Journal officiel* du 6 décembre
1990 donne la liste des rectifications. Une violente
campagne de presse est menée contre cette réforme ;
des académiciens se désolidarisent ; les écrivains, les

correcteurs manifestent leur hostilité. L'Académie en janvier 1991 est obligée de renoncer à une application « par voie impérative » et « selon une procédure qu'elle a souvent mise en œuvre, elle souhaite que ces simplifications ou unifications soient soumises à l'épreuve du temps ». La nouvelle édition partielle du dictionnaire fournit les rectifications sans les imposer.

En France métropolitaine, les prononciations du français moderne sont diverses selon les régions (ouverture des voyelles, nasalisations, conservation du [ə]...). Dans la prononciation courante, il y a disparition de certains phonèmes, absence de liaison. Des parlers spécifiques comme la langue des banlieues se caractérisent par des prononciations et une prosodie particulières. Dans la langue courante, des modifications de l'accentuation sont en cours.

L'orthographe influe sur la prononciation (tendance à prononcer toutes les lettres, prépondérance des graphèmes majoritaires). Les emprunts non assimilés tendent à multiplier les graphèmes qui compliquent encore l'orthographe qu'une tentative de réforme, comparable à celle du siècle précédent, n'a pu simplifier.

B- Morphosyntaxe

Certaines variations morphosyntaxiques sont régionales, ainsi *y* pour *le*, dans le centre de la France, en Bourgogne et dans la zone franco-provençale ; l'emploi d'un pronom complément rappelant le sujet dans le Sud (*on se le boit, ce pastis*). Régulièrement les puristes sanctionnent des tournures qu'ils considèrent comme fautives, tels *solutionner, s'avérer faux, pal-*

lier à, malgré que, autant de tournures très significatives pour l'évolution de la langue. Les langages spécifiques affectionnent certains tours. La langue journalistique utilise fréquemment l'antéposition de l'adjectif, l'imparfait, privilégie le nom.

1. *Le verbe*

Plusieurs temps sont en voie de régression. Le passé simple n'est plus guère utilisé à l'oral, en raison de son absence de relation avec la situation de l'énonciation. À l'écrit, il n'apparaît plus guère qu'aux troisièmes personnes. Il s'est toutefois mieux conservé jusqu'au milieu du siècle en français méridional (où il avait un correspondant occitan). L'imparfait du subjonctif tend à devenir obsolète. Le présent du subjonctif a au contraire acquis des emplois nouveaux. Son utilisation avec *après que* tend à se généraliser. Cette extension pourrait tenir au fait que toutes les conjonctions qui sont formées à partir d'une préposition qui peut parallèlement être construite avec l'infinitif (*pour/pour que ; sans/sans que*) sont suivies du subjonctif, et qu'*après que* est isolé dans le système. Cette substitution se fait d'autant plus aisément que la règle de concordance des temps au subjonctif n'est plus respectée comme elle l'était au début du siècle. De même, le subjonctif est utilisé de plus en plus souvent dans le tour *tout* + adjectif + *qu'il est*, alors qu'il marque la réalité du fait. Dans la langue populaire, il y a tendance à distinguer la première personne du subjonctif (prononciation *que je le voye*) de celle de l'indicatif. À l'écrit, l'accord du participe passé avec *avoir* est un des pièges de l'orthographe actuelle. À l'oral, il tend à ne pas se faire (*les décisions qu'il a pris* au lieu de *prises*).

2. Particularités de la langue orale

Le français oral offre des caractéristiques dont certaines étaient déjà bien représentées dans les siècles précédents. L'absence de la négation *ne* est fréquente : *il vient pas*, ce qui entraîne des syntagmes du type *vas-y pas*. *On* se substitue à *nous*, avec accord au pluriel : *on est contentes*. Le syntagme *nous, on* se généralise. Il y a toujours confusion entre *qui* et *qu'ils*. *Ça,* donné comme populaire au XVIIIᵉ siècle, est maintenant largement utilisé dans la langue familière et courante où *ceci* et *cela* n'ont qu'un emploi sporadique. Il est toutefois encore évité dans la langue écrite. Quant à la prononciation *sla*, elle ne relèverait plus selon les grammairiens Damourette et Pichon que de la prononciation parisienne où « on ne l'entend que chez des sujets de petite culture chez qui elle constitue un prétentionnisme ». Le français avancé fait usage de l'emploi pléonastique du pronom personnel, de l'adjonction de *ce que* après conjonctif (*c'est là où ce que je vais*) ; il substitue *que*, sorte de particule universelle marquant des relations diverses, aux conjonctifs et aux relatifs.

À l'oral, la notion de subordination n'est guère opératoire. La relative y est ainsi très fréquente, sans élément principal. Il y un emploi récurrent des présentatifs, *c'est, il y a* ; répétition fréquente du mot-outil ; emploi de marqueurs du type *tu vois, écoute, quoi, hein, enfin, disons, et puis, alors, et, donc*. Les nombreuses hésitations sont marquées par l'allongement de la syllabe finale, l'emploi de *euh*, les silences. Les constructions disloquées priment. Pour l'interrogation, il faut relever la grande variété des tours interrogatifs dans l'interrogation partielle : emploi de *est-ce que* (*pourquoi est-ce qu'il vient ?*), sans inversion en langue populaire (*pourquoi c'est qu'il vient ?*), de *est-ce que c'est que* (*pourquoi est-*

ce que c'est qu'il vient ?), de la seule intonation (*il vient pourquoi ?, c'est pourquoi qu'il vient ?*), de *que* (*pourquoi qu'il vient ?*). La particule *-ti*, d'usage populaire, est maintenant régionale (*tu viens-ti ?*). L'intonation a un rôle prépondérant et l'on remarquera l'utilisation de l'ordre S V comme dans la modalité déclarative (*pourquoi il vient ?*). La langue orale est un bon observatoire pour la détermination des processus de changement.

> Des temps sont en régression : passé simple, imparfait du subjonctif, alors que le présent du subjonctif étend ses emplois.
> Le français oral offre un certain nombre de caractéristiques : absence de la négation *ne*, emploi de *on* pour *nous*, emploi pléonastique du pronom personnel, *que* particule universelle, constructions disloquées.

V. Les français du monde

A- Les français d'Europe

1. Belgique

En Belgique, une loi de 1932 donne pour langue officielle en Flandre le néerlandais (proche des parlers flamands), en Wallonie le français et entérine à Bruxelles le bilinguisme (la langue d'Eupen et Saint-Vith, annexés en 1919, étant l'allemand). À Bruxelles, environ 90 % des habitants sont francophones. Les traits spécifiques du français de Belgique concernent le maintien de certains archaïsmes (*septante, nonante, souper, ramponneau, marier quelqu'un*) et des interférences avec un parler germanique

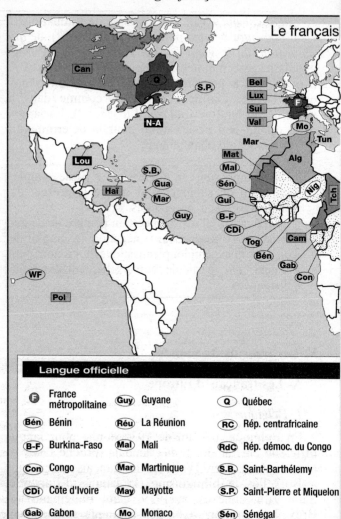

Le français

Langue officielle

F	France métropolitaine	**Guy**	Guyane	**Q**	Québec
Bén	Bénin	**Réu**	La Réunion	**RC**	Rép. centrafricaine
B-F	Burkina-Faso	**Mal**	Mali	**RdC**	Rép. démoc. du Congo
Con	Congo	**Mar**	Martinique	**S.B.**	Saint-Barthélemy
CDi	Côte d'Ivoire	**May**	Mayotte	**S.P.**	Saint-Pierre et Miquelon
Gab	Gabon	**Mo**	Monaco	**Sén**	Sénégal
Gua	Guadeloupe	**Nig**	Niger	**Tog**	Togo
Gui	Guinée	**NC**	Nouv. Calédonie	**WF**	Wallis et Futuna

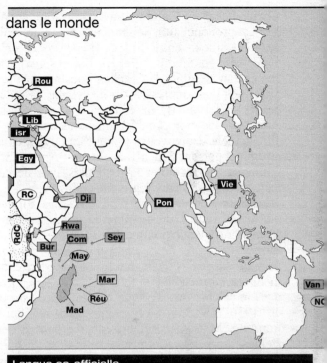

dans le monde

Langue co-officielle

Bel	Belgique	**Haï**	Haïti	**Rwa**	Rwanda
Bur	Burundi	**Lux**	Luxembourg	**Sey**	Seychelles
Cam	Cameroun	**Mar**	Maurice	**Sui**	Suisse
Can	Canada	**Mat**	Mauritanie	**Tch**	Tchad
Com	Comores	**Pol**	Polynésie française	**Val**	Val d'Aoste
Dji	Djibouti			**Van**	Vanuatu

Langue administrative et/ou d'enseignement

Alg Algérie   **Mad** Madagascar   **Mar** Maroc   **Tun** Tunisie

Minorités francophones

Egy	Égypte	**Lib**	Liban	**N-A**	Nouvelle-Angleterre	**Rou**	Roumanie
Isr	Israël	**Lou**	Louisiane	**Pon**	Pondichéry	**Vie**	Vietnam

à Bruxelles et en Flandre et avec le wallon en Wallonie. La prononciation se caractérise par un maintien des oppositions entre [œ̃] et [ɛ̃] (*brun* et *brin*), la tendance à confondre [y] et [u] (*lui* et *louis*), l'allongement au féminin des finales vocaliques, l'assourdissement des sonores en fin de syllabe, la réduction de [l] + [j] à [j], la fréquence des diérèses. À Bruxelles, les mots sont fortement accentués et il y a allongement des voyelles toniques, pouvant entraîner la diphtongaison. S'il n'y a plus de locuteur wallon unilingue, il faut noter la reconnaissance de ce dialecte comme « langue régionale endogène ». Le souci puriste et l'observation minutieuse des différences qui avait fourni de nombreux ouvrages dans les siècles précédents (comme *Les Flandricismes, wallonismes et expressions impropres dans le langage français* de A.F. Poyart, publié en 1806 et régulièrement réimprimé pendant tout le siècle) sont à l'œuvre dans le célèbre ouvrage que Maurice Grevisse publie en 1936, *Le Bon Usage,* lui aussi régulièrement imprimé. Mais, par ailleurs, on reproche à certains Belges de *fransquillonner*, c'est-à-dire de parler le français avec des tournures et l'accent du français parisien, ainsi d'utiliser *soixante-dix* ou *quatre-vingt-dix* au lieu des traditionnels *septante* et *nonante*. En 1985, ont été instaurés par la Communauté française Wallonie-Bruxelles des organes de consultation linguistique, le Conseil supérieur de la langue française et le Service de la langue française.

2. Suisse

En Suisse, l'allemand, le français, l'italien, le romanche sont, actuellement, langues nationales. Quatre des vingt-trois cantons sont francophones : Vaud, Neuchâtel, Genève et, depuis 1978, le nouveau canton du Jura (formé de trois des districts francophones du canton de Berne). Ceux de Berne, de Fribourg et du Valais sont bilingues (français/allemand), avec une proportion pour ces deux derniers cantons de deux tiers de locuteurs francophones. Un cinquième des Suisses est francophone. Plus que par des différences de son (allongement du [ɛ], maintien de l'opposition entre [œ̃] *brun* et [ɛ̃] *brin*), la prononciation se caractérise, d'une part, par l'intonation (l'accent porte sur l'avant-dernière-syllabe ou d'autres syllabes) et, d'autre part, par la conservation de l'opposition de longueur (*mettre, maître*). Certains archaïsmes sont notables dans le lexique (*septante, huitante*, dans le canton de Vaud ; *nonante, appondre*), dans l'utilisation de certaines prépositions (*aider à quelqu'un*), dans la syntaxe (place identique pour les indéfinis de personne ou de chose : *je n'ai personne vu*). Il y a de nombreux dérivés en -*ée* (*éreintée, lugée*). Certains termes spécifiques tiennent au statut politique particulier de la Confédération : *confédéré, maturité*. Pour la féminisation des termes de fonction et de métier, il faut noter une tendance à utiliser des formes comme *agente, ingénieure, liftière, cheffe, auteure, professeure*.

Des germanismes peuvent être relevés comme *caquelon, jubilaire, attendre sur*. L'organisme, créé en 1959, sur l'initiative de traducteurs français de l'administration fédérale, le Fichier français de Berne, s'intéresse au lexique et propose des substituts aux calques de l'allemand. Lors de la dernière proposition de réforme orthographique, les Suisses, en raison de l'absence d'organe de consultation officiel, n'ont pas été consultés. La Conférence réunissant les conseillers d'État responsables de l'Instruction publique de chacun des cantons romands a constitué en 1992 la Délégation à la langue française, répondant du Conseil supérieur de la langue française en France.

3. Val d'Aoste

Dans le Val d'Aoste, au bilinguisme officiel (français, italien), les conflits linguistiques, depuis plus d'un siècle, se soldent par un recul très net du français face à l'italien et au valdôtain.

4. Luxembourg

Au Luxembourg, où le dialecte luxembourgeois (le letzebuergisch, dialecte mosellan enrichi de gallicismes) est langue nationale depuis 1984, les Luxembourgeois sont majoritairement trilingues (luxembourgeois, français, allemand). La langue de la législation est le français, mais les trois langues sont langue administrative et judiciaire. Le dialecte luxembourgeois est la langue maternelle des trois quarts de la population.

5. Autres pays

Jusqu'à la Seconde Guerre mondiale, l'enseignement du français était obligatoire dans l'enseignement secondaire en Hongrie, Pologne, Roumanie, Tchécoslovaquie. En Roumanie, il est encore enseigné dans le primaire à un tiers des enfants. En Grèce, l'Institut français d'Athènes est créé en 1938.

B- Les français d'Amérique

1. Canada

En Ontario, après la vague d'immigration de francophones de 1830 à 1920, et après 1950, le français progresse dans les domaines juridique et administratif. Il est actuellement parlé par un demi-million de personnes, soit 5 % de la population. Il est fortement marqué par l'influence de l'anglais (*high school* pour *école secondaire*, *sure* pour *certainement*, *movie* pour *film, so* pour *donc*). Dans les provinces maritimes, héritières de l'Acadie, la situation est diverse. En 1981, dans le Nouveau-Brunswick, où plus de 30 % de la population parle français, sont reconnues les deux communautés linguistiques ; le français et l'anglais sont les deux langues officielles. En Nouvelle-Écosse et dans l'île du Prince-Édouard, moins de 3 % de la population est francophone.

Le Québec (7 millions d'habitants ; 82 % de francophones) constitue un état unilingue français. Tout au long du XXe siècle, la sensibilité linguistique s'est développée, ainsi que la prise de conscience de la nécessité d'une politique linguistique. Si, jusqu'à la fin de la Seconde Guerre mondiale, on condamne la contamination, c'est, de 1940 à 1960, la norme du français de France qui est prônée. Durant les décennies 1960-1970, au temps de la « Révolution tranquille », s'instaure un débat autour de la langue, alors que la scolarisation massive des Québécois entraîne d'importants changements sociaux et l'émergence d'une classe moyenne cultivée qui prend conscience du besoin d'aménager sa langue entre l'omniprésence de l'anglicisme et la prégnance du modèle parisien. La loi 22 sur la langue officielle de 1974 proclame le français comme langue officielle du Québec et prend des mesures nécessaires à son développement comme langue du travail et de la communication officielle. La loi 101, *Charte de la langue française*, en 1977, affirme le caractère unilingue du Québec ; elle impose l'unilinguisme dans l'administration, la législation, l'entreprise, la justice, l'affichage commercial. Elle a été ultérieurement l'objet de divers aménagements qui réintroduisent un certain bilinguisme, plusieurs articles ayant été déclarés non constitutionnels par la Cour suprême du Canada. La création en 1961 de l'Office de la langue française facilite l'implantation du français dans le monde du travail et dans la vie publique. Les terminologues francisent les termes nécessaires aux activités techniques et économiques. En 1973, est créée la Banque de terminologie du Québec. Paraissent des lexiques spécialisés. Toutefois, à la fin du siècle, la dénatalité et le faible pourcentage d'immigrants francophones ne sont pas des facteurs favorables au renforcement de la position dominante du français.

Il existe deux variétés de français canadien : le français québécois et le français acadien. Le français québécois se caractérise par l'archaïsme et par l'influence de l'anglais. Il a conservé la prononciation [wɛ] pour *oi,* le roulement du [r], le maintien du [t] final, l'opposition du [a] d'avant et du [ɑ] d'arrière. Il y a tendance à l'allongement des voyelles accentuées dans les syllabes fermées par [r), [v], [ʒ], à la diphtongaison des voyelles centrales et des voyelles nasales, à la disparition de [i], [y] et [u] non accentués, à l'ouverture de [o] en [a], à la palatalisation de [t] et [d] devant voyelles fermées. Un certain nombre de suffixes sont très productifs, comme *-eux* (*niaiseux*), *-age, -erie* (*poudrerie*, « tempête de neige »). L'inversion simple dans l'interrogation est fréquente, tout comme l'ellipse de l'article ou du pronom sujet ou l'emploi de *que* comme relatif (*l'affaire que je te parle*). Le lexique comporte des archaïsmes (*barrer la porte*, « fermer la porte », *espérer*, « attendre »). En ce qui concerne les mots empruntés à l'anglais, certains sont empruntés sans adaptation : *boss, gang* ; d'autres sont adaptés : *clairer*, « débarrasser », de *to clear*, *watcher* de *to watch* ; d'autres sont des calques : *pâte à dents* pour *tooth paste* ; certains termes d'origine française peuvent être dotés de sens nouveaux (*appliquer*, « poser sa candidature »). Mais souvent sont proposés des termes de remplacement : *arrêt* pour *stop*, *traversier* pour *ferry*, *épinglette* pour *pin*, *courriel* pour *e-mail*. Dans la langue familière *piastre* est préféré à *dollar*, senti comme un anglicisme. Il survit quelques termes d'origine amérindienne. Les linguistes reconnaissent à l'écrit un certain nombre de caractéristiques québécoises concernant les graphies (*supporteur*), l'emploi de la majuscule, la féminisation des noms de profession (souvent en *-eure* : *professeure, auteure, directeure*), des particularités lexicales (*covoiturage*). Les médias tendent actuellement à diffuser une sorte de français québécois standard entre le modèle rural et la norme parisienne.

En français acadien (dont les premiers textes imprimés datent des années 1880), le *h* est souvent aspiré, le [o] passe fréquemment à [u] devant nasale. Le passé composé est toujours formé avec l'auxiliaire *avoir* ; *ils* est employé pour *elle* ; la désinence *-ons* est utilisée à la première personne du singulier (*j'ons, j'avons*), la forme *-ont* est généralisée à la troisième personne du pluriel, *vous faites* est remplacé par *vous faisez*. Le lexique comporte un certain nombre d'archaïsmes (*bailler* pour « donner », *besson* pour « jumeau », *un animau*) ou de formes dialectales appartenant essentiellement aux parlers de l'Ouest et du sud de la Loire (*attiser, assomeiller*). En syntaxe, les tours anciens sont nombreux comme l'emploi de la préposition *à* pour le complément du nom (*la maison à Jean*), les conjonctions *si que, à cause que*, l'emploi de *comme* dans *pareil comme, autant comme*. Les formes du démonstratif attestent les variétés d'emploi et leur complexité : *ceuses, stelles là* au féminin. De même, il persiste des prononciations du français ancien : suffixe *-eux* : *coureux, conteux* ; *berbis* pour *brebis*, *bertelle* pour *bretelle* ; *chouse* pour *chose* ; la prononciation de la consonne finale : *deusses, troisses*. Certains néologismes sont empruntés à l'anglais (*blaiser, biter*).

2. *Louisiane*

La Constitution de 1921 de la Louisiane interdit de parler le français à l'école. Un demi-siècle plus tard, le CODOFIL, Council for the Development of French in Louisiana, créé en 1968, participe activement à la promotion du français. Diverses sortes de français y sont parlés par 150 000 personnes : langue des anciennes familles créoles, langue des émigrés de la Révolution, cajun. Il perdure un créole louisianais, proche des créoles antillais et parlé actuellement par quelque 80 000 personnes. Le cajun se caractérise par un système phonologique qui évoque les parlers de l'Ouest : ouverture de [ɛ] devant *r*, fermeture de [wa] en [wo], nasalisation des voyelles devant consonne nasale intervocalique ; par l'uniformisation des formes du pluriel sur le singulier ; par un fréquent usage de *on*, de *vous autres*, par la généralisation de la préposition *à*. Il y un certain nombre d'archaïsmes (*grincher*), de termes empruntés au créole (*maringouin, gombo*) ou à l'amérindien (*bayou*).

C- Le français des Antilles

La Guadeloupe et la Martinique, tout comme la Guyane et la Réunion, sont devenues des départements français en 1946. Le français des Antilles, à différencier du créole, se caractérise par l'absence de voyelles palatales antérieures, l'aspiration du *h*, le passage de [r] à [w] dans certaines positions, la tendance à omettre les déterminants, les prépositions. La dérivation a permis l'existence de mots comme *couillonnarderie, poursuivation*. Les mots composés sont fréquents (*bête à feu*, « luciole ») et certains termes sont empruntés au créole. Il existe aussi des archaïsmes (*séparer*, « partager », *linge*, « vêtements »). En Haïti où le français est avec le créole langue nationale depuis 1983, il est parlé par 22 % de la population et reste la langue de l'école et de l'administration.

D- Les français de La Réunion, de Madagascar et des Comores

À la Réunion (département français avec 78 % de la population parlant le français), le français parlé par les Blancs des Hauts (descendants des agriculteurs venus au xviiiᵉ siècle de Bretagne et d'Auvergne) se distingue de celui des Blancs des Bas. Le français de la Réunion se caractérise par un débit rapide, par une simplification du nombre des voyelles, par une prononciation affriquée [ts] et [dz] de [t] et [d]. L'auxiliaire *avoir* est fréquemment utilisé pour *être*, *allons* sert à la formation de l'impératif (*allons venir*), *que* est d'emploi fréquent au détriment de *dont* et *où*, *là* est employé comme démonstratif ; il y a renforcement de la négation par *pas* avec *rien* ou *personne*. Le lexique fait souvent appel à des mots composés (*salon de bal*), à des locutions verbales (*faire le tas*, « faire nombre »). L'influence du créole est importante.

Madagascar, indépendante en 1960, après une période de bilinguisme, a choisi le malgache (1972) comme seule langue officielle. La langue juridique toutefois est le français, celle des affaires le malgache. Le français parlé à Madagascar se caractérise par une tendance à effacer les oppositions vocaliques, à simplifier les consonnes [ʃ] en [s], [ʒ] en [z], à allonger la première syllabe, à restreindre le nombre de prépositions, à redoubler certains mots (*bien bien*).

Les Comores, sous protectorat français depuis 1886, territoire français d'outre-mer de 1958 à 1975, ont choisi en1974, à l'exception de Mayotte, l'indépendance ; le français y partage le statut de langue officielle avec l'arabe.

E- Les français des îles du Pacifique

À Tahiti, où l'on a officialisé en 1980 la langue tahitienne aux côtés du français, et en Nouvelle-Calédonie, territoire d'outre-mer, l'usage du français, qui est langue officielle, se généralise par le développement de l'enseignement et par les moyens audio-visuels. En Nouvelle-Calédonie, qui compte 28 langues et dialectes mélanésiens (de tradition orale, à l'exception du dehu) et des langues importées (polynésien, indonésien, anglais d'Australie), le français est la langue véhiculaire qui a supplanté comme langue de communication l'anglais et le bichelamar (pidgin anglo-mélanésien employé à partir du XVIIIe siècle). Les langues kanakes sont une matière facultative au baccalauréat.

Le français de Tahiti a pour spécificités : l'existence d'un [r] roulé, l'absence d'opposition entre voyelle ouverte et voyelle fermée, la réduction de [ɔ̃] à [ɑ̃], la tendance à la postposition des pronoms sujets, la fréquente suppression de *que* complétif et de la préposition *de*, l'utilisation de marqueurs d'intonation (*mai, hia, ra, paha, roa*). Le français mélanésien se caractérise par la vélarisation du *a* ([kɑnɑk] pour [kanak]), une confusion de timbre des nasales, des degrés d'aperture, une accentuation particulière, un emploi spécifique des déterminants. Pour la formation des mots, il faut remarquer la création de mots par redoublement (*pisse-pisse*, nom d'un arbre), par composition (*bouteille carrée*, « whisky », *crabe-carton*, « crabe en cours de mue »), par dérivation (*caillasser*, « jeter des pierres », *caféerie*, « champs de café ») et de nombreux emprunts aux langues en contact.

Le Vanuatu, pays indépendant depuis 1980, après avoir été condominium franco-britannique à partir de 1906, possède le français et l'anglais pour langues officielles et pour langues d'éducation et le pidgin bichelamar pour langue nationale véhiculaire. Un tiers des habitants est francophone.

F- Les français du Maghreb

Dans le Maghreb, où le développement du français est lié aux entreprises coloniales du siècle précédent, le français a toujours été en concurrence avec l'arabe qui n'a cessé d'être parlé pendant la présence française. L'enseignement, diversement dispensé et accepté selon les périodes, n'a pas eu les résultats escomptés. Le français n'est plus langue officielle après les indépendances. Il se développe toutefois grâce à l'amélioration de la scolarisation et reste même présent dans certains textes officiels dont il est donné une version française. Il est la langue dominante dans les relations professionnelles. Les liens sont renforcés grâce aux émigrants travaillant en France et revenant occasionnellement ou définitivement dans leur pays d'origine. L'indépendance en Algérie (1962), après plus d'un siècle de domination française, s'accompagne d'une arabisation intense et de l'exode d'un million et demi d'Européens. Néanmoins, en raison de la généralisation de l'instruction, ce pays est maintenant la seconde communauté francophone après la France. Le Maroc, où la langue maternelle des habitants est l'arabe dialectal et le berbère (parlé par la moitié de la population), est sous protectorat français de 1912 à 1956 et le français y est langue officielle. Depuis la reconnaissance de l'indépendance, le français y est la première langue étrangère. En Tunisie, sous protectorat français de 1881 à 1956, l'arabe dialectal est la langue véhiculaire. Si la promotion de l'arabe est considérée comme un facteur d'unification interne, le maintien du français y est vu comme une ouverture sur le monde scientifique occidental. Il est la principale langue d'enseignement en fin d'études secondaires.

Les français régionaux maghrébins se caractérisent par la tendance à la prononciation du [r] roulé, l'absence de distinction entre [ɛ] et [e], [a] et [ɑ], [œ] et [ø], la tendance à rendre les voyelles labiales et les voyelles nasales par les voyelles [a], [ɛ], [e], [i], [ɔ] ou [o]. En français algérien, on relève la disparition du subjonctif, du conditionnel, la prédominance du présent de l'indicatif pour marquer le futur et du futur pour marquer l'irréel et le potentiel, l'emploi généralisé de *que*. Les néologismes sont souvent des emprunts à l'arabe classique (*hadj*, « pèlerinage ») ou aux arabes dialectaux (*harira*, « soupe ») ou au berbère (*amazight*, « homme libre »), ou à l'anglais (*taxi-driver*). La suffixation est importante (*amazighophone*, « qui parle le berbère », *taxiste*, « chauffeur de taxi », tout comme la composition (*taxi-colis*, « camionnette pour le transport de bagages »). A l'oral, très fréquemment, le locuteur passe de l'arabe dialectal au français. Cette alternance de code est facilitée par le choix de certains termes qui introduisent les changements de langue, comme les éléments qui servent à conclure, *enfin, hemmal* (« alors »).

Dans tous les pays arabes, à côté de l'arabe classique qui est la langue du Coran, de la littérature classique, accessible à la minorité cultivée, il existe un arabe simplifié, langue des médias, de l'administration et de l'enseignement et un arabe dialectal parlé et véhiculaire. Par ailleurs, les arabes dialectaux sont fortement marqués pour leur lexique par une influence du français auquel ils ont emprunté de nombreux mots.

G- Le français au Liban et en Syrie

Au Liban, le mandat français (1920-1943) a permis le développement du français, enseigné dans ce pays dès le XVIIIᵉ siècle et sutout à partir de la seconde partie du XIXᵉ siècle grâce à l'implantation d'établissements scolaires par des congrégations religieuses françaises. Le français est actuellement en concurrence avec l'anglais comme seconde langue, l'arabe étant devenu la langue officielle lors de l'indépendance. Dans les années 1970, un tiers de la population connaît le français qui est bien représenté dans l'enseignement supérieur. L'augmentation du taux de scolarisation a entraîné une augmentation de lecteurs francophones. À la fin du XXe siècle, on estime que presque la moitié des Libanais connaissent le français. Le français apparaît comme la langue de la culture, l'anglais celle des affaires. En Syrie, après le mandat français (1920-1943), l'arabisation de l'enseignement et le développement de l'anglais comme seconde langue restreignent la part du français.

H- Les français d'Afrique noire

En Afrique noire, le français est politiquement dominant, mais d'usage social limité. La multitude des parlers dans la plupart des pays africains (248 langues et un millier de dialectes par exemple au Cameroun) oblige à l'utilisation d'une langue véhiculaire et, même après les indépendances, le français est resté pour beaucoup d'entre eux la langue officielle ; ainsi en est-il au Bénin (ex-Dahomey), au Burkina-Faso (ex-Haute-Volta) qui compte 60 langues minoritaires, au Congo, en Côte-d'Ivoire, au Gabon, en Guinée, au Mali (ex-Soudan), au Niger, en République centrafricaine, au Sénégal, au Togo, dans la République démocratique du Congo (ex-Congo belge et ex-Zaïre). Il partage ce statut avec une autre langue au Cameroun (anglais), en Mauritanie, au Tchad et à Djibouti (arabe), au Burundi (kirundi), au Rwanda (kinyarwanda). Il est langue officielle avec des langues nationales à statut particulier en Côte-d'Ivoire (huit de la cinquantaine de langues parlées y sont langues nationales), en Guinée, en République centrafricaine (sango), au Sénégal, au Togo, dans la République démocratique du Congo, où le lingala est une grande langue véhiculaire à côté du kikongo, du swahili, du tchiluba).

Durant l'époque de la colonisation, la Belgique, dans ses colonies (Congo, et de 1916 à 1962 Rwanda et Burundi), fonde son enseignement élémentaire sur la pratique des langues locales, le français n'apparaissant que dans l'enseignement secondaire. Au contraire, dans les colonies françaises, les langues locales ont été bannies de l'école. Selon le décret du 31 janvier 1938 pour l'Afrique-Équatoriale française, « l'enseignement doit être donné exclusivement en langue française ; l'emploi des idiomes indigènes est interdit ». L'enseignement y est très coercitif : « autant de fautes, autant de coups de bâton ». À la fin du siècle, se développent des sabirs franco-africains : français populaire ivoirien, camfranglais au Cameroun. Ce dernier est un mélange de termes de langues africaines (*kongossa*, « commérage », *ngo*, « jeune fille »), de mots français ou anglais (*gâteau*, « garniture », *belly,* « ventre »), d'éléments composites (*kongosser*, « commérer », *tchatcheur*, « beau parleur »), d'abréviations (*cops*, « copains »), de transpositions (*la reme*, « la mère ») et d'une syntaxe française simplifiée.

Au Cameroun, 20 langues sont standardisées et 73 en voie de standardisation ; le français est la langue véhiculaire de 80 % des Camerounais. Pour l'anglais, l'utilisation du pidgin english (né au XVIIIᵉ siècle, au contact de l'anglais et des langues bantoues de la côte) dans les situations informelles est un obstacle à son expansion. Dans les lycées, à partir de 1980, s'est diffusé le camfranglais. Au Sénégal, après l'indépendance en 1958, le français est resté langue officielle ; il est en concurrence avec six langues nationales : le sérère, le peul, le diola, le mandingue, le sarakolé et surtout le wolof, langue maternelle de 36 % de la population, mais comprise par 80 % de la population. On a publié en 1826 une grammaire du wolof, première grammaire d'une langue africaine, et cette langue est utilisée dans les discours politiques : ainsi Léopold Senghor, d'origine sérère, prononçait-il des discours dans cette langue. Le français du Sénégal emprunte certains mots aux langues africaines : *toubab, toubabesse*, « personne blanche », *toubabiser*, « avoir un comportement de Blanc ».

Le français d'Afrique est marqué par de nombreuses créations par dérivation : *cadeauter, demarabouter* ; par composition : *radio-bambou* ; par métaphores : *deuxième bureau* (« maîtresse »).

À la fin du siècle, le rôle de langue véhiculaire du français s'impose de plus en plus. Dans certaines capitales d'Afrique noire, le français, langue véhiculaire des parents, devient même, ces dernières années, la langue maternelle des jeunes Africains. Par ailleurs, les variétés générales du français sont marquées, alors que se développe comme norme de référence ce que les linguistiques appellent un français mésolectal, intermédiaire entre le français proche de la norme hexagonale (l'acrolecte, « gros français ») et le basilecte, français oral appris en dehors de l'institution scolaire, très approximatif (le « petit français »), les locuteurs pouvant passer d'un code à l'autre selon les situations.

I- Le français en Asie

En Indochine, après l'indépendance qui a imposé la vietnamisation, la francophonie, en concurrence avec l'extension de l'anglais, décline et le français disparaît progressivement du langage de l'administration au profit des langues vernaculaires. Au Nord-Vietnam se généralise le quôc-ngu, au Sud-Vietnam, où l'occupation américaine avait développé l'emploi de l'anglais, après la défaite américaine, c'est le russe qui devient la seule langue étrangère obligatoire. Les comptoirs français aux Indes (Pondichéry, Kârikâl, Mahé, Yanaon, Chandernagor), rétrocédés à l'Union indienne (1954-1956), conservent le français comme seconde langue à côté du tamoul. Mais, à Pondichéry, il n'y a guère plus que 2 000 réels francophones.

J- Les créoles

Le créole coexiste avec le français dans les actuels départements d'outre-mer (Guadeloupe, Guyane, Martinique, Réunion). En Haïti, il est avec le français langue nationale. Il est à côté de l'anglais et du français langue officielle aux Seychelles depuis 1976. Pour environ huit millions de personnes, il s'agit de leur langue maternelle. Il est remarquable que, dans l'île Maurice, où sont parlées dix-sept langues et où l'anglais est langue officielle, le créole tende à devenir la langue véhiculaire.

Tous les créoles d'origine française se caractérisent par une grande variabilité qui nuit à l'intercompréhension entre les créoles de pays différents. Mais ils ont toutefois des particularités communes. Ils ne possèdent pas de voyelles antérieures [y], [œ], [ø] ; le [r] n'est généralement pas prononcé. Les déterminants sont simplifiés. Il existe un actualisant *la*, postposé (*chat la*, « le chat »), la postposition étant vraisemblablement d'origine africaine. Le système du démonstratif offre des formes multiples (*c'ti-là, celui-là, cette-là, celle-là, c'telle-là, c'teux-la, ceuses*) qui témoignent de la complexité des formes du français au XVIIe siècle. Le verbe est souvent invariable, employé à l'infinitif. Un certain nombre de « marqueurs préverbaux » sont issus de périphrases verbales : *apé* (« il est après à faire »), *pou* (« il est pour faire »), *fini, finn* (« il finit de faire »), *té* (« il a été faire »). Les temps sont marqués par des affixes, comme dans certaines langues africaines ; dans le créole guadeloupéen, *ka* indique le présent, *té* le passé lointain, *té ka* l'imparfait, *ké* le futur, *téké* le conditionnel. Les formes toniques du pronom personnel sont usitées, comme *yo*, d'origine picarde, pour *eux*. *On* est fréquemment employé pour les première et deuxième personnes du pluriel. La parataxe est usuelle. En ce qui concerne le lexique, la plupart des mots sont d'origine française. L'écriture des créoles pose problème en raison des difficultés du passage à l'écrit de langues de tradition orale, tenues pour inférieures par certains de leurs usagers mêmes, en raison des difficultés d'une standardisation à l'intérieur de chacun des créoles marqués par de multiples variations, en raison de la nécessité d'une notation plus abstraite que les réalisations phonétiques. Certains appellent de leurs vœux un Conseil de la langue ou une Académie créole.

K- Les instances de la francophonie

Alors que les termes de *francophonie* et de *francophone* datent du XIXe siècle, introduits en 1880 par le géographe Onésime Reclus dans son ouvrage *France, Algérie et colonies* pour désigner les espaces géographiques où l'on parlait le français et les utilisateurs de cette langue, c'est à partir des années 1960 que s'institue la francophonie comme ensemble de pays ayant « le français en partage » et qu'elle se dote d'instances communes. À Montréal est créée en 1961 l'AUPELF (Association des universités partiellement ou entièrement de langue française) par les représentants de 33 universités de langue française ; quatre décennies plus tard, elle regroupe quelque 600 établissements d'enseignement supérieur ou départements d'études françaises. L'Agence de coopération culturelle et technique (ACCT) est fondée à Niamey en 1970 sous l'instigation des présidents du Sénégal, de la Tunisie et du Niger ; elle est devenue en 1995 l'Agence intergouvernementale de la francophonie. Le Haut Conseil de la francophonie est établi en 1984 avec pour mission de « préciser le rôle de la francophonie et de la langue française dans le monde moderne » et un secrétariat d'État à la Francophonie est instauré en France en 1986. En 1986 est constitué le Réseau international de néologie et de terminologie (Rint), soutenu par l'ACCT. Depuis 1986, les sommets de la Francophonie réunissent tous les deux ans les chefs d'État et de gouvernement ayant « le français en partage » (41 États et gouvernements à Versailles en 1986). Le sommet de Dakar (1989) a mis en œuvre un plan décennal d'aménagement linguistique de la francophonie (1990-2000), pour la coexistence des langues dans l'espace francophone. En 1997, la francophonie s'est affirmée comme institution politique internationale avec la création d'un secrétariat général ; elle a adopté en 1998 l'appellation d'Organisation internationale de la francophonie. Le 8e sommet de la Francophonie en 1999 à Moncton (Nouveau-Brunswick) a réuni 55 États ou gouvernements (membres : Belgique, Bénin, Bulgarie, Burkina-Faso, Burundi, Cambodge, Cameroun, Canada, Cap-Vert, Centrafrique, Communauté française de Belgique — Wallonie-Bruxelles —, Comores, Congo, Côte-d'Ivoire, Djibouti, Dominique, Égypte, France, Gabon, Guinée, Guinée-Bissau, Guinée équatoriale, Haïti, Laos, Liban, Luxembourg, Madagascar, Mali, Maroc, Maurice, Mauritanie, Moldavie, Monaco, Niger, Nouveau-Brunswick, Québec, République démocratique du Congo, Roumanie, Rwanda, São-Tomé et Príncipe, Sainte-Lucie, Sénégal, Sey-

chelles, Suisse, Tchad, Togo, Tunisie, Vanuatu, Viet-
nam ; associés : Albanie, Macédoine ; observateurs :
Lituanie, Pologne, Slovénie, République tchèque). Il
a mis en place deux programmes majeurs : un plan
d'urgence pour la relance du français dans les organi-
sations internationales, un fonds pour le développement du français dans les inforoutes et programmé le
9ᵉ sommet à Beyrouth, consacré au dialogue entre les
cultures et les civilisations.

> Tous les français du monde offrent des particula-
> rités de prononciation, de lexique ou de syntaxe.
> Ils sont soumis aux influences des langues avec
> lesquelles ils sont en contact : anglais, allemand,
> créole, langues nationales. Ils ont des statuts qui
> ont varié au cours du siècle en fonction de pro-
> fondes mutations politiques.
> Dans les pays européens (Belgique, Suisse, Val
> d'Aoste, Luxembourg), le français partage le
> statut de langue officielle avec une ou plusieurs
> langues.
> En Amérique, le Québec, qui se veut un État uni-
> lingue, a mené une politique linguistique active,
> affirmant la spécificité d'un français québécois
> face à l'anglais et à la norme parisienne. Le fran-
> çais acadien est parlé dans les provinces mari-
> times et en Louisiane qui offre divers français.
> Le français des Antilles est marqué par d'impor-
> tantes créations lexicales et par une influence du
> créole. Le français de la Réunion offre plusieurs
> variétés. Après l'indépendance, le français est
> resté à Madagascar comme langue juridique.
> À Tahiti, le français partage le statut de langue
> officielle avec le tahitien ; en Nouvelle-Calédonie,
> où sont parlées de nombreuses langues mélané-
> siennes, le français est langue officielle et véhicu-
> laire.

Au Maghreb et au Liban, le français, dans la seconde partie du siècle, après les indépendances, n'est plus la langue officielle. Il continue à être utilisé comme langue d'enseignement et dans les relations professionnelles. Il a influencé les arabes dialectaux, avec qui il a toujours été en concurrence.

En Afrique noire, après les indépendances de la seconde partie du siècle, le français est resté soit la langue officielle (statut partagé dans certains cas avec une ou d'autres langues), soit, en raison de la multitude des parlers locaux, la langue véhiculaire. À côté des particularités marquées des français de l'Afrique, des sabirs franco-africains se sont développés. Un français intermédiaire entre le français de France et le français oral approximatif tend à s'imposer comme norme de référence.

En Asie, après les indépendances, le français décline.

Les créoles, bien représentés dans les DOM-TOM, sont en concurrence avec le français comme langue nationale ou officielle en Haïti et aux Seychelles. Ils offrent de grandes variations d'une espèce à l'autre et posent le problème de leur transcription graphique.

La francophonie s'est dotée à la fin du XXe siècle d'instances officielles.

POSTFACE

Le français au IIIᵉ millénaire

Le français a douze siècles d'existence et un avenir
incertain. L'histoire des langues est imprévisible,
soumise à de multiples contingences, à un changement perpétuel dont on ne saurait prédire les résultats.
Aucun des Romains de la latinité classique n'aurait
pu envisager les péripéties ultérieures de sa langue.
Le français n'est qu'une des milliers de langues parlées actuellement dans le monde (3 000 à 6 000 selon
les critères retenus) et dont bon nombre sont vouées
à une mort prochaine. Il ne fait pas partie des cinq
langues les plus répandues : le chinois, l'anglais,
l'hindi, l'espagnol, le russe et il n'occupe que la
onzième place à considérer le nombre total de ses
utilisateurs. Mais il arrive en deuxième position derrière l'anglais comme langue internationale, usité en
tant que langue officielle dans une trentaine de pays,
parlé sur les cinq continents, en deuxième position
également comme langue écrite et comme langue
enseignée. À l'ONU, il est, avec l'anglais, l'espagnol,
le russe, l'arabe et le chinois, l'une des langues officielles et avec l'anglais l'une des deux langues de
travail (bien qu'il ne soit employé que dans 10 % des
cas). Le nombre des francophones réels n'est que de
l'ordre de 110 millions, mais l'on compte aussi

61 millions de francophones occasionnels dans l'espace francophone et 110 millions de francisants hors de cet espace. Les dix pays où les francophones sont les plus nombreux sont par ordre décroissant : la France, l'Algérie, le Canada, le Maroc, la Belgique, la Côte-d'Ivoire, la Tunisie, le Cameroun, la République démocratique du Congo, la Suisse. Si certains évoquent avec nostalgie l'époque où l'on célébrait l'universalité de la langue française, le temps où l'Europe parlait français, il faut reconnaître qu'il s'agissait d'une frange très limitée de la population qui était alors concernée, d'une Europe des élites. En fait, il n'y a jamais eu autant de personnes parlant le français dans le monde qu'actuellement, même au temps du vaste empire colonial, et ce, grâce à la généralisation ou à l'extension de l'enseignement au cours du dernier siècle.

L'histoire du français s'est toujours inscrite par rapport au prurilinguisme. Le français s'est tout au long de son histoire enrichi des diverses langues avec lesquelles il a été en contact. À ne considérer que le territoire actuel de la République française, il est remarquable qu'il doive composer avec d'autres langues : quelque 75 langues en métropole et outre-mer ont ainsi été comptabilisées. La revendication actuelle des communautés linguistiques minoritaires pour l'apprentissage de leurs langues aura des répercussions sur la formalisation de ces langues, sur leur survie et sur leurs rapports avec le français. Dans le reste du monde, le français est en concurrence avec de multiples langues et les changements politiques peuvent lui faire perdre dans certains pays son caractère de langue officielle ou son caractère privilégié de seconde langue. Il est en concurrence directe avec l'anglais comme langue internationale. L'anglais (langue d'origine germanique, mais fortement francisée et latinisée et dont le vocabulaire scientifique est, pour l'essentiel, d'origine gréco-latine) est de plus en plus privilégié comme la langue véhiculaire mondiale, employé partout dans le monde, adopté par les élites bilingues comme langue de travail, répandu par la mondialisation de l'économie, tendant à devenir un sabir. Face à cette suprématie, on ne saurait négliger le développement international des français spécialisés et leur diffusion Dans nombre de pays, l'accès à la science se fait par le français. Si l'on ne veut pas se contenter de jouer les Cassandre devant l'hégémonie de l'anglais, une vraie politique linguistique, de coopération entre les pays francophones, de développement des relations économiques et politiques dans le reste du monde, une politique au long terme, non soumise aux visées politiciennes, devrait s'imposer. Elle passe pour la France par des moyens accrus à allouer aux services culturels à l'étranger, par l'aide aux lycées français à l'étranger dont certains ont été indûment fermés au siècle dernier, par l'augmentation du nombre des lecteurs de français, par l'aide à la formation des professeurs, par le développement des bourses et des conditions d'accueil pour les étudiants étrangers. La défense du rôle international du français s'inscrit actuellement dans la préservation de la pluralité linguistique dans les relations internationales, le respect des différences culturelles, le combat pour la notion d'exception culturelle dans le domaine artistique. La reconnaissance du plurilinguisme est, en ce début de siècle, la réponse à la tentation d'adoption d'une langue unique. C'est ainsi que, dans l'Union européenne où sont parlées plusieurs dizaines de langues, est préconisé l'apprentissage de deux langues étrangères pour lutter contre l'uniformisation culturelle et linguistique et que la Commission européenne a mis en place un programme « Multilinguisme et société de l'information ». La France a présenté à l'Unesco récemment l'initiative B@bel visant à la promotion du plurilinguisme par la création d'outils multilingues pour le traitement informatique du langage et par l'utilisation de multiples langues sur les réseaux d'information. Les logiciels de traduction automatique se multiplient (ils concernent actuellement une soixantaine de paires de langue). Sur Internet, 50 % des utilisateurs ne sont pas anglophones de naissance et le français représenterait 10 % des utilisations dans une langue autre que l'anglais. Le plurilinguisme se substitue ainsi, apparemment, en ce début de millénaire, à l'universalité d'une langue, sans que l'on puisse préjuger de son devenir et des politiques qui seront, ultérieurement, mises en œuvre.

Le développement des nouvelles technologies aura des incidences considérables sur la forme et la diffusion du français. Les mutations actuelles pourraient bien entraîner des conséquences aussi importantes que celles de l'invention de l'imprimerie au xvᵉ siècle. Internet, le courrier électronique sont déjà à l'origine de nouvelles formes et conventions de l'écrit. L'ingénierie linguistique est en plein développement et, outre les applications pratiques, devrait stimuler la réflexion linguistique. Les bibliothèques électroniques invitent à une nouvelle lecture des textes.

Une des caractéristiques de l'histoire du français en France depuis quatre siècles est l'importance accordée à la norme et les fortes implication et intervention de l'État dans la défense et le développement de la langue nationale. Le souci de régularisation et de planification passe par des institutions officielles, Académie française, organismes divers chargés par exemple de la néologie, recours aux dictionnaires d'usage, français standard des médias qui amène une uniformisation du moins pour les communications formelles, même si des médias ont donné droit de cité à des langages plus relâchés. Le succès non démenti depuis le XVIIᵉ siècle des « Remarqueurs » qui dispensent le bon usage, des puristes qui sanctionnent les usages déviants est notable. L'accroissement du savoir dans les couches moyennes de la société se manifeste aussi par une surveillance accrue de la langue et les championnats d'orthographe instaurés au siècle précédent jouissent d'un succès non démenti. Ce souci de permanence à l'échelle individuelle, comme à l'échelle communautaire, pourrait bien tenir à cette illusion, maintes fois affirmée, que la mise en règles témoigne qu'une langue a atteint son âge d'or et qu'elle échappera aux injures du temps.

L'histoire de la langue française, telle que l'écrivent les manuels, est une aventure collective. L'histoire de la langue est celle de ses institutions, de la communication sociale, de changements auxquels chacun se soumettrait. Toutefois, il faut souligner l'importance des discours individuels. Le style individuel est celui de chacun des auteurs qui ont illustré la langue française, mais aussi la relation de chaque individu avec sa langue, l'appropriation individuelle des mots dans la pensée. S'il y a un pouvoir symbolique de la langue, il importe de reconnaître en dernière analyse cette liberté. Le langage de chacun est unique, lieu de toutes les créations, toujours renouvelées.

Jusqu'à l'invention des outils d'enregistrement de la parole et de l'image (qui permettent maintenant de restituer au vif l'éloquence des orateurs ou les manières de parler de chacun), les écrits ont constitué la mémoire du français, et surtout les écrits littéraires, au même titre que les œuvres d'art, « cet ardent sanglot qui roule d'âge en âge et vient mourir au bord de [l']éternité », pour reprendre les mots de Baudelaire dans « Les phares ». C'est par eux que l'on sent la respiration des siècles passés, eux qui font vivre ces mots des dictionnaires, ces règles des grammairiens, c'est dans l'illustration, dans la lecture de quelques-unes de leurs pages que l'on peut saisir le prétendu génie de la langue française. Ils permettent d'établir le dialogue entre les siècles, un dialogue immédiatement accessible pour les cinq siècles précédents, un dialogue qui nécessite le filtre des traductions en deçà. Mille ans de littérature en français comme témoins privilégiés des milliards de milliards de mots échangés qui constituent l'histoire de la langue française, une histoire qui s'enrichit actuellement de toute la diversité des français du monde.

BIBLIOGRAPHIE

ALLIÈRES Jacques, *Manuel de linguistique romane*, Paris, Champion, 2001

Atlas de la langue française sous la direction de Philippe Rossillon, Paris, Bordas, 1995

BALIBAR Renée, *L'Institution du français*, Paris, PUF, 1985

— *Le Colinguisme*, Paris, PUF, 1993

BANNIARD Michel, *Le Haut Moyen Âge occidental*, Paris, PUF, 1991

— *Genèse culturelle de l'Europe*, Paris, Le Seuil, 1989

— *Du latin aux langues romanes*, Paris, Nathan, 1997

BEAULIEUX Charles, *Histoire de l'orthographe*, Paris, Champion, 1927

BEC Pierre, *La Langue occitane*, Paris, PUF, 1995

BLANCHE-BENVENISTE Claire, *Approches de la langue parlée en français*, Paris, Ophrys, 1997

BRUNOT Ferdinand, *Histoire de la langue française*, t. I-XI ; t. XII et XIII par Charles Bruneau ; Paris, A. Colin, éd. 1966-1979 ; t. XIV par Gérald Antoine et Robert Martin, Paris, CNRS, 1985 ; *Histoire de la langue française, 1945-2000*, sous la direction de Gérald Antoine et Bernard Cerquiglini, Paris, CNRS, 2000

BURIDANT Claude, *Grammaire nouvelle de l'ancien français*, Paris, SEDES, 2000

CATACH Nina, *L'Orthographe*, Paris, PUF, 1994

CERQUIGLINI Bernard, *La Naissance du français*, Paris, PUF, 1991

CHAUDENSON Robert, *Les Créoles*, Paris, PUF, 1995

CHAURAND Jacques, *Histoire de la langue française,* Paris, PUF, 1982

CHAURAND Jacques (sous la direction de), *Nouvelle Histoire de la langue française*, Paris, Seuil, 1999

Dictionnaire historique de la langue française, sous la direction d'Alain Rey, Paris, Le Robert, 1992

Dictionnaire historique du français québécois. Monographies lexicales de québécismes, sous la direction de Claude Poirier, Québec, Les Presses de l'Université Laval, 1998

Dictionnaire suisse romand... par André Thibault, sous la direction de Pierre Knecht, Carouge-Genève, Éd. Zoé, 1997

ECO Umberto, *La Recherche de la langue parfaite dans la culture européenne*, Paris, Le Seuil, 1994

FOURNIER Nathalie, *Grammaire du français classique*, Paris, Belin, 1998

Le Français dans l'espace francophone, sous la direction de Didier de Robillard et Michel Beniamino, Paris, Champion, 1993

Le Français dans tous ses états, sous la direction de Bernard Cerquiglini, Jean-Claude Corbeil, Jean-Marie Klikenberg et Benoît Peeters, Paris, Flammarion, 2000.

GUINET Louis, *Les Emprunts gallo-romains au germanique (du 1er siècle à la fin du ve siècle),* Paris, Klincksieck, 1982

HAGÈGE Claude, *Le Français et les siècles*, Paris, O. Jacob, 1987

— *Le Souffle de la langue : voies et destins des parlers d'Europe*, Paris, O. Jacob, 1992

— *Le Français, histoire d'un combat*, Paris, Éd. Michel Hagège, 1996

— *Halte à la mort des langues*, Paris, O. Jacob, 2000

HERMAN Joseph, *Le Latin vulgaire*, Paris, PUF, 1975

— *Du latin aux langues romanes*, Tubingen, Max Niemeyer Verlag, 1990

HUCHON Mireille, *Le Français de la Renaissance*, Paris, PUF, 1988

LAMBERT Pierre-Yves, *La Langue gauloise,* Paris, Éd. Errances, 1994

LATIN Danièle, *Inventaire des particularités lexicales du français d'Afrique noire*, Paris, ÉDICEF/AUPELF, 1998

LODGE R. Anthony, *French, from Dialect to Standard*, Londres et New York, Routledge, 1993 ; trad. *Le Français – Histoire d'un dialecte devenu langue*, Paris, Fayard, 1997

LUSIGNAN Serge, *Parler vulgairement — Les intellectuels et la langue française aux XIIIe et XIVe siècles*, Paris, Vrin, 1987

MARCHELLO-NIZIA Christiane, *Histoire de la langue française aux XIVe et XVe siècles*, Paris, Bordas, 1979
— *L'Évolution du français*, Paris, Armand Colin, 1995
— *Le Français en diachronie : douze siècles d'évolution*, Paris, Ophrys, 1999

MESCHONNIC Henri, *De la langue française*, Paris, Hachette, 1997

MOLINIÉ Georges, *Le Français moderne*, Paris, PUF, 1991

PERRET Michèle, *Introduction à l'histoire de la langue française*, Paris, SEDES, 1998

PICOCHE Jacqueline et MARCHELLO-NIZIA Christiane, *Histoire de la langue française*, Paris, Nathan, 1989

POIRIER Pascal, *Le Glossaire acadien*, édition critique établie par Pierre M. Gérin, Moncton, Éd. d'Acadie, 1995

POPE M. K., *From Latin to Modern French*, Manchester, Manchester University Press, 1952

QUEMADA Bernard, *Les Dictionnaires du français moderne, 1539-1863,* Paris, Didier, 1968

Rapport sur l'état de la francophonie dans le monde, Haut Conseil de la francophonie, Paris, La Documentation, 1999

RÉZEAU Pierre (sous la direction de), *Variétés géogra-*

phiques du français de France aujourd'hui, Paris, Duculot, 1999

RUHLEN Merritt, *L'Origine des langues*, Paris, Belin, 1997

SAINT ROBERT Marie-Josée de, *La Politique de la langue française*, Paris, PUF, 2000

SANCIER-CHATEAU Anne, *Introduction à la langue du XVIIᵉ siècle*, Paris, Nathan, 1997, 2 vol.

SEGUIN Jean-Pierre, *La Langue française au XVIIIᵉ siècle*, Paris, Bordas, 1972

SOUTET Olivier, *Linguistique*, Paris, PUF, 1995

TRITTER Jean-Louis, *Histoire de la langue française*, Paris, Ellipses, 1999

— *Une langue, une communauté. Le français en Belgique*, Louvain-la-Neuve, Duculot, 1997

VÄÄNÄNEN Veikko, *Introduction au latin vulgaire*, Paris, Klincksieck, 1967

WALTER Henriette, *Le Français dans tous les sens*, Paris, Robert Laffont, 1988

— *L'Aventure des langues en Occident*, Paris, Robert Laffont, 1994

— *Honni soit qui mal y pense*, Paris, Robert Laffont, 2001

ZINK Gaston, *L'Ancien Français*, Paris, PUF, 1987

— *Le Moyen Français (XIVᵉ et XVᵉ siècles)*, Paris, PUF, 1990

— *Phonétique historique du français*, Paris, PUF, 1986

GLOSSAIRE

Adstrat : langue géographiquement voisine d'une langue qu'elle influence (par exemple, l'adstrat allemand pour le français alsacien) ; voir *substrat, superstrat.*

Créole : système linguistique mixte né du français des colons parlé par les esclaves (le plus souvent d'origine africaine) et devenu la langue maternelle d'une communauté.

Diachronie : évolution des faits linguistiques dans le temps ; voir *synchronie.*

Diglossie : situation de plurilinguisme avec spécialisation fonctionnelle des systèmes linguistiques (par exemple le français comme langue officielle et un patois comme langue maternelle).

Digramme : groupe de deux lettres constituant un graphème (*oi* transcrivant [ɛ]) ; voir *graphème.*

Diphtongue : deux éléments vocaliques appartenant à une même syllabe : *oi* en ancien français ; voir *triphtongue.*

Étymon : mot considéré comme l'origine d'un mot. L'étymon reconstitué par conjecture et non attesté à l'écrit est marqué de l'astérisque (**camminus*, étymon de *chemin*).

Graphème : « la plus petite unité distinctive et/ou significative de la chaîne écrite, composée d'une lettre, d'un groupe de lettres (digramme, trigramme), d'une lettre accentuée ou pourvue d'un signe auxiliaire, ayant une référence phonique et/ou sémique dans la chaîne parlée » (N. Catach) ; voir *phonème, digramme, trigramme.*

Idiolecte : langage particulier à un individu ou à une communauté linguistique.

Koinè : langue commune établie à partir de divers parlers (à l'origine, langue grecque commune à partir des divers dialectes).

Morphème : unité minimale de signification (*-s*, morphème grammatical, marque du pluriel).

Morphosyntaxe : variations formelles des mots en fonction des processus syntaxiques.

Paradigme : modèle pour une déclinaison ou une conjugaison.

Phonème : unité phonologique minimale ; voir *graphème*.

Pidgin : système linguistique composite, issu du contact de communautés linguistiques différentes, plus élaboré que le sabir, servant de langue d'échanges ; voir *sabir*.

Romania : ensemble des régions où le latin a été parlé jusqu'à la fin de l'Antiquité.

Sabir : système linguistique mixte issu du contact de communautés linguistiques différentes, servant de langue d'échanges ; voir *pidgin*.

Scripta : écriture commune.

Substrat : langue supplantée par une autre langue qu'elle influence (par exemple, le substrat gaulois) ; voir *superstrat, adstrat*.

Superstrat : langue qui influence une langue antérieure sans la supplanter (par exemple, le superstrat germanique) ; voir *adstrat, substrat*.

Synchronie : ensemble de faits linguistiques formant système à un moment déterminé de l'évolution ; voir *diachronie*.

Syntagme : groupe de mots formant une unité.

Trigramme : groupe de trois lettres constituant un graphème (*eau* transcrivant le phonème [o]) ; voir *graphème, digramme*.

Triphtongue : trois éléments vocaliques appartenant à une même syllabe : *eau* en ancien français ; voir *diphtongue*.

Véhiculaire : langue de communication entre communautés de langues maternelles différentes ; voir *vernaculaire*.

Vernaculaire : langue parlée à l'intérieur d'une communauté ; voir *véhiculaire*.

Index des notions

Index des noms

Table des illustrations

Table

Table 311

Chapitre v
Le xviie siècle

Table 313

Chapitre VI
Le XVIIIe siècle

Chapitre VII
Le XIXe siècle

Chapitre VIII
Le xxe siècle

Table 315

Composition réalisée par NORD COMPO

Imprimé en France sur Presse Offset par

BRODARD & TAUPIN

GROUPE CPI

La Flèche (Sarthe).
N° d'imprimeur : 17005 – Dépôt légal Édit. 31357-04/2003
Édition 02
LIBRAIRIE GÉNÉRALE FRANÇAISE - 43, quai de Grenelle - 75015 Paris.
ISBN : 2 - 253 - 90542- 9